AF274485

GOYA Y BEETHOVEN

Marta Torres del Rincón

GOYA Y BEETHOVEN

Un mismo tiempo,
un mismo destino

la esfera de los libros

Primera edición: junio de 2024

© Marta Torres del Rincón, 2024
© La Esfera de los Libros, S.L., 2024
Avenida de San Luis, 25
28033 Madrid
Tel.: 91 443 50 00
www.esferalibros.com

ISBN: 978-84-1384-839-6
Depósito legal: M. 10.278-2024
Fotocomposición: J. A. Diseño Editorial, S.L.
Impresión y encuadernación: Cofás
Impreso en España-*Printed in Spain*

Índice

I
EL MUNDO DE AYER

II
INFANCIA, ADOLESCENCIA Y JUVENTUD

III
LAS AMISTADES PELIGROSAS

IV
LA GUERRA DE LOS MUNDOS

V
UNA HABITACIÓN PROPIA

A Cristina y Diana,
mis dos estrellas,
mi norte y mi sur,
mi amor y mi vida.

Agradecimientos

Este libro es el fruto de años de investigación y reflexión sobre dos grandes artistas. Sin embargo, por apasionante y cautivador que resulte el tema de estudio, jamás habría emprendido la aventura de escribirlo sin el apoyo, la ayuda y el ánimo de un buen número de locos de los que tengo la suerte de rodearme.

En primer lugar, tengo mucho que agradecer a Enrique Pérez, responsable del área de Formación del Profesorado del Museo del Prado, por haber confiado en mí en 2014 para la que sería la primera de muchas ocasiones en las que realicé una aproximación entre la música y la pintura. En aquel primer momento ya escogí a Goya y Beethoven como objeto de estudio y el Museo del Prado me brindó muchas ocasiones para compartir el resultado de esta y otras investigaciones. Él no lo sabe, pero durante años fue mi ángel de la guarda.

Junto a Enrique, nuestra María José Suárez, quien mucho antes de que esta idea fuera un libro ya me animó a escribirlo y a no abandonar nunca un proyecto tan interesante, alentándome sin descanso y compartiendo conmigo su alegría.

A Amaya Alzaga he de agradecerle su permanente buen humor, su escucha, paciencia y apoyo durante tantos años, y, sobre todo, que me animara a seguir aprendiendo y compartiendo a «los dos cañones» que son Goya y Beethoven.

Este trabajo no habría tenido el impacto y la difusión que ha tenido si no hubiera sido por la oportunidad que el programa de Radio Clásica *Sinfonía de la Mañana* me brindó en la temporada 2022-2023. Compartir los puntos en común entre Goya y Beethoven de la mano de Martín Llade, Clara Corrales y con el soporte de Carolina Tofé a través de las ondas me permitió llegar a muchísimos oyentes, incluidos algunos que editan libros como este.

Por lo tanto, tengo mucho que agradecer a Ymelda Navajo, Carlos Alcelay y Félix Gil y a todo el equipo editorial de La Esfera de los Libros por creer en este proyecto y apoyarlo incondicionalmente sin conocerme más que «de oídas».

Una vez que conseguí empezar a ordenar las ideas que durante tantos años había acumulado sobre este tema, Mayte Gallego Fernández me brindó pacientemente su colaboración para equilibrar la información, estuvo constantemente a mi lado y me animó a superar todos los escollos del camino.

En todos mis agradecimientos siempre está muy presente Carmen Morales, porque me ha apoyado y ayudado en cada proyecto en el que me he embarcado en los casi últimos veinte años hasta llegar aquí. Además de por su inestimable amistad, a Carmen he de agradecerle su cuidadosa revisión del manuscrito final y su confianza, la cual nunca creí terminar de merecer.

Hace años, César y Jesús ya metieron en mi cabeza la idea de hacer un libro sobre Goya y Beethoven. Cuando les conté que por fin lo tenía entre manos, me ofrecieron su conocimiento y apoyo, como han hecho desde hace ya veinte años en el paraíso de los músicos que es *El Argonauta*.

«Hay que trabajar con gente a la que admires», me dijo mi buena amiga Sandra hace años, y yo me considero muy afortunada por trabajar en el Conservatorio Profesional de Música de Amaniel, donde vivo rodeada de grandes profesionales y excelentes personas fáciles de admirar. Es imposible expresar a cada una de ellas mi agradecimiento por mostrar su alegría, por las conversaciones sobre los dos protagonistas de este libro y por sus frecuentes palabras de aliento. No obstante, no puedo dejar de mencionar a Elena Rodríguez Chamón, por su extraordinaria generosidad. A Ana Martín Puigpelat, por proporcionarme lecturas fuera de mis recorridos habituales, por leer pacientemente todas mis ideas y sobre todo por dedicar tiempo y esfuerzo a conseguir que yo estuviera contenta con el resultado de este trabajo. Tampoco puedo olvidar a mi querido compañero de batallas, David Santacecilia, por prestarse a tantas conversaciones y recordarme que Beethoven será famoso, pero que «el bueno bueno» era Spohr.

A lo largo de todo el tiempo de investigación y redacción necesario para elaborar este libro ha habido otras muchas personas que me han ayudado y animado de manera directa o indirecta en mi trabajo, aunque probablemente ellas no lo sepan: Francesc y Denisa no solo me dieron palabras de ánimo, sino que me ayudaron con buena parte de la logística familiar; Paloma Menéndez, que tiene un ángel en el cielo y es ella misma un ángel en la tierra, me transmitió su ánimo semana tras semana; Carolina Landriscini me alentó a continuar con el trabajo de divulgación de calidad cuando el libro era poco más que un deseo, y Suzana Stefanović, a quien tanto he admirado desde pequeña, me honró con su confianza desde el primer momento.

Rebeca González Hidalgo, otorrinolaringóloga, revisó y comprobó todas las hipótesis sobre las sorderas de Goya y Beethoven, aclarando cuanto fue necesario para que la información ofrecida al lector fuera veraz y estuviera actualizada.

Mis alumnos ya van siendo unos cuantos y ellos también me han ayudado a su manera a escribir este libro. A veces lo han hecho con palabras, otras solo con su mirada asombrada o con una sonrisa cómplice, pero sé que todos están deseando verlo con sus propios ojos.

A mi familia en general y a mis padres en particular, por hacerme siempre la vida más fácil para que yo pudiera dedicarme a estudiar y a escribir, incluso sacrificando tiempo con ellos.

A Cristina y Diana, por estar a mi lado en todo el proceso, por aceptar todas mis ausencias y animarme en todas mis locuras. Sí, Diana, ya he terminado los dos cuentos de Goya y Beethoven.

Ahora lo que espero es que este libro os guste tanto como a mí y que disfrutéis leyendo, escuchando y poniendo en común a estos dos grandes artistas.

Introducción

Cuando Beethoven nació, Goya tenía veinticuatro años. Murieron con apenas un año de diferencia: Beethoven, en marzo de 1827, con cincuenta y seis años, y Goya, en abril de 1828, con ochenta y dos. Los dos completaron su ciclo creativo vital. A pesar de haber fallecido con solo cincuenta y seis años, superando la esperanza de vida europea, que se situaba en torno a los cuarenta o cuarenta y cinco años, Beethoven había escrito las rompedoras obras por las que sería recordado dos siglos después. Por su parte, en el momento de morir, Goya también había sobrepasado todos los límites de la estética del siglo XVIII e incluso del XIX, ya que se adentró en las vanguardias artísticas que el horror de las guerras mundiales traería consigo en el siglo XX. Los dos habían coronado la cima de la creación artística y habían escrito su nombre en la historia del arte.

Este libro es una aproximación a la vida y obra de dos grandes artistas, que vivieron en la misma época y que, en ciertos aspectos, corrieron suertes similares. Aunque se ofrecen datos biográficos de ambos, no pretende ser la biografía de ninguno de ellos, sino presentar una visión panorámica de los acontecimientos que marcaron sus existencias y sus creaciones. La investigación realizada me ha permitido encontrar numerosos puntos en común, así como muchas diferencias, y este libro es una magnífica excusa para acercarse a los artistas, a los hombres, a sus vidas y sus obras.

A lo largo de los años que he dedicado al estudio de Goya y Beethoven, me he encontrado con todo tipo de biografías y aproximaciones a su vida y obra. Algunas presentan a los protagonistas como héroes ilustrados frente a las creencias oscurantistas; otras, como patriotas frente a las invasiones napoleónicas, y también como vanguardistas y revolucionarios frente a la tradición. Probablemente todas estas visiones tienen razón de ser, porque los dos fueron todo eso y mucho más. Sin embargo, esos relatos también han contribuido enormemente a crear la imagen de personajes y mitos que en realidad no existieron. Por supuesto, Goya y Beethoven tal vez fueron los artistas más completos de su tiempo. Pero fueron humanos, no héroes ni dioses. En este libro se presenta la información objetiva y rigurosa, sin incorporar relatos imaginarios, en una búsqueda de la verdad, porque esa verdad desnuda ya resulta fascinante.

Las primeras biografías que se escribieron tanto de Goya como de Beethoven fueron redactadas por personas que o bien los habían conocido de forma directa, o bien se apoyaban en los testimonios de amigos cercanos de los protagonistas. Uno podría pensar que no hay mejor fuente para conocer a personalidades del calibre de Goya y Beethoven que la de quienes tuvieron la oportunidad de estar cerca de ellos. Sin embargo, lo cierto es que el rigor historicista de estos relatos, por otra parte llenos de encanto y exageración decimonónica, brilla por su ausencia. De hecho, estas biografías son las primeras responsables de la construcción del mito en torno a ambas figuras.

Los dos casos más relevantes son la biografía de Goya escrita por Laurent Matheron y la de Beethoven escrita por Anton Felix Schindler. Desde esas primeras publicaciones han aparecido innumerables biografías de los dos. En cada una de ellas, el especialista aporta nuevos datos y nuevas interpretaciones de los mismos hechos, lo que ha convertido la bibliografía existente acerca de los dos en un catálogo inabarcable. No ha habido ningún compositor del que se haya escrito tanto como de Beethoven ni pintor más ampliamente estudiado que Goya.

Algunas de las biografías más modernas también han añadido al relato de los datos objetivos descripciones imaginadas de cómo pudo ser cada momento de la vida del artista y cómo se pudieron sentir los personajes implicados. Sin duda alguna, esa presentación novelada de los hechos resulta muy emocionante, pero siempre dejará al lector la duda de qué fue real y qué fue fruto de la imaginación del biógrafo.

¿Cuándo y cómo surgió la (no tan) loca idea de relacionar a Goya y Beethoven? Ya en 1927, con la celebración del primer centenario del fallecimiento de Beethoven, se planteó, por su proximidad con la misma efeméride de Goya, una formulación del paralelismo entre los dos. Así, no solo se crearon dos mitos, sino que en el imaginario popular los dos quedaron unidos, con razón o sin ella.

El contenido de este libro se ha estructurado en cinco secciones. La primera presenta el contexto histórico y social, con una explicación de cómo se convirtieron en mitos. La segunda sección se dedica a analizar los paralelismos en sus etapas formativas y en algunas partes del catálogo de sus obras. La tercera es tal vez la más intensa de todas por ocuparse de las relaciones humanas: amistades y amores. La cuarta parte del libro se centra en los dos horrores de sus vidas: la guerra y la sordera. Por último, en la quinta y última sección del libro, el lector encontrará una descripción de los últimos años de vida de estos dos grandes artistas, así como de su legado, que llega hasta la actualidad.

Por ello, para completar la conexión entre los dos artistas, al comienzo de cada capítulo de este libro se ofrece al lector un enlace a una lista de reproducción de Spotify (*https://openspotify.com/user/miclasedepiano*) de la música de Beethoven junto con una imagen representativa del catálogo de Francisco de Goya o su entorno acorde al tema de dicho capítulo. En la medida de lo posible, se han seleccionado versiones musicales interpretadas con instrumentos originales y criterios interpretativos historicistas, con el fin de acercar al oyente la sonoridad de la música de Beethoven en su época. De esa manera, el lector podrá ilustrar sonoramente las palabras y las imágenes que estas le evoquen. Aun así, dada la imposibilidad de reproducir la totalidad de las imágenes de Goya de las que se habla, se recomienda al lector que no deje de visitar la página web de la Fundación Goya en Aragón (*https://fundaciongoyaenaragon.es/*), en la que podrá acceder de forma gratuita y sencilla al catálogo completo de las obras del genial pintor aragonés. Además, en mi página web (www.miclasedepiano.com) podrán encontrar reunida toda la información adicional que, por motivos de espacio, no podía recogerse en este libro. En esa página web, el lector también podrá encontrar las listas de reproducción de Spotify recomendadas al principio de cada capítulo.

A lo largo de estas páginas recorreremos el tiempo de ambos artistas para intentar comprender cuál fue su destino a través de un legado que permanece en la memoria.

I

EL MUNDO DE AYER

Goya, *El sueño de la razón produce monstruos*, 1797-1799. Capricho 43.
Museo del Prado.

Escanea este código
con tu móvil y escucha
la música de Beethoven
seleccionada para
cada capítulo.

1

Mundo de ayer, ciudadanos de hoy

La historia no tiene tiempo para ser justa.
Como frío cronista no toma en cuenta más que los resultados.
STEFAN ZWEIG

Mencionar a Goya y a Beethoven es nombrar a dos de los artistas más extraordinarios de la historia de la humanidad. Se podría pensar que de ambos ya se ha dicho todo y, sin embargo, año tras año aparecen nuevas publicaciones sobre cada uno de ellos. Esto ocurre porque por su grandeza, su talento y su producción artística podemos afirmar que Goya y Beethoven son de otro planeta, y que el mundo en el que nacieron no se parecía en nada al que dejaron al morir. Aquel mundo, entendiéndolo como la sociedad y su forma de organizarse, cambió radical y definitivamente a finales del siglo XVIII a raíz de la Revolución francesa y de los acontecimientos que la siguieron. Para entender sus vidas y sus obras necesitamos conocer cómo era el tiempo en el que nacieron, en el cual crearon y que los vio morir.

Cuando Goya y Beethoven nacieron, Europa todavía se gobernaba bajo las normas del Antiguo Régimen. Aquella sociedad tenía una organización muy distinta a la actual. Una buena parte de ella era rural, frente a la mínima urbana, lo cual no solo tenía un impacto en la distribución de la población en los territorios, sino también en la economía. En la sociedad rural, que no agrícola, unos pocos eran dueños de grandes tierras, pero no eran ellos quienes las explotaban, ya que lo que suponía el fundamento del ascenso social era el hecho de poseerlas, pero no el de trabajarlas. En la España de 1750, más de un 65 por ciento de las tierras estaban en manos del clero o de la nobleza,[1] quienes, además, disfrutaban de una ventajosa política fiscal por la cual estaban exentos de buena parte de los impuestos.

Por otra parte, encontramos la sociedad urbana. Con la sola excepción de París, que justo antes de la Revolución francesa tenía 650.000 habitantes, las urbes del siglo XVIII no eran demasiado grandes. Las ciudades eran centros de negocios y lugares de comercio que basaron su prosperidad en la actividad industrial, como en la textil, o en la comercial desarrollada en las ferias estacionales. Además de la corte y la nobleza, en las ciudades encontramos burgueses, que solían ser comerciantes de todo tipo: desde minoristas hasta los que se dedicaban al comercio exterior. Goya y Beethoven crecieron en esta sociedad urbana y dedicaron toda su vida a proporcionarle obras artísticas para su disfrute.

Además, ya fuera en el ámbito rural o en el urbano, la sociedad de aquel mundo se dividía en tres órdenes: el clero, que integraba el primer estado; la nobleza, que formaba el segundo estado, y el pueblo llano o tercer estado. A este último pertenecían Goya y Beethoven. Las leyes aplicadas a estos órdenes se adaptaban a cada situación particular y no existía una igualdad ante la ley, algo que hoy en día nos parece absolutamente impensable, pero que no cambió precisamente hasta la Revolución francesa. Al igual que la inmensa mayoría del tercer estado, Goya y Beethoven pasaron buena parte de su vida trabajando para la nobleza y el clero, aunque, a raíz de los cambios sociales ocurridos en esos años, también terminaron por crear obras artísticas para esa incipiente burguesía acaudalada que se podía permitir el lujo de tocar un instrumento musical o decorar las paredes de su casa con las pinturas de un gran maestro.

Cuando, gracias al comercio, los burgueses comenzaron a prosperar económicamente y quisieron cambiar de estatus, se encontraron con que las leyes favorecían a los nobles y al clero tanto en el ámbito militar y administrativo como en el de la carrera eclesiástica. Esta traba generó mucho malestar entre los sectores sociales más pujantes, como burgueses y comerciantes, porque les impedía ascender socialmente. Al mismo tiempo, los campesinos veían limitado su acceso a la compra de tierras y fueron sometidos por los nobles al pago de algunos tributos que habían caído en el olvido generaciones atrás.

Además del descontento económico, político y social del tercer estado, el pensamiento de los filósofos de la época también comenzó a atacar el hecho de que el reparto de poderes y de riqueza se hiciera sobre la tradición frente al mérito personal o al talento.

Todo ello hizo que burgueses y campesinos unieran sus fuerzas para cambiar la situación. De hecho, la Revolución francesa comenzó siendo una revolución social que en un primer momento no se dirigió contra la monarquía, sino contra la desigualdad, contra esos órdenes establecidos y los privilegios de los que disfrutaban. Más tarde, ante la incapacidad de la monarquía de reaccionar y separarse de los grupos sociales privilegiados, la Revolución también se volvió antimonárquica y antinobiliaria.

A Goya y Beethoven estas situaciones les afectaban solo de manera indirecta, ya que no tenían grandes posibilidades de prosperar a través de la compra de tierras ni aspiraban a realizar carrera militar o religiosa, pero ninguno de los dos perdió de vista a qué grupo pertenecía ni tampoco ignoró cuán injusto era el reparto de poderes y la aplicación de las leyes. Por eso, mostraron una gran afinidad por los principios de la Revolución francesa.

Un mundo más grande

Se puede decir que aquel mundo de finales del siglo XVIII era bastante más grande que el actual. Las distancias parecían mayores porque la velocidad para recorrerlas era necesariamente más lenta, por lo que el concepto del tiempo también era diferente al que tenemos hoy.

El ritmo de las comunicaciones humanas también venía marcado por la velocidad —generalmente a pie o a caballo— a la que se recorrían esas distancias. La inmediatez de las comunicaciones en el presente nos ha hecho olvidar que hace no tanto una carta podía tardar dos meses en atravesar el océano Atlántico y varios días en ir de París a Madrid. Aun así, aunque no fuera de manera inmediata, las noticias de todo lo que acontecía en otros países circulaban por toda Europa y terminaban llegando a España y Austria a través de las traducciones de periódicos europeos, los cuales permitían una difusión de la información más allá de sus fronteras.

La revolución de los medios de comunicación no llegó hasta que se dominó el uso de la electricidad y las ondas, varias décadas después de la muerte de los dos artistas. Los transportes también tuvieron que esperar. En 1830, solo dos años después de que Goya muriera, se inauguró la primera línea ferroviaria del mundo, que unía Liverpool con Mánchester y que haría que en el terreno del transporte el mundo de ayer se empezara a parecer al de hoy. Otro hito del transporte de mercancías y pasajeros fue la invención del barco de vapor, que, aunque se había inventado en 1787, no se empezó a utilizar en grandes navegaciones hasta un siglo después.[2]

Estallido y expansión de la Revolución francesa

La Revolución francesa no tuvo lugar en un solo día, sino que se prolongó durante toda la década que empezó en 1789. Fueron diez años de convulsos movimientos sociales y agitación política en Francia, en los que ese tercer estado —el pueblo llano—, pidió cambios profundos en la organización de la sociedad. Luis XVI, incapaz de gestionar las exigencias del pueblo y negándose a perder un ápice de su poder, terminó por huir de Versalles en 1791, pero fue interceptado y enviado a París. Con esta huida perdió definitivamente el respeto de los revolucionarios, quienes al año siguiente derrocaron la monarquía y declararon la Primera República. Años después, en 1799, el proceso revolucionario culminó con el ascenso de Napoleón Bonaparte, lo que dio comienzo a la era napoleónica.

Con todos estos cambios la Revolución francesa puso punto final a ese mundo del pasado y marcó el comienzo del mundo del presente. Es decir, significó el cambio de una era y constituyó el paso a la Edad Contemporánea, que se extiende hasta nuestros días.

En un primer momento, el resto de los países no supo cómo reaccionar ante la situación que se planteó en Francia. Pero poco tiempo después, al observar con pavor la caída de la monarquía y las consecuencias de la Revolución, comprendieron que debían combatir su avance. Al mismo tiempo, los franceses vieron con claridad que las intenciones de los países que los rodeaban eran aplastar cualquier difusión de las ideas revolucionarias y decidieron defender sus ideales con las armas. De esta manera, se iniciaron las guerras revolucionarias francesas, que se prolongaron entre 1791 y 1802.

En agosto de 1791 el emperador de Austria y el rey de Prusia firmaron conjuntamente la Declaración de Pillnitz, con la cual no solo manifestaban su preocupación por la situación revolucionaria de Francia, sino que además amenazaban con una invasión militar en el caso de que la familia real borbónica sufriera algún daño. Probablemente su intención era que todos los gobiernos europeos se unieran para combatir de forma conjunta a la Francia revolucionaria, pero lo que ocurrió fue todo lo contrario. Por su parte, los franceses temían que una intervención militar extranjera aplastara su revolución y vieron en la Declaración de Pillnitz la confirmación de sus sospechas. Por eso, declararon la guerra a Austria el 20 de abril de 1792 con el fin de no solo preservar la Revolución, sino también expandirla a otros países. De hecho, los ejércitos franceses contraatacaron a Austria y a todas las potencias europeas que quisieron frenar su expansión y, gracias a su superioridad numérica y a la pasión revolucionaria que alentaba a sus soldados, Francia fue cosechando victorias. En septiembre de 1792, después de vencer en la batalla de Valmy, los franceses declararon la República y ejecutaron a su rey. Como respuesta a estas pretensiones bélicas, el resto de los países se unieron en las coaliciones antifrancesas.

Cuando estalló la Revolución francesa, Beethoven tenía diecinueve años y hacía apenas dos meses que se había matriculado en la Universidad de Bonn, la cual en sus inicios estaba bastante abierta a la propagación de las ideas revolucionarias.[3] Las guerras de la Revolución y después las napoleónicas afectaron con bastante intensidad a la vida del compositor, quien en 1792, mientras viajaba a Viena, ya se cruzó con tropas alemanas que iban al encuentro de las francesas.

Poco tiempo después de que el compositor se instalase en Viena, Bonn, su ciudad natal, ya pertenecía a una subprefectura del gobierno francés. A raíz de las guerras revolucionarias, surgió una fuerte ola de patriotismo en Alemania y Austria y muchos autores austriacos compusieron y estrenaron obras con un marcado carácter patriótico. Beethoven no se quedó atrás y escribió dos pequeñas canciones patrióticas: *Abschiedsgesang an Wiens Bürger* WoO 121 (*Canto de adiós a los ciudadanos de Viena*) y *Kriegslied der* Österreicher WoO 122 (traducido habitualmente como *Somos un gran pueblo alemán*). Y es que Beethoven se sentía muy afín a las ideas revolucionarias, pero nunca dejó de considerarse alemán, y la idea de instalarse en Francia o de aceptar su gobierno en territorio propio le producía una gran aversión. En ese sentimiento de simpatía por las ideas revolucionarias pero rechazo a la invasión e imposición francesa coincide con Goya, quien vivió una situación muy similar en España casi al mismo tiempo.

En la España de finales del siglo XVIII, el nerviosismo del gobierno ante los movimientos sociales en Francia fue en aumento, y en su intento por frenar la expansión de las inquietantes noticias que llegaban desde Francia, el entonces secretario de Estado, el conde de Floridablanca, decidió cerrar España a cualquier incursión de la ideología revolucionaria. ¿Cómo lo hizo? Con la fórmula habitual: impuso un bloqueo informativo y humano. Es decir, prohibió que se publicaran noticias sobre los sucesos en el país vecino, mandó confiscar en las aduanas cualquier material impreso que viniese de Francia y dificultó la entrada de refugiados franceses, impidiendo al máximo su acceso y permanencia en España.

Goya se encontraba en una delicada situación, ya que era pintor del rey y debía medir sus críticas. Como veremos a lo largo de este libro, en ese contexto político y social, la creación de algunos de sus dibujos, como los *Caprichos*, los *Caprichos enfáticos*, los *Desastres de la guerra* y muchos otros recogidos en sus cuadernos, es decir, imágenes no destinadas a ser públicas, le brindó el medio apropiado para dar rienda suelta a su libertad de expresión.

España y Austria tenían sistemas de gobierno parecidos y su reacción frente a la Revolución francesa, sin ser exacta, presenta numerosos puntos en común. Los dos países se gobernaban con monarquías absolutistas que evolucionaron hacia monarquías ilustradas. En ambos países, las ideas de la Revolución francesa calaron en el pueblo. Tanto España como Austria estuvieron en guerra contra los franceses y contra Napoleón, y los dos países intentaron un retorno al Antiguo Régimen: Austria a través del Congreso de Viena y España con la vuelta de Fernando VII.

En España gobernó Carlos III desde 1759 hasta su muerte, en 1788. Fue el perfecto ejemplo de despotismo ilustrado con una gran visión de Estado. Muchas de sus reformas y medidas perduran hasta hoy: fundó el Banco de San Carlos, antecesor del actual Banco de España, mandó construir caminos reales de forma radial desde Madrid hacia Valencia, Cataluña y Galicia, y se ocupó especialmente de modernizar Madrid, que lo recibió siendo una ciudad medieval, sucia, sin servicios de ningún tipo y terminó siendo una urbe moderna y cuidada. Construyó hospitales, instaló alumbrado público, instauró la recogida de basura y saneó la ciudad con alcantarillado y adoquines en las calles.

El sucesor de Carlos III fue su hijo Carlos IV, a quien se ha querido retratar como un rey bobalicón e inútil, incapaz de ocuparse de cualquier otra cosa distinta de la caza y que se dejó manejar por su mujer y por Godoy, primer ministro y supuesto amante de la reina. Sin embargo, tal y como explica el historiador Daniel Aquillué, la realidad es bien distinta: la Ilustración española alcanzó su punto culminante bajo el gobierno de Carlos IV gracias en gran parte a los consejos de Godoy.[4] Durante su mandato, estimuló la creación cultural y la investigación científica, facilitó la libertad económica y trató de limitar el poder de la Inquisición. Además, Carlos IV buscó reforzar la monarquía frente a la Iglesia y la alta nobleza, conteniendo, eso sí, cualquier contagio revolucionario. Por otra parte, no hay datos que confirmen que Godoy era el amante de la reina María Luisa y, aunque sí era un político corrupto, no lo era más que otros. Durante su gobierno como primer ministro impulsó profundas reformas que no gustaron a muchos. Toda oposición a sus políticas fue duramente reprimida, lo que probablemente fue el origen de su mala fama, que perdura hasta la actualidad.

El reinado de Carlos IV de España se prolongó desde la muerte de su padre en 1788 hasta la abdicación en su hijo en 1808 y estuvo marcado por la Revolución francesa y por las distintas guerras que la siguieron. Tras el pánico de Floridablanca por la propagación del espíritu revolucionario y el encarcelamiento y ejecución de Luis XVI, entre 1793 y 1795 España se enfrentó a Francia en la llamada primera guerra de la Convención. Dentro de que todas las guerras son inhumanas, esta fue la última guerra en la que se respetó a la población civil por parte de ambos bandos y también en la que las campañas se realizaron entre primavera y otoño, al detener la guerra en invierno.[5] Las que se iban a librar pocos años después se tornarían mucho más sangrientas, injustas y brutales.

Sin embargo, la política exterior de Carlos IV, apoyada en su todopoderoso primer ministro Manuel Godoy, lo llevó en los siguientes años a alinearse con Francia contra Inglaterra con el propósito de mantener la integridad de sus fronteras. Las distintas guerras tuvieron un efecto devastador en la Hacienda Real y en la opinión pública por sus terribles consecuencias humanas y económicas. Fueron años muy convulsos en los que los acontecimientos políticos y militares se sucedieron sin descanso. La derrota de la flota franco-española en la batalla de Trafalgar en 1805 tuvo un gran impacto sobre todo en la opinión pública británica, que encontró en el almirante Nelson, fallecido en la batalla, a un nuevo héroe nacional.[6] En noviembre de 1807 tuvo lugar la conspiración de El Escorial y en marzo de 1808, el motín de Aranjuez, en el que no solo Godoy perdió todo su poder, sino que Carlos IV tuvo que abdicar en su hijo Fernando VII. Ninguno de los dos monarcas podía imaginar en ese momento que solo dos meses después iban a firmar las abdicaciones de Bayona por las que cedían a Napoleón Bonaparte sus derechos a la corona. Napoleón, por su parte, nombró rey a su hermano José I Bonaparte.

En mitad de todos estos sucesos, Goya buscaba afianzar su puesto en la corte. Había sido contratado de forma puntual en 1775 con el fin de pintar cartones para tapices, en 1786 logró entrar como pintor del rey y en el mismo año de la Revolución francesa fue nombrado pintor de cámara. Diez años después, en 1799, el mismo año en el que Napoleón asumió el poder de Francia, Goya alcanzó el rango máximo como pintor en la corte: primer pintor de cámara. Tenía cincuenta y tres años y le aguardaban los acontecimientos más violentos que hasta el momento había vivido España.

Goya nunca se significó políticamente con claridad y a lo largo de su vida fue capaz de congraciarse con quien fuera que estuviese en el gobierno. Logró abrirse paso en la corte de Carlos III, se convirtió en pintor de cámara con Carlos IV y pintó tanto a Godoy como a José Bonaparte y a Fernando VII. No obstante, tanto su entorno como muchas de las obras que creó para él mismo y no para su exposición pública sugieren que Goya estaba bastante alineado con las ideas ilustradas y revolucionarias.

Mientras en España reinaba Carlos III, en Austria lo hacía José II, quien subió al trono en 1765 y cuya madre, María Teresa, se mantuvo como regente. José II era la personificación de la modernidad y de la era ilustrada. Impulsó profundos cambios en el sistema educativo: implantó la educación general obligatoria para ambos sexos, cambió el idioma de la escuela del latín al alemán y creó becas de estudios superiores para estudiantes sin recursos económicos pero con talento. En el ámbito religioso José II quiso neutralizar el enorme poder que tenía la Iglesia católica en Austria al tiempo que favorecía la aceptación de las comunidades judías. Por todo ello, como es lógico, José II no era especialmente querido por los nobles de su imperio, quienes se quejaban de sus elevados impuestos y de su visión igualitaria de la sociedad.

Cuando José II murió en 1790, fue sucedido por su hermano, Leopoldo II, en un fugaz reinado de dos años, tras cuyo fallecimiento en 1792 subió al trono Francisco I de Austria. José II y Leopoldo II habían comenzado algunas reformas bajo el espíritu de la Ilustración, como, por ejemplo, abolir la servidumbre, igualar los impuestos de nobles y plebeyos, reducir —aunque fuera durante un corto espacio de tiempo— la censura y reorientar la función de la policía hacia un servicio público para resolver pequeños conflictos entre los ciudadanos más que para el control de la población.

Apenas un mes después de que Francisco I de Austria asumiera el gobierno, Francia le declaró la guerra a Austria y en menos de un año su tía María Antonieta (hija de la emperatriz María Teresa y hermana de José II y de Leopoldo II) fue ejecutada a pesar de los muchos esfuerzos que se hicieron por impedirlo. El reinado de Francisco I duró casi medio siglo y en él se afrontaron las guerras napoleónicas y la caída del imperio.

Beethoven vivió y permaneció en Viena durante todo el reinado de Francisco I. Nunca logró un puesto en la corte, aunque tuvo mucho contacto con el hermano más joven del emperador: el archiduque Rodolfo. Convencido de que las ideas de la Revolución francesa serían las que cambiarían el mundo, Beethoven admiró a

Napoleón hasta el momento en el que se promulgó emperador. A su manera, Beethoven nunca abandonó los ideales de la Revolución francesa. Proclamó la igualdad en sus discusiones con algunos de sus mecenas, defendió su libertad por encima de todo y cantó a la fraternidad de los hombres en su *Oda a la Alegría*.

Ciudadanos de hoy

La Revolución tuvo un impacto de hondo calado en Francia e hizo tambalear los cimientos de los demás países europeos, aunque los cambios logrados no se extendieron a todos los estados vecinos. Mientras que en Francia la Revolución supuso el fin de la monarquía y de los privilegios del clero y la nobleza, en España y Austria esto no llegó a ocurrir. No obstante, la agitación popular que nació en estos dos países sí obligó a sus gobernantes a realizar cambios que dieron paso a monarquías parlamentarias y la promulgación de la Constitución de 1812. Los dos logros más importantes y duraderos de la Revolución francesa fueron la abolición del feudalismo junto con todos sus privilegios y la aprobación de la Declaración de los Derechos del Hombre y el Ciudadano.

Es decir, que la Revolución consiguió cambios en Francia e inspiró a los países del resto del mundo a llevar a cabo sus propias revoluciones que terminaron dando forma a conceptos modernos, como Estados nación, democracia y derechos humanos. Goya y Beethoven vivieron esas transformaciones, pero apenas pudieron disfrutar sus consecuencias.

Guerras napoleónicas

Las guerras napoleónicas fueron una serie de conflictos que tuvieron lugar bajo el mando de Napoleón Bonaparte entre 1804 y 1815. En parte, fueron una extensión de los conflictos que estallaron a raíz de la Revolución francesa y de las guerras que se desarrollaron a continuación, y, en parte, fueron el fruto de las ansias expansionistas de Napoleón, que lo llevaron a la guerra con toda Europa sin escatimar esfuerzos militares en todos los frentes. Ningún ciudadano

europeo escapó a las consecuencias de las guerras contra Francia, ya
fuera llamado a filas o víctima de invasiones, asaltos, desvalijamientos
y bombardeos. En España la invasión francesa y el poder de Napoleón impusieron a su hermano José como rey. En Austria, los bombardeos, pérdidas territoriales y desgaste económico condujeron a
una crisis sin precedentes. Será en el capítulo 9 cuando analizaremos
con detalle la evolución y consecuencias que todos estos conflictos
tuvieron en las vidas y obras de Goya y Beethoven.

Cuando en 1814 Napoleón fue definitivamente derrotado, España y Austria intentaron regresar, cada uno a su manera, a la situación previa a la Revolución francesa: con Fernando VII y su reinado absolutista en España y a través del Congreso de Viena y la
implantación de medidas restrictivas en Austria.

Congreso de Viena y regreso de Fernando VII

Tras la derrota de Napoleón Bonaparte en 1814 se celebró el
Congreso de Viena, un encuentro diplomático que tenía el objetivo de restablecer las fronteras de Europa y regresar a las políticas
del Antiguo Régimen, es decir, restituir la Europa previa a la Revolución francesa.

El Congreso de Viena duró unos nueve meses entre septiembre
de 1814 y junio de 1815 y fue impulsado por el ministro de Asuntos Exteriores de Austria, Klemens von Metternich. Los grandes
dignatarios europeos quisieron devolver a sus países las fronteras y
los poderes que tenían antes, y procuraron evitar que las ideas revolucionarias pudieran volver a desequilibrar el continente con re-
vueltas populares. Para garantizar esta meta, sus decisiones fueron
muy conservadoras, de tal manera que favorecieron la restauración
de gobiernos absolutistas.

A diferencia de las grandes cumbres políticas a las que el siglo XXI nos tiene acostumbrados, en el Congreso de Viena no se
celebraron sesiones plenarias, sino reuniones bilaterales entre diplo-
máticos de cada país que llegaron a acuerdos diversos. El hecho de
que estas reuniones se celebraran en el marco de cenas, bailes y fies-

tas y que los acuerdos alcanzados no tuvieran una amplia visión de política internacional, sino que fueran en su mayoría pactos entre dos países pero no globales, hizo que se dijera: «El Congreso baila, pero no marcha».

Napoleón Bonaparte, fechas clave

1795.	Salva al gobierno revolucionario de una insurrección en París.
1798-1799.	Campañas de Egipto.
1799.	Fracasa en la conquista de Siria y regresa a Francia, donde toma el poder mediante un golpe de Estado. Es nombrado primer cónsul.
1802.	Nombrado cónsul vitalicio
1804.	Coronado emperador de los franceses en la catedral de Notre-Dame.
1814.	Obligado a abdicar como emperador y a exiliarse en la isla de Elba.
1815.	Escapa de Elba y regresa a París para tomar el poder. Derrotado en Waterloo y deportado a la isla de Santa Elena.
1821.	Muere en la isla de Santa Elena.

Mientras Viena bailaba, Napoleón se fugaba de la isla de Elba con rumbo a París, de donde a su vez huyó el rey Luis XVIII, el monarca restaurado. Cuando la noticia de la huida de Napoleón llegó a Viena, el Congreso se tambaleó, pero los ejércitos de todos los países allí reunidos, especialmente Inglaterra y Prusia, supieron reaccionar. Una vez en Francia, Napoleón restituyó su imperio, que duró algo menos de cien días y terminó en el campo de batalla de Waterloo el 18 de junio de 1815, cuando los ejércitos comandados por Wellington y Blücher acabaron finalmente con él. Unos días más tarde, en julio de 1815, el rey Borbón fue nuevamente restaurado en su trono.

La llegada de dignatarios europeos a Viena era una oportunidad que Beethoven no podía dejar pasar, y consiguió que en los meses en los que tuvo lugar el Congreso se interpretase música suya con muy buena acogida. Para la inauguración de la cumbre, Beethoven compuso una cantata para cantantes solistas, coro mixto y orquesta titulada *Der glorreiche Augenblick* Op. 136 (*El momento glorioso*). Consta de seis movimientos y había sido compuesta a toda velocidad durante el mes anterior. En ella, Beethoven fue capaz de equilibrar un texto francamente mediocre gracias a su poderosa orquestación, rica en instrumentos de viento metal y percusión, y con la incorporación de un coro de niños al conjunto.

El papel de España en el Congreso de Viena fue muy limitado por varios motivos. En primer lugar, porque el diplomático enviado por Fernando VII, Pedro Gómez Labrador, no fue nada habilidoso a la hora de plantear las pretensiones territoriales de España. En segundo lugar, porque España había quedado muy debilitada tras las guerras napoleónicas. También pesó en contra de la delegación española que su limitado presupuesto no le permitiera participar en las cenas, bailes y fiestas donde se negociaban los acuerdos políticos. Sin acceso a esas reuniones, fue imposible llegar a ningún pacto beneficioso para España. Pero, por encima de todo, lo que hundió definitivamente sus posibilidades de lograr algún apoyo en el Congreso fue que buscó alianzas con Francia, con lo que perdió el apoyo de Inglaterra.

El rey José I Bonaparte abandonó España en junio de 1813, pero Fernando VII no regresó hasta el 24 de marzo de 1814. En su viaje hacia Madrid el rey primero se detuvo en Zaragoza y después en Valencia, donde atendió a diputados conservadores contrarios a la Constitución de Cádiz. Todavía en Valencia, el 4 de mayo decretó que todas las leyes promulgadas por la Constitución de Cádiz quedasen anuladas, y los defensores de la carta magna fueron perseguidos y encarcelados.

No hubo una Revolución francesa como tal en España, pero sí hubo dos levantamientos populares para cambiar la situación política: el primero, en la guerra de la Independencia, del que hablaremos más adelante, y el segundo, para derrocar al rey Fernando VII y su política absolutista entre 1820 y 1823 (durante el llamado Trienio Constitucional). Estos dos levantamientos populares mostraron la cara más heroica del pueblo español, que tuvo importantes representaciones pictóricas y también musicales por parte de Goya y de Beethoven.

Por lo tanto, durante la vida de Goya, España salió de la época absolutista ilustrada para llegar a ser una monarquía constitucional en 1812, que no llegó a estabilizarse y tuvo varias recaídas absolutistas.[7]

La monarquía austriaca se tambaleó algo menos que la española, pero la mayoría de los efectos de las guerras los pagó el pueblo, lo que afectó de manera directa a la calidad de vida de Beethoven.

En definitiva, las vidas de Goya y Beethoven estuvieron marcadas por la Revolución francesa y sus implicaciones tanto en los cambios políticos y sociales que supusieron como en las guerras napoleónicas que desencadenaron. El mundo cambió definitivamente y los dos artistas tuvieron que adaptarse a esa nueva realidad. Fueron años de incertidumbre, de ilusión y decepciones, guerras y dolor. No fue sencillo, ni inmediato, y no acertaron en muchas de sus decisiones, pero en cada una de sus obras dejaron la huella de su paso por el cambio de una era.

Goya, *Los duques de Osuna y sus hijos*, 1787-1788. Museo del Prado.

La música de Beethoven seleccionada.

2

Sociedad y redes sociales

En el pasado, eras lo que tenías.
Ahora eres lo que compartes.
GODFRIED BOGAARD

La Revolución francesa y las guerras napoleónicas modificaron no solo las fronteras, sino también el funcionamiento mismo de la sociedad. Sin embargo, este cambio no se produjo de la noche a la mañana ni tampoco fue igual en todos los países. De hecho, los gobiernos de España y Austria hicieron todo lo posible por mantener el orden del Antiguo Régimen y que las ideas revolucionarias no penetraran lo suficiente como para reproducir acontecimientos similares. Así, realizaron pequeñas actualizaciones de mayor o menor calado, como fueron limitar el poder de la Iglesia o mejorar las condiciones de vida del pueblo, pero mantuvieron el poder en manos de las mismas personas.

Por lo tanto, la sociedad española y la austriaca en el paso del siglo xviii al xix seguían funcionando como lo habían hecho hasta ese momento, y para Goya y Beethoven se hacía imprescindible cuidar su posición social y buscar formas diversas de ganarse la vida.

Ser un don nadie o triunfar en la corte

¿Qué podía marcar la diferencia entre triunfar en la corte y, por lo tanto, en la sociedad, o bien ser un don nadie? La posición social de un artista en los siglos xviii y xix dependía de su nivel artístico y de su red de clientes. No era lo mismo ser pintor del rey que ser un artesano, como tampoco era lo mismo ser compositor con una actividad libre que serlo en la corte imperial austriaca o en la española. Por eso, entrar al servicio de la corte era una aspiración habitual entre los artistas.

¿Cómo se podía acceder a un puesto en la corte? Participando en procesos parecidos a las oposiciones, es decir, optando a alguna de las plazas que se convocaban de vez en cuando. No obstante, una vez lograda la plaza, no siempre era vitalicia, y permanecer en la corte implicaba mantener en todo momento un buen comportamiento, comprender la jerarquía de mando y cultivar las buenas relaciones con todo el entorno.

Es cierto que la vinculación al patronazgo real exigía a los artistas exclusividad y una relación con ellos cercana al vasallaje, pero les proporcionaba un sueldo fijo y con frecuencia una pensión u otros pagos para ellos o sus familiares. La estabilidad económica, unida al nivel social y el reconocimiento profesional que conllevaba, era un aliciente más que atractivo para pugnar por un puesto en la corte.

No obstante, la historia ha demostrado que pasar el filtro de selección cortesano no era necesariamente una garantía de calidad ni de inmortalidad: ni todos los grandes artistas que conocemos hoy en día lograron un puesto en la corte ni todos los pintores y compositores de corte son conocidos en la actualidad.

Los contratos de Goya en la corte tardaron en llegar. Desde el primero de ellos en 1775 como artista externo, el pintor tuvo que esperar once años para ser por fin nombrado pintor del rey en 1786, otros tres para ascender a pintor de cámara, y no fue hasta 1799 cuando logró el puesto de primer pintor de cámara. Aunque a Goya le llevó tiempo y esfuerzo llegar a lo más alto en la corte, finalmente lo consiguió.

Por el contrario, a lo largo de su vida, Beethoven solo trabajó en una corte: la del príncipe elector de Colonia. Lo hizo mientras era poco más que un niño, cuando todavía vivía en Bonn y durante los primeros meses de su segunda estancia en Viena, pero a partir de 1792 fue un profesional libre que tuvo que buscar su propio sustento de mil formas distintas. No consiguió nunca ser compositor en ninguna corte, aunque sí le ofrecieron el cargo de maestro de capilla en la de Westfalia bajo el reinado de Jerónimo Bonaparte, de lo que hablaremos en el capítulo 7.

Economía y finanzas en la vida de Goya y Beethoven

La preocupación por el dinero y las finanzas fue un denominador común en los dos artistas, sin duda alguna, fruto de las penurias económicas que ambos habían vivido en su niñez. Como veremos en el capítulo 4, uno y otro atravesaron infancias con diversas dificultades que marcaron su carácter de por vida.

Goya no solamente tuvo que lograr ingresos para mantener a su mujer y a su hijo, el único que sobrevivió de los siete que en total tuvieron ambos, sino que a partir de 1781, con la muerte de su padre, José Goya, se tuvo que encargar también de su familia en Zaragoza durante los siguientes veinte años,[1] que le dio más problemas que alegrías y supuso una pesada carga para su conciencia.

La situación familiar de Beethoven era algo distinta a la de Goya por no tener pareja ni hijos, pero desde muy temprana edad tuvo que ocuparse de su propia subsistencia y la de sus hermanos al fallecer su madre cuando él tenía diecisiete años y su padre cuando tenía veintidós. Además, cuando en 1815 murió su hermano Kaspar Karl, también quiso hacerse cargo de la educación de su sobrino Karl, a lo que hubo que sumar la disputa con su cuñada por la custodia del muchacho. Estas cargas familiares les hicieron buscar constantemente fuentes económicas diversas, como veremos a continuación.

Goya consiguió gestionar bastante bien su patrimonio, supo negociar de forma efectiva sus honorarios e invertir con inteligencia, de modo que llegó a ser propietario de varias viviendas en Madrid. Además, siempre cuidó de la economía y el bienestar de los suyos, especialmente de su único hijo, Javier, y de su nieto, Mariano, para quienes garantizó varias pensiones con el fin de asegurar su confort.

Beethoven no tuvo ni la mitad de la capacidad de negociación de Goya ni tampoco una visión financiera de futuro. En las contadas ocasiones en las que sus finanzas no estuvieron al borde del colapso, él mismo se negó a utilizar sus ahorros, ya que los consideraba una herencia para su sobrino Karl. Por lo tanto, Beethoven vivía siempre con estrecheces económicas y con una austeridad autoimpuesta mucho más exigente de lo que era necesario. Su mala gestión económica no se limitaba al día a día, sino a todo lo que tuviera que ver con el dinero; por ejemplo, su vivienda. Olvidadizo y descuidado, se han documentado al menos sesenta y siete cambios de domicilio en Viena durante los treinta y cinco años que vivió allí.[2] Algunos

El caballo de Beethoven

Un divertido y claro ejemplo de lo despistado que era Beethoven con su propia economía lo encontramos en la famosa anécdota del hermoso caballo de monta que en cierta ocasión le regaló el conde Von Browne en agradecimiento a la dedicatoria a su esposa de las *Variaciones en la mayor* WoO 71. Su biógrafo Wegeler nos lo explica: Beethoven montó algún tiempo el caballo, pero pronto se olvidó de él y también de darle su forraje. El criado, que se percató de la situación, lo alquiló para su provecho. Durante algún tiempo no le presentó la factura del forraje, pero el día que lo hizo, el compositor recordó el caballo y su propio despiste.

de esos domicilios los tuvo de forma simultánea, lo que poco a po-co minaba su maltrecha economía. Nunca compró una vivienda ni invirtió en ningún bien que pudiera generarle rentas, lo que lo hizo esclavo de su trabajo de por vida.

Por suerte para Beethoven, la música era una de las actividades favoritas de la alta sociedad y prácticamente todas las niñas debían ser capaces de tocar un instrumento o cantar. Gracias a ese gusto musical, las clases particulares de piano se mantuvieron como una opción válida de ingresos a lo largo de toda su vida.

Otra de las opciones económicas exploradas por Beethoven fue la venta de partituras. Se trataba de partituras algo más sencillas destinadas a ese público de las clases particulares, o bien piezas a las que los editores pusieron atractivos títulos como reclamo publicita-rio y que nada tenían que ver con la obra: las sonatas para piano *Claro de Luna* y *Pastoral* o la Sonata para piano y violín Op. 24 *Primavera* son claros ejemplos de ello. Aun así, Beethoven no siempre conseguía publicar todas las obras que deseaba ni tampoco el éxito editorial estaba garantizado. Con los años aprendió que vender pie-zas pequeñas, fáciles e insignificantes le reportaba mayores ingresos que la publicación de grandes obras, cuya composición era com-pleja y fatigosa, las cuales, además de ser más difíciles de vender, comparativamente no se pagaban mejor.

Como intérprete de gran talento que era, Beethoven logró ga-nar algo de dinero dando conciertos. Sin embargo, los ingresos que en sus años de juventud había percibido por interpretar sus propias obras en público fueron desapareciendo tan gradualmente como progresivo fue el avance de su sordera. El dinero obtenido por la venta de entradas en las taquillas de los teatros en los que se inter-pretaban sus obras fue cada vez más esporádico y nunca muy eleva-do debido tanto a las malas gestiones del propio Beethoven como a que su música fue cada vez más incomprendida por el público vie-nés, el cual prefería música más ligera, como la del italiano Rossini.

Por último, Beethoven logró cierta estabilidad económica al firmar un contrato con tres nobles afincados en Viena, los cuales se comprometieron a pagarle una pensión de por vida a cambio de que el compositor cumpliera con una serie de exigencias. Las circunstancias en las que se firmó este contrato, así como sus implicaciones se detallan en el capítulo 7.

La economía de Goya, en general, fue mejor que la de Beethoven debido a los diferentes mercados y recorridos del arte, y sus fuentes de ingresos fueron muy distintas.

En primer lugar, triunfar en la corte, aunque lo hubiera logrado a fuego lento, no solo le garantizó a Goya la seguridad de un salario, sino que además le abrió las puertas de los principales palacios de España. Ser el pintor del rey significaba también ser el más solicitado de la corte, y Goya supo jugar muy bien esas cartas.

Los principales recursos económicos para Goya fueron su sueldo como pintor de corte y los honorarios recibidos por los encargos de la Iglesia y de la nobleza. Por poner un ejemplo, entre 1787 y 1788, justo antes de ascender al puesto de pintor de cámara, Goya ingresó un total de 64.000 reales solo de la familia de los duques de Osuna por la realización de varios lienzos, entre ellos el célebre retrato familiar que se conserva en el Museo del Prado. Esta suma, cuyos pagos se prolongaron durante varios años, cuadruplicaba su salario de pintor de corte.[3]

Goya también dio clase de pintura en la Real Academia de Bellas Artes de San Fernando y llegó incluso a ser su director, aunque la sordera y el malestar sufridos en 1792 le obligaron a dimitir.

Por el contrario, Goya no tuvo tanta suerte en el mundo editorial como en la corte y su intento de obtener ingresos por la venta de sus colecciones de aguafuertes, los *Caprichos*, fue un fracaso. En los días siguientes a su publicación apenas había vendido veintisiete series, por lo que decidió retirarlos del mercado.[4] Como consecuencia, no volvió a intentar ninguna publicación de sus grabados, y su impactante serie de los *Desastres de la guerra* no se publicó hasta treinta y cinco años después de su muerte.[5]

Vemos que, en lo referente a la gestión económica, las relaciones con la corte y la diversificación de sus fuentes de ingresos,

Goya y Beethoven presentan muchas más diferencias que similitudes, aunque los dos vivieron con la permanente preocupación de tener unas cuentas saneadas y solvencia suficiente para afrontar cualquier vicisitud que se les pudiera plantear.

Costumbres culturales

La sociedad española y la austriaca de finales del siglo XVIII tenían costumbres bastante similares. Gustaban de dar paseos por el campo cercano a las ciudades donde, según la clase social a la que perteneciera el paseante, llevaban a cabo una actividad u otra: desde merendar a participar en cacerías.

Por otra parte, la vida musical se desarrollaba en distintos ámbitos: celebraciones eclesiásticas que precisaban de música, música escénica, conciertos privados y conciertos públicos.

La música religiosa se utilizaba para celebrar distintas festividades y con este fin se solían pedir obras a compositores. Fue el caso de algunos encargos que recibió Beethoven en Viena y también el de otras peticiones internacionales que se hicieron desde España, concretamente desde la casa de Osuna, al que fue uno de sus maestros: Joseph Haydn.

Otro de los entretenimientos sociales era la música escénica. En muchos palacios madrileños y vieneses se representaban obras de teatro que luego eran llevadas a teatros de la ciudad.[6]

En los conciertos privados en palacios y casas de la alta sociedad, era esencial que el repertorio interpretado agradara al dueño del palacio. Además, era muy frecuente que el anfitrión o sus invitados fueran intérpretes aficionados de cierto nivel y estas reuniones privadas eran el perfecto escenario para su participación musical.

Esta afición de la aristocracia propició también que se interpretara mucha música en el ámbito doméstico con la familia y los amigos. De hecho, las familias se ocupaban de que sus hijas aprendieran a tocar un instrumento de teclado, a cantar y a bailar, habilidades muy apreciadas que podían servir incluso como un catalizador en el cortejo y el matrimonio.[7]

La principal preocupación en los conciertos públicos era llenar la sala al máximo, ya que tanto los músicos como el compositor cobraban gracias a la recaudación de la taquilla. Aun así, los gustos del público eran algo distintos en cada país, por lo que si analizamos el programa de un concierto en Londres en 1780, probablemente sea muy diferente a otro en Viena o en París. En Inglaterra era frecuente

> **Instrumentos según género**
>
> En este momento de la historia fue cuando se creó una asociación entre instrumentos y géneros que ha perdurado hasta bien entrado el siglo XX.
> En general, se consideraba apropiado que las mujeres tocaran instrumentos de cuerda pulsada (arpa o guitarra), de tecla o que cantaran, mientras que los hombres podían tocar el violín, el violonchelo o la flauta.

mezclar obras para orquesta y piezas de música de cámara en un mismo concierto público, mientras que en París y Viena el repertorio de música de cámara solía reservarse para los conciertos privados. Aun así, algunas sinfonías de Beethoven no se estrenaron en grandes teatros, sino en los palacios de sus mecenas.

A lo largo del siglo XIX, los conciertos públicos fueron ganando terreno y aceptación, mientras que los privados se convirtieron en veladas o *soirées* musicales enfocadas a la alta sociedad y la burguesía más acaudalada. Junto con las veladas musicales, también se celebraban bailes y tertulias. A todos estos eventos se solía invitar a intelectuales y artistas, con frecuencia a los propios Goya y Beethoven.

Los conciertos con obras de Beethoven nunca eran ligeros ni breves, sino que incluían un número de obras que hoy nos resultarían impensables. Por ejemplo, cuando en 1803 se estrenó el oratorio *Cristo en el Monte de los Olivos*, el programa incluía otros dos estrenos más: el de la *Segunda Sinfonía* y el *Tercer concierto para piano y orquesta*, así como la interpretación de la *Primera Sinfonía*, que ya era una obra conocida y apreciada por el público vienés.[8]

Además de que la configuración del programa incluía un gran número de obras y hacía que su duración sobrepasara con frecuencia las tres horas, a los conciertos de Beethoven había que añadirles un factor adicional de trabajo *in extremis*, ya que el compositor solía finalizar la composición de sus obras en fechas demasiado próximas a su estreno, lo que dificultaba que los intérpretes tuvieran tiempo suficiente para estudiárselas y ensayar. Si a esto le sumamos el hecho de que las orquestas de la época mezclaban músicos profesionales y aficionados de distintos niveles interpretativos, nos encontramos con que en algunas ocasiones el resultado sonoro final distaba mucho de lo que Beethoven tenía en su cabeza. Para evitar este tipo de catástrofes, era frecuente que el compositor hiciera ensayar a los músicos hasta la extenuación y cuando empezaba el concierto llevaban ensayando desde primera hora de la mañana.

También es cierto que la capacidad musical y maestría de Beethoven solían bastar para salvar casi cualquier situación. Un ejemplo de ello lo encontramos en el estreno del mencionado *Tercer concierto para piano y orquesta*, en el que él mismo se sentó al teclado. Nadie más que él sabía que solo había tenido tiempo de escribir la parte de la orquesta y que la del solista la iba a improvisar a partir de sus propios apuntes. Es más, dado que en esa época no se tocaba de memoria, Beethoven puso un fardo de partituras sobre el atril del piano e hizo que un amigo suyo le pasara las páginas de una partitura con casi todos sus compases todavía en blanco. Fue uno de esos conciertos en los cuales se celebró un único ensayo general, que además tuvo lugar ese mismo día, lo que provocó que en el momento de entrar el público a la sala, instrumentistas y cantantes llevaran ya más de diez horas ensayando. Aun con todo, parece que al menos en esa ocasión la música se interpretó con calidad suficiente y el concierto tuvo una buena acogida del público.

Antes de perder el oído, a Goya le entusiasmaba participar de las fiestas en las que hubiera música, y su acceso al Palacio Real como pintor le dio la oportunidad de escuchar algunos conciertos que le impactaron, tal y como le explicaba a su amigo Martín Zapater en una carta. Después de su sordera, Goya dejó de ir a estos espectáculos públicos y comenzó a interesarse por otras aficiones, como la lectura, aunque siguió siendo invitado a banquetes, paseos y tertulias, donde se comunicaba por señas o escribiendo parte de su conversación.

Del mismo modo que la música debía llegar al gran público a través de interpretaciones, la pintura tenía otros recorridos muy diferentes. Un compositor podía aspirar a vivir a base de dar conciertos y cobrar entradas, aunque en el momento en el que Beethoven lo intentó, la posibilidad de ganarse la vida como concertista era todavía muy limitada y siempre necesitó de otras fuentes de ingresos para poder vivir. Sin embargo, los pintores de esa época no podían contar con nada que se pareciera a cobrar por la entrada a exposiciones públicas de sus obras, lo cual limitó el tipo de haberes a los que podían acceder.

¿Pudieron Goya y Beethoven conocerse?

Parece que el concepto de red social está limitado a las aplicaciones tecnológicas de comunicación desarrolladas en el siglo XXI. Sin embargo, una red social se refiere a la estructura de relaciones interpersonales que se establecen entre los individuos de un mismo grupo, son un entramado de vínculos personales que proporcionan un intercambio de ideas y la creación de lazos entre sus miembros. Es decir que desde el mismo momento en el que dos seres humanos se comunican entre sí se crea una red social. Es cierto que la tecnología no solo ha permitido la creación de otras conexiones, sino que ha facilitado que nos mantengamos en contacto con personas a las que llevamos años sin ver. Sin embargo, las redes sociales fuera de las pantallas siempre han existido y han tenido una fuerte influencia en las relaciones humanas.

El orden social siempre ha marcado las relaciones que cada miembro de un grupo podía establecer, y especialmente en los siglos XVIII y XIX no era tan sencillo que hubiera un intercambio de conocidos entre plebeyos y nobles. Por ese motivo, los casos de Goya y Beethoven son paradigmáticos, ya que, gracias a su capacidad artística, rompieron esas barreras sociales y tuvieron contacto directo con la mayoría de los nobles de las ciudades en las que vivieron.

El mundo es un pañuelo

Todos hemos escuchado historias de alguien que, estando al otro lado del globo, conoció a una persona y tras una breve charla descubrió que tenían algún conocido en común. Por ese motivo, en la mayoría de los idiomas se han creado expresiones que indican lo pequeño que es el mundo.

Probablemente a raíz de esta circunstancia tan frecuente se ha terminado elaborando la conocida como «teoría de los seis grados de separación», que afirma que dos personas escogidas al azar entre todos los habitantes del planeta están conectadas entre sí a través de cinco conocidos intermedios, y que bastan seis interacciones entre ellos para ponerlas en contacto.

El hecho de que dos personas cualesquiera de España y Austria pudieran llegar a tener conocidos en común era mucho más complicado que encontrar esa conexión entre nobles. La realeza y la nobleza no solo viajaban por Europa, sino que establecían lazos y uniones matrimoniales entre miembros de su mismo nivel con el fin de ampliar sus territorios, aumentar su poder y fortalecer sus linajes. Sin embargo, como se verá en el capítulo 7, fue gracias a estas conexiones aristocráticas por lo que Goya y Beethoven no estuvieron separados ni por tres grados entre sí. A pesar de esa aparente cercanía, no solo no se co-

La teoría de los seis grados de separación

Esta teoría fue inicialmente propuesta en 1929 por el escritor húngaro Frigyes Karinthy en un cuento titulado *Eslabones*. Casi treinta años después, en 1957, el sociólogo Stanley Milgram la probó como cierta gracias a un experimento que llamó «el problema del pequeño mundo». Además, en 2006, con la irrupción de las redes sociales en internet, Duncan J. Watts actualizó la teoría y la bautizó como los «seis grados de separación».

nocieron, sino que con toda probabilidad no llegaron a saber el uno del otro.

¿Y eso por qué? Además de la distancia, ¿qué separó a estos dos artistas? ¿Qué tendría que haber pasado para que sí hubieran tenido noticias el uno del otro? Para empezar, teniendo en cuenta que ninguno de los dos viajó al país donde el otro residía, para que esto ocurriera, tendrían que haber accedido a sus creaciones artísticas, lo cual era difícil por cómo fue la difusión de sus obras. En el caso de Goya, sus pinturas se dispersaron por todo el mundo solo después de que el pintor muriera, por lo que no era probable encontrar ninguna obra suya en Viena mientras Beethoven vivió allí. Por su parte, la música de Beethoven tuvo una propagación tardía y algo desigual,[9] por lo que tampoco era probable que Goya hubiera podido escuchar su música en alguno de los palacios que frecuentaba,[10] incluso si no se hubiera quedado sordo.

De quien seguramente Goya sí oyó hablar y también escuchó música suya fue de Joseph Haydn, uno de los profesores de Beethoven, ya que la casa de Osuna le encargó música a finales del siglo XVIII.

Las sociedades madrileña y vienesa guardaban tantos parecidos que las vidas de los dos artistas tuvieron muchos puntos en común, al menos en lo que a actividades sociales se refiere. Por eso, aunque no se conocieron y seguramente no llegaron nunca a saber el uno del otro, de haber vivido en la actualidad, los dos habrían tenido muchos contactos comunes en sus agendas (y entre sus seguidores en las redes sociales).

Vicente López, *El pintor Francisco de Goya*, 1826. Museo del Prado.

La música
de Beethoven
seleccionada.

3

Del hombre al mito

Todos los mitos y todos los sueños tienen algo en común,
y es que todos ellos son escritos en el mismo idioma, el lenguaje sinbólico.
ERICH FROMM

Goya y Beethoven son dos artistas universales que vivieron hace más de doscientos años. A pesar del tiempo transcurrido, los dos siguen suscitando una enorme curiosidad en el público y un gran interés en los investigadores. Pero ¿por qué son ellos dos quienes originan tanto interés y no otros artistas de su tiempo? ¿Por qué seguimos hablando de ellos, investigando sobre sus vidas y sus obras y especulando acerca de sus amores? ¿Qué fue lo que los hizo merecedores de toda la atención que aún hoy en día reciben?

Ambos alcanzaron la cumbre de la creación artística en sus respectivos campos e hicieron añicos todos los moldes en los que quisieron hacerlos encajar, destrozando las expectativas de lo que en ese momento se esperaba de un compositor o de un pintor. Su extraordinario talento y su concienzuda búsqueda de la libertad expresiva los llevaron a sobrepasar cualquier límite que se les intentara imponer. Los dos siguieron los dictados de su instinto y establecieron las bases para la modernidad. Sus grandiosos logros en el ámbito artístico ya los hacen acreedores de la fama de la que disfrutan y justificarían plenamente que se hablara de ellos el resto de la eternidad.

Sin embargo, hoy no se considera que Goya y Beethoven fueran solamente dos extraordinarios artistas, porque fueron mucho más que eso. Probablemente ellos no podían imaginarlo, pero bastante tiempo después de morir fueron encumbrados a través del imaginario popular, que los hizo protagonistas de relatos fantásticos, los convirtió en héroes revolucionarios, en la encarnación humana del espíritu de toda una época. El imaginario popular hizo que estas personas que nacieron como hombres crecieran como artistas, fueran proclamados héroes y hoy se hayan convertido en mitos.

Veamos a continuación cómo se produjo esa transformación de hombre en mito y qué presencia y significado tienen uno y otro en la sociedad actual.

Creación del mito

Un mito no se crea así como así. Lleva tiempo y requiere la colaboración de varios agentes. En los casos de Goya y Beethoven, sus primeros biógrafos desempeñaron un papel crucial en la creación de la leyenda que más tarde dio paso al mito, ya que los relatos que escribieron sobre las vidas de los dos artistas fueron muy poco fidedignos, además de presentarlos de manera muy idealizada. En sus biografías mezclaron hechos reales con recuerdos, opiniones personales, anécdotas exageradas o directamente falsas, y lo aderezaron todo con altas dosis de imaginación. El resultado es tan formidable como desfigurado. Faltaban décadas para que la historiografía se estableciera como una ciencia y cuidara la veracidad de los relatos históricos, así como el tratamiento riguroso de las fuentes. En la fecha de la publicación de las dos primeras biografías de Goya y Beethoven, sus autores no atendieron a ningún criterio de objetividad ni se documentaron de forma imparcial. Pero no podemos culparlos, ya que a ambos los movió el deseo de retratar a dos magníficos artistas a los que admiraban.

La primera biografía de Goya la escribió Laurent Matheron en 1858, treinta años después de la muerte del pintor. Este primer relato está lleno de anécdotas personales difíciles de creer. Su grandilocuente e imaginativa narración responde a un intento de presentarle al lector una admirable semblanza del pintor, que recogiera algunos de los testimonios de quienes sí lo habían conocido en persona. Por ejemplo, uno de esos relatos fue el de Antonio Brugada, un joven pintor a quien Goya conoció al final de su vida, cuando ya residía en Burdeos. Brugada fue una de las personas que estuvo presente en el momento en el que Goya falleció. Solo con esta carta de presentación cualquiera validaría sus palabras como ciertas. Sin embargo, muchos de los datos de su narración sobre los últimos años de Goya y sobre su forma de pintar estuvieron demasiado adornados y contribuyeron a crear una imagen distorsionada de su vida y de su técnica.

¿Por qué se inventó información? ¿Por qué no contó una versión más exacta de la verdad? Probablemente, estas invenciones tuvieron la intención de transmitir una imagen romántica e idealizada del pintor. Además, es difícil que Brugada llegara a imaginar la repercusión y permanencia que sus palabras iban a tener sobre la biografía de Goya. E incluso, aunque lo imaginara, posiblemente le pareciera una buena opción. A fin de cuentas, seguramente hoy nadie conocería el nombre de Antonio Brugada si no fuera por la relación que tuvo con Goya, la que tuvo o la que contó que tuvo. Porque, detrás de las *batallitas* que relató a Matheron, lo que se trasluce es un evidente deseo de pasar él también a la historia de la mano de uno de los pintores más grandes que ha dado España al mundo.

Sin embargo, lo que su imaginativo testimonio logró fue desdibujar la realidad. Brugada es el responsable de que imaginemos a

Goya pintando sobre cualquier superficie y con cualquier herramienta, dejando de lado lienzos, pinceles, paletas y espátulas para utilizar maderas, cartones y hasta los dedos. Indudablemente, esta es una imagen atractiva, pero la restauración de sus obras ha desmentido que esa fuera realmente su forma de pintar. Goya utilizaba siempre los pinceles, que no solo constituían el instrumento de trabajo del arte de la pintura, sino que eran los atributos con los que los artistas se representaban en sus autorretratos. [1] Aun así, la idea de que Goya fue un pintor que aprovechaba con pasión cualquier posibilidad creativa ha perdurado en el imaginario popular como una primera piedra en la construcción de su mito.

En el caso de Beethoven, su primer biógrafo fue Anton Schindler, un amigo y colaborador que el compositor tuvo durante buena parte de su vida. Tal vez como le pasa a Brugada, cuya inexacta narración recogió Matheron en su biografía, Schindler hizo todo lo posible por demostrar que su relación y cercanía con el compositor era mucho mayor de lo que en realidad fue. En ambos casos, es una verdadera lástima que estos relatos de primera mano no hayan sido fieles a la realidad porque, de haberlo sido, nos habrían permitido conocer más de cerca a los dos artistas. Por el contrario, lo que han logrado ha sido exagerar de tal forma algunos de los rasgos de sus personalidades que han terminado construyendo, más que una biografía, una leyenda.

El imaginativo Schindler es el autor de la mayoría de las anécdotas más famosas pero, con toda probabilidad, falsas sobre Beethoven. Por ejemplo, Schindler afirmó que en cierta ocasión le preguntó a Beethoven por el significado de las cuatro notas que abren y que aparecen constantemente en su célebre *Quinta Sinfonía* y, por lo visto, Beethoven respondió diciendo: «Así llama el destino a la puerta».[2] Este y otros relatos similares incluidos en esa primera biografía que Schindler escribió del compositor tuvieron mucha difusión y aceptación a lo largo del siglo XIX, y todas estas anécdotas no solo se tomaron como ciertas, sino que colaboraron de forma definitiva en la construcción del mito de Beethoven: la imagen de un compositor con un carácter apasionado e indomable que luchó contra los elementos para alcanzar su propia libertad.

Hoy en día, ningún biógrafo da credibilidad a las afirmaciones de Schindler porque, aunque seguramente alguna será cierta, resulta imposible determinar cuál es la verdadera, qué parte responde a su imaginación y cuál atiende exclusivamente a su deseo de conquistar un espacio propio en la historia de la música, a pesar de hacerlo a la sombra del gran maestro que fue Beethoven.

Aun así, aunque no se puede considerar que esta primera biografía de Schindler sea un trabajo serio, histórico ni documentado, sí es verdad que Schindler era un buen músico, por lo que los comentarios que hace sobre la música de Beethoven suelen ser muy acertados. Por eso, esa anécdota que cuenta Schindler de que las primeras notas de la *Quinta Sinfonía* son «el destino llamando a la puerta» hace que resulte casi imposible no estremecerse al escucharlas.

En resumen, las dos primeras biografías de uno y otro, lejos de mostrarnos un retrato cercano y real de cada uno de ellos, dibujaron ya la primera imagen de los dos genios que, habiendo nacido hombres, murieron siendo mitos.

Pero ¿fueron estas dos biografías las únicas culpables de que ambos hayan terminado convertidos en leyendas? Tuvieron buena parte de la responsabilidad, desde luego, pero no fueron las únicas causantes de esta construcción idealizada de los dos. En ambos casos se dieron otros dos factores añadidos. En primer lugar, especialmente en el caso de Beethoven, alguna situación de su vida que tuvo mucha repercusión en su momento fue lo que, con el paso de los años, hizo que se viera magnificada hasta convertirse en leyenda. Y, en segundo lugar, el paso del tiempo y con él el olvido que se juzgó como injusto. Cuando Goya y Beethoven murieron, pasaron años y décadas antes de que se analizasen sus vidas y obras con la intención de restaurar sus lugares en la historia.

Veamos a continuación el tipo de anécdotas que se han contado sobre Beethoven y que son las que han establecido buena parte de su fama. El compositor participó en varias competiciones de interpretación e improvisación en las que tuvo la ocasión de mostrar su abrumadora capacidad musical. En alguno de estos duelos, como el que mantuvo en 1799 contra Wölfl, el antiguo alumno de Mozart resultó imposible determinar quién había salido victorioso. Sin embargo, hubo otras competiciones donde Beethoven se impuso claramente a sus rivales. El caso más sonado fue el de Daniel Steibelt, un pianista y compositor que retó en público a Beethoven improvisando sobre un tema suyo. La audiencia exigió una respuesta de Beethoven, quien se resistió en un primer momento, pero que finalmente no tuvo más remedio que responder a la provocación. Se dirigió de mala gana al piano, cogiendo al pasar la partitura de la parte de violonchelo de la pieza de Steibelt que acababan de interpretar poniéndola boca abajo en el atril del piano. Señaló al azar varias notas sueltas de la partitura del revés e improvisó de tal forma que Steibelt abandonó la sala antes de que Beethoven terminara.[3]

Hechos como este causaron sensación entre sus contemporáneos y ya antes de morir habían comenzado a circular toda clase de patrañas sobre su vida. La primera, que corrió como la pólvora mientras el compositor todavía vivía, afirmaba que en realidad él era un hijo ilegítimo del rey de Prusia. Beethoven, conocedor de la primera de estas locas suposiciones sobre su hipotético padre, pidió a su amigo Wegeler que luchara por mantener el buen nombre de su familia, especialmente del de su madre. Pero teorías posteriores a su muerte han incluido que era español por parte de su abuela materna o incluso ¡que era negro![4]

El mito de Goya también se ha alimentado, más que de anécdotas de su vida, de publicaciones posteriores, en las que se ha querido mostrar que el entorno del pintor no fue capaz de reconocer ni su valía, ni su vanguardia creativa ni tampoco su genialidad. Durante décadas se ha presentado a Goya casi como una víctima de la envidia y la mediocridad que lo rodeó;[5] sin embargo, tampoco fue exactamente así.

Sí es cierto que Goya llegó a Madrid llamado por su cuñado Bayeu para pintar los cartones para tapices para el futuro Carlos IV que a él no le daba tiempo a crear, y también que tardó más de una década en prosperar en la corte. La competencia era feroz y en cuanto un pintor fallecía o caía enfermo, las solicitudes que otros pintores realizaban para que se les asignara el puesto eran numerosas e inmediatas. De hecho, cuando Mengs se jubiló, Goya le escribió una carta pidiéndole que lo llevara con él a Italia porque, de lo contrario, en Madrid le iba a ir muy mal. Finalmente, Goya no logró marcharse, pero en España no le fue tan mal, aunque la impresión que él tenía era que estaba rodeado de competidores y que la envidia era el sentimiento más general a su alrededor. Además, a diferencia de Beethoven, a Goya las competiciones no se le dieron tan bien, ya que no ganó ninguno de los premios a los que se presentó, si bien logró el reconocimiento de sus patronos, quienes le expresaron con frecuencia que por fin alguien los había retratado con fidelidad.

El segundo factor que ayudó a la creación de sendos mitos fue el olvido tras su muerte. Pero ¿fue la muerte realmente la causa de su olvido? Qué duda cabe de que sí, pero ese declive en la popularidad de ambos ya había comenzado en los últimos años de sus vidas.

Aunque Goya realizó algunos magníficos retratos del rey, como el de *Fernando VII con manto real* (1814-1815), el gusto pictórico del monarca se inclinaba hacia otros pintores, como Vicente López o Juan Antonio Ribera. Esta pérdida del interés de Fernando VII por la pintura de Goya conllevó también la merma de encargos de los cortesanos. Es verdad que así se vio con libertad para viajar a Burdeos y dar rienda suelta a su creatividad, pero también lo es que sus ingresos se redujeron de forma considerable y que se inició el ocaso de una vida que hasta entonces había disfrutado de unánime reconocimiento y admiración.

Tras la muerte de Goya, su obra suscitaba cierto interés en el mercado de arte de coleccionistas privados, pero, dado que la mayoría de las pinturas originales estaban en las colecciones reales o formaban parte de las privadas de algunas familias aristocráticas, no se conocía con exactitud cuál era el «estilo de Goya».[6] Esta dificultad de acceso a su producción aumentó la fascinación por la misma, lo que propició que se creasen copias según lo que se decía que era su estilo. Es más que probable que alguna de esas copias fuera vendida como original sin serlo. Por otra parte, como se explicará más adelante, sus herederos se dedicaron a vender todas las obras que llegaron a sus manos, dispersando su legado en colecciones privadas de todo el mundo.

Beethoven, a su vez, gozó de bastante popularidad durante su vida por parte del público aficionado a la música. Nunca fue un éxito que él considerase suficiente ni fue el reconocimiento que necesitó, pero sí era un compositor bastante famoso. Además, conociendo como conocía el mercado editorial, supo gestionar muy eficazmente la publicación de sus obras, lo cual le garantizó una amplia difusión de su música. De hecho, una parte de su catálogo llegó a casi todos los rincones de Europa e incluso dio el salto a Estados Unidos, donde el compositor tuvo ya a principios del siglo XIX un nutrido grupo de admiradores.[7] Las obras que mejor se distribuyeron fueron las sonatas para piano y la música de cámara, aunque quedaron confinadas al ámbito doméstico, donde se utilizaban con fines pedagógicos, salvo aquellas más complicadas, que eran interpretadas por aficionados de gran nivel. Sin embargo, las composiciones de gran formato, como son las sinfonías, cayeron en el olvido en los años que siguieron a su muerte y rara vez los programas que llenaban las salas de conciertos en aquel momento las incluían.

Los motivos para este olvido son variados.[8] En primer lugar, el interés del público en esa época se había ido enfocando cada vez más hacia la música cantada, especialmente en la música escénica: la ópera. Además, el *bel canto* italiano irrumpió con fuerza en el panorama musical europeo, desplazando a la música instrumental. Por otra parte, se entendió a Beethoven como una continuación del estilo de Mozart y de Haydn, pero no tanto como un compositor que se hubiera adentrado en el Romanticismo, como sí habían hecho

Louis Spohr[9] o Ignaz Pleyel,[10] compositores hoy menos conocidos pero extremadamente famosos en la primera mitad del siglo XIX. Esta errónea idea hizo que se considerase que Beethoven pertenecía a un estilo del pasado y que, por lo tanto, no tuviera interés para el público de la época.

No obstante, los profesionales de la música sí conocían y apreciaban su valor, y continuaron su estudio en las décadas posteriores a su muerte. Uno de los responsables de la recuperación del gran repertorio orquestal de Beethoven fue el compositor Franz Liszt, quien escribió una completa adaptación para piano de todas sus sinfonías y las interpretó en sus giras por Europa.

Posteriormente, comenzaron a popularizarse los conciertos sinfónicos monográficos en torno a un solo compositor y las veladas musicales con música de cámara, lo que afianzó todavía más el repertorio del pasado como una base para los conciertos de todo el siglo XX.

Este retorno de ambas figuras años después de su muerte contó con cierto efecto de compensación y probablemente aumentó la imagen romántica que el público tenía de ellos: no solo habían sido grandes artistas, sino que habían sido injustamente olvidados, y eso merecía una reparación.

En 1927, el primer centenario del fallecimiento de Beethoven, las conmemoraciones del compositor se sucedieron por toda Europa, lo que demostraba que ya en esa fecha su música había sido recuperada y puesta en valor. En España, esa efeméride musical fue inmediatamente relacionada con el centenario de la muerte de Goya, que se celebró en 1928. Desde ese momento, las figuras de Goya y Beethoven quedaron unidas en el imaginario popular, y dicha unión llega hasta el presente.

Imagen oficial

Con sus biografías y la restauración del interés del público por su obra también se construyeron sus imágenes oficiales, esas que a todos nos vienen a la mente cuando se los menciona.

Resulta curioso que, a pesar de que en el caso de Goya tenemos en torno a treinta autorretratos a lo largo de su vida que nos permiten conocer con precisión cómo era su aspecto y cuál fue su evolución, la imagen que tenemos del pintor se haya creado fundamentalmente a partir de un retrato que no se hizo él mismo, sino que fue realizado por Vicente López. Este retrato, creado en 1826 aprove-

Joseph Karl Stieler (1781-1858)

Fue un pintor alemán que se especializó en retratos de la alta sociedad y de grandes personajes. Tenía una gran capacidad para mostrar a sus retratados de una forma muy favorecida.

Además de a Beethoven, retrató a Goethe. Ambos cuadros han adquirido una extraordinaria fama y se han convertido en la imagen oficial de sus protagonistas.

chando una visita que Goya hizo a Madrid desde Burdeos, se pintó para dejar constancia de quién era el primer pintor de la corte, pero con los años se estableció como retrato oficial.

Durante la vida de Beethoven, se realizaron en torno a una docena de retratos suyos de una calidad muy dispar. El más famoso de ellos fue pintado en 1820 por Joseph Karl Stieler y en él, Beethoven aparece representado componiendo con un gesto lleno de energía y mirando hacia arriba, casi como si buscara inspiración divina. El compositor posó hasta en cuatro ocasiones para el pintor y, aunque no es el retrato que más se le parece, sí ha sido el que más fama ha adquirido. Con los años, se ha convertido en un icono y es la imagen oficial del músico.

¿Cómo sabemos que ese famoso retrato no es el que más se le parece? Entre otros motivos, porque de Beethoven se hizo un busto en 1812, cuando todavía estaba vivo. Para llevar a cabo su empresa, el escultor Franz Klein hizo una máscara de la cara de Beethoven, que recoge con fidelidad los rasgos del compositor en esa fecha.

Aun así, aunque no tenemos tantos retratos ni de tanta calidad de Beethoven como de Goya, sí contamos con muchas descripciones de su apariencia a lo largo de su vida. La mayoría coinciden en que, por su aspecto desaliñado, con frecuencia lo confundían con un viejo campesino descuidado o con un mendigo.[11] De hecho, en 1821 se perdió por el bosque de Baden mientras caminaba ensimismado en sus propios pensamientos. Para cuando se quiso dar cuenta de lo que le había pasado, se le había echado la noche encima, estaba perdido, sediento y hambriento. Buscó una casa en la que pedir algo de comida, pero, al verlo asomarse a las ventanas, la policía lo confundió con un vagabundo y lo detuvo para llevarlo a prisión. Como no llevaba ninguna identificación, ni sombrero y su abrigo estaba viejo y raído, nadie creyó que pudiera ser el gran compositor que decía ser, por más que no dejaba de gritarlo y de exigir que lo dejaran en libertad. Finalmente, tras mucho insistir, consiguió que despertaran al director musical de la ciudad de Baden, quien acudió a la comisaría en mitad de la noche, lo identificó de inmediato y se lo llevó a su casa, donde le dio alojamiento.[12]

Lo cierto es que Beethoven andaba siempre tan absorto en sus pensamientos que debía de ser todo un espectáculo verlo pasear porque parecía un loco: gesticulaba con los brazos y, si iba acompañado por alguien, hablaba con vivacidad, pero por culpa de la sordera tenía que detenerse y esperar a que su interlocutor escribiera en un cuaderno la pregunta que le fuera a hacer. Las respuestas que Beethoven daba muchas veces iban acompañadas de signos y gesticulaciones. Por eso, la mayoría de las personas que se cruzaban con él se volvían para mirarlo y los niños se quedaban entre fascinados y aterrorizados en su presencia.[13]

Todos estos relatos también han alimentado la creación del mito de Beethoven: un genio medio loco y desharrapado que llamaba la atención allá donde se encontrase. Por su parte, las descripciones que se centran en su fisionomía nos hablan de sus brillantes ojos de color gris azulado o de que su mirada era muy penetrante. Otros rasgos de su personalidad incluían los rápidos cambios de actitud, que retratan a un compositor capaz de pasar de la alegría al mutismo más feroz.

Monumentos y conmemoraciones

La creación de sus respectivas imágenes oficiales no se ha detenido en los retratos y descripciones. De los dos se han creado estatuas y monumentos, se conmemoran las efemérides de sus vidas, muertes y fecha de creación de algunas de sus obras más importantes. Por ejemplo, en 2024 se celebra el segundo centenario del estreno de la *Novena Sinfonía* y en 2008 el Museo del Prado organizó una magnífica exposición titulada *Goya en tiempos de guerra*, cuya temática se centró en los dos cuadros del 2 y 3 de mayo en Madrid (*La lucha con los mamelucos* y *Los fusilamientos*) y los *Desastres de la guerra*. Cada centenario de su nacimiento o de su muerte se conmemora con innumerables publicaciones y muestras de su arte en forma de conciertos, exposiciones, congresos, conferencias, documentales, películas y publicaciones.

El mito de ambos está tan instaurado en la cultura popular que de los dos se han seguido creando retratos y monumentos hasta la actualidad. Este arraigo fue en aumento a lo largo del siglo XIX y la fama de ambos llegó a ser tal que desembocó en la creación de imágenes suyas posteriores a su fallecimiento. Es el caso del busto que el escultor Mariano Benlliure talló en 1902 y cuyas reproducciones hoy se entregan en la gala de los Premios Goya de la Academia de Cine Español.

Inteligencia artificial

En los últimos años se ha utilizado la inteligencia artificial para tratar de revivir a los dos artistas.

En el caso de Beethoven, se ha utilizado para terminar un movimiento de la *Décima Sinfonía* que el compositor dejó esbozado.

En el de Goya, además de recrear al pintor para utilizarlo como reclamo y atracción en ferias de turismo (FITUR 2021), hay aplicaciones de inteligencia artificial que generan retratos con el estilo del pintor.

Al igual que ocurrió con Goya, tras la muerte de Beethoven también se han seguido creado esculturas suyas. Solo en Bonn hay al menos cinco monumentos dedicados a honrar su memoria. El primero de ellos fue erigido para celebrar el setenta y cinco ani-

versario de su nacimiento, en 1845. Pero existen innumerables
ciudades que han levantado un monumento del compositor y resulta imposible contabilizar cuántos se le han dedicado en el mundo: desde Bonn a Viena pasando por Nueva York, Ciudad de México, Buenos Aires, Budapest, Praga, Barcelona o Goa (India),
entre otras.

Los dedicados a Goya no son tan numerosos ni se reparten por
todo el globo: se concentran fundamentalmente en España y Burdeos. El busto que creó en 1902 Mariano Benlliure y del que ya
hemos hablado fue parte del proceso de creación de la estatua que
hoy preside la entrada norte del Museo del Prado. Otras estatuas y
bustos del pintor se reparten por distintas ciudades españolas, como
Madrid, Zaragoza o Barcelona. Además, la celebración de los premios de la Academia de Cine lleva réplicas de gran tamaño de las
estatuillas del pintor a la ciudad donde se celebre la gala, que se llena temporalmente de imágenes suyas.

El cine no solo ha tomado la imagen de Goya para sus premios,
sino que además se han rodado decenas de películas con estos artistas como protagonistas. Ya sean películas de ficción, series o documentales centrados en sus figuras o en su época, Beethoven y Goya
acumulan un nutrido catálogo cinematográfico. Algunas de las películas son *biopics* más o menos fidedignos, pero otras simplemente
utilizan su nombre como reclamo publicitario. Es el caso de la pe-
lícula sobre un perro san bernardo llamado Beethoven de la que se
hicieron dos entregas con un gran éxito de público.

Así pues, los dos artistas, que fueron relativamente olvidados
tras su muerte, se encuentran en la actualidad en el punto opuesto
y resulta difícil diferenciar si los homenajes que se les rinden son
fruto del mito o, por el contrario, sirven para aumentar su leyenda.

Homenajes

Al igual que a nuestros dos protagonistas los admira el mundo
entero, ellos dos también rindieron distintos homenajes a artistas
previos como muestra de su respeto.

El mismo retrato de Goya que ha servido para crear su imagen constituye en sí mismo un bonito homenaje concatenado. En este cuadro, Vicente López representa a Goya sentado, vestido con una levita gris, con una paleta de pintor y pinceles en la mano. El protagonista, un anciano de ochenta años, mira de frente al autor del cuadro con un gesto serio y cansado. Esa disposición, indumentaria y colocación de atributos que lo identifican como pintor es tan absolutamente académica y tradicional que resulta imposible no relacionarlo con el que el propio Goya realizó del que fue su cuñado y maestro, Francisco Bayeu. En este retrato, Bayeu también aparece sentado, con una levita gris, semblante serio y con la paleta y los pinceles en la mano. Esta pintura fue un encargo póstumo que Feliciana, la hija de Bayeu, le hizo a Goya con la intención de que pudiera presidir el homenaje que la Academia de Bellas Artes le iba a ofrecer a su padre. Así, tenemos el homenaje que Goya rinde a su predecesor en la corte, Francisco Bayeu, y el que le dedica a él Vicente López, su sucesor en ella. Se trata de maestros pintando a maestros.

En el mismo sentido que Goya y López rinden homenajes a otros artistas, Beethoven hizo lo mismo con aquellos compositores a los que consideró sus maestros, le hubieran dado clase o no. Fue el caso de Wolfgang Amadeus Mozart (1756-1791) y de Georg Friedrich Haendel (1685-1759), que había fallecido once años antes de que Beethoven naciera. Con el primero quiso estudiar, pero Mozart murió un año antes de que Beethoven se llegara a instalar en Viena definitivamente. Del segundo estudió sus obras con veneración hasta en el lecho de muerte, le sirvió de inspiración en la composición de su repertorio sacro y también compuso algo de música sobre una melodía suya.

Una elegante forma de homenajear a otro autor es citarlo en una obra propia, y eso es precisamente lo que hizo Beethoven en múltiples ocasiones en forma de tema con variaciones. Este tipo de composición comienza con la exposición de un tema musical al que le siguen una serie de variaciones basadas en modificaciones al tema presentado. Por ejemplo, basándose en melodías de Mozart escribió dos grupos de variaciones para piano y violonchelo sobre dos arias de la ópera *La Flauta Mágica*: *Ein Mädchen oder Weibchen* Op. 66 en fa mayor (*Una muchacha o una mujercita*) y *Bei Männern, welche Liebe fühlen* Op. 46 en mi bemol mayor (*En los hombres que sienten amor*). Otro compositor al que homenajea es Georg Friedrich Haendel con unas Variaciones sobre el tema del oratorio *Judas Macabeo*, también para piano y violonchelo, *See, the conqu'ring hero comes* WoO 45 en sol mayor (¡*Ved, aquí llega el héroe conquistador!*).

A través de la composición de los temas con variaciones sobre melodías propias o de otros compositores Beethoven pudo honrar su memoria al mismo tiempo que demostraba su maestría al ceñirse a una idea musical concreta y presentar decenas de versiones modificadas pero reconocibles de la misma, lo cual siempre supone un interesante reto compositivo y un desafío para el oyente.

En definitiva, Goya y Beethoven lograron años después de su muerte un reconocimiento unánime por parte de la sociedad que los terminó convirtiendo primero en héroes y luego en mitos. Finalmente, los dos artistas continúan tan presentes en la cultura actual que se han convertido literalmente en iconos. Hay hasta GIF de sus imágenes más famosas disponibles para usar en redes sociales como WhatsApp e Instagram, lo que hoy en día es una muestra de su innegable popularidad.

II

INFANCIA, ADOLESCENCIA Y JUVENTUD

Goya, *Aníbal vencedor que por primera vez mira Italia desde los Alpes*, 1771. Museo del Prado.

La música
de Beethoven
seleccionada.

4

Pasos paralelos

Cada proceso nos enseña algo que necesitamos aprender.
CHARLES DICKENS

Entre Goya y Beethoven existen ciertos paralelismos que son incuestionables. Algunos de ellos se encuentran ya en su infancia y juventud, momentos consagrados a su etapa formativa, que en ambos casos fue fundamentalmente escolástica. En este capítulo veremos las similitudes en sus respectivas carreras y periodos de aprendizaje.

Si Goya nació en la localidad zaragozana de Fuendetodos, fue casi por casualidad. Era 30 de marzo de 1746 y la familia de su padre llevaba ya más de cien años afincada en Zaragoza. En el momento del nacimiento de Francisco estaban todos en Fuendetodos, a treinta y cinco kilómetros de Zaragoza, porque los padres de Go-

ya decidieron hacer reformas en la casa que la madre tenía allí. A
todos nos parece obvio que una casa en obras no es el lugar idóneo
para traer un niño al mundo, pero eso es lo que hicieron. Además, para acometer dichas obras tuvieron que pedir no solo uno, sino dos
préstamos. Probablemente confiando en que «los niños vienen con
un pan bajo el brazo», al padre de Goya, un dorador llamado Brau-
lio José Benito Goya (que firmaba como Joseph Goya),[1] no le pareció un problema endeudarse si era para mejorar una de sus propiedades. Poco podía imaginar lo desacertada que fue su decisión.

Así, con apenas un mes de vida, el bebé Francisco Goya regresó
en brazos de sus padres desde Fuendetodos a Zaragoza, donde pasó
toda su infancia y adolescencia. Este es un periodo de la vida de Goya del que tenemos muy poca información, fundamentalmente la
que ofrecen los censos parroquiales que se realizaban cada año. Gracias a esos registros, sabemos dónde vivió cada año y también cuántos nacimientos hubo en la familia. Entre 1737 y 1751 los padres de
Goya tuvieron un total de seis hijos: Rita, Tomás, Francisco, Jacinta,
Mariano y Camilo, dos de los cuales —Jacinta y Mariano— murieron en la infancia. Esta alta tasa de mortalidad infantil era una triste
tónica general en la época y, como veremos, también golpeó a la familia de Beethoven.

Ya instalados en Zaragoza, la familia Goya vivió primero en
una casa que pertenecía al padre. Pero cuando Francisco tenía
poco más de once años comenzaron las frecuentes mudanzas
hasta que finalmente vendieron la casa en la que vivían, probablemente por no haber podido afrontar el pago de los préstamos.[2] Esta situación de precariedad económica padecida en su
infancia impactó fuertemente a Goya, quien tuvo una constante
preocupación a lo largo de su vida por su propia economía y
buscó siempre las mejores inversiones que le garantizasen una
tranquilidad financiera. Por eso Goya desarrolló una estricta política de inversiones que lo llevó a convertirse en un gran aho-
rrador. Además, se resistió a pedir préstamos y cuando lo hizo se
apresuró a devolverlos.

Aunque con veinticuatro años de diferencia, Beethoven vivió una infancia igual de precaria que Goya, incluso más. Se desconoce la fecha exacta de su nacimiento, solo se sabe cuándo fue su bautizo, que tuvo lugar en la ciudad alemana de Bonn el 17 de diciembre de 1770. Probablemente Ludwig van Beethoven nació el 16 o el mismo 17 de diciembre, ya que los niños solían bautizarse en fechas muy cercanas a su nacimiento debido, precisamente, a la elevada tasa de mortalidad infantil. De hecho, de los siete hijos que tuvieron los padres de Beethoven, solo tres llegaron a la edad adulta: Ludwig, Kaspar Karl y Nikolaus Johann.

Las penurias económicas de la familia Beethoven, entre otras circunstancias que rodearon su infancia, convirtieron al compositor en un adulto muy preocupado por su propia subsistencia. Sin embargo, a diferencia de Goya, Beethoven nunca fue un buen gestor de su economía ni tampoco fue capaz de realizar inversiones ni a medio ni a largo plazo. Ambos nacieron en circunstancias muy complicadas, los dos vivieron momentos de inestabilidad política y económica, pero, como se verá a lo largo de estas páginas, el pintor supo abrirse paso en muchos ámbitos como el laboral, amoroso y financiero con mayor solvencia que el compositor.

Cómo llegaron Goya y Beethoven a desarrollarse en sus profesiones, es decir, por qué se hicieron pintor y compositor, respectivamente, no es difícil de imaginar: los padres de cada uno de ellos pertenecían a sus respectivos gremios, por lo que ambos estuvieron en contacto con la pintura y la música. La pregunta realmente complicada de responder es cómo llegaron a convertirse en los genios que fueron y llegar a marcar el curso de la historia del arte.

Desde su más tierna infancia, los dos vivieron rodeados de artistas. Además, tuvieron ocasión de observar el funcionamiento del patronazgo de la corte cuando eran apenas unos niños. En el caso de Goya, con el proyecto de la basílica de Nuestra Señora del Pilar de Zaragoza, y en el de Beethoven, con la opulenta corte del príncipe Maximilian Franz. Es posible que estas experiencias también los inclinaran hacia las profesiones que luego desarrollaron.

El primer biógrafo de Goya, Laurent Matheron, se imaginó a un Goya quinceañero, todavía en Fuendetodos, llevando un saco de trigo a la espalda cuando en un descanso de su trayecto pintó en una tapia la silueta de un cerdo con un trozo de carbón. En ese momento, pasaba un fraile por allí, que quedó maravillado ante el talento del joven y arregló todo lo necesario para que pronto pudiera incorporarse al taller del mejor pintor de Zaragoza, José Luzán.[3] De todo esto probablemente lo único cierto es que Goya estudió cuatro años en el taller de Luzán desde que tuvo trece años, pero nada más. Goya era hijo de un dorador y desde que era un niño estuvo rodeado de profesionales de los que luego serían su gremio: las artes plásticas. Los hermanos de José Luzán eran también doradores y, aunque es posible que esa conexión con el padre de Goya facilitara la entrada del joven pintor en su taller, también lo es que el taller de Luzán era, como bien explica Ceán Bermúdez en su *Diccionario histórico de los más ilustres profesores de las Bellas Artes en España*, «una escuela abierta a todos los jóvenes que querían aprovecharse de sus luces, enseñándolos con paciencia y amabilidad, sin otro objeto que el de sus adelantamientos».[4]

Más o menos en el momento en el que Goya comenzaba a estudiar en el taller de Luzán, a finales de octubre de 1759, tuvo lugar un suceso extraordinario: la corte de Carlos III llegó a Zaragoza proveniente de Italia y con destino a Madrid tras la muerte de Fernando VI. Aunque los reyes iban a estar de paso en la ciudad, la enfermedad de rubeola del príncipe Carlos y de casi todos los miembros de la familia real les obligó a permanecer allí algo más de un mes. Durante ese tiempo, Zaragoza y sus gentes se volcaron en agasajar a los reyes con decoración de calles y plazas en las que es posible que Goya participara como artista».[5]

¿Pudo imaginarse Goya que veinte años después iba él a ser el pintor de la familia real y que iba a retratar, ya coronado Carlos IV, a aquel niño que había caído enfermo? Probablemente no, pero sí es muy posible que el contacto con la corte junto con el patronazgo que ya conocía terminara de decidir el que sería su futuro profesional.

Tras abandonar Zaragoza, la corte se dirigió a su destino final: Madrid. A su llegada a la capital, Carlos III se encontró con distintos retos ante sí: por una parte, Madrid era una ciudad extremadamente sucia y peligrosa, en la que sus gentes se deshacían de sus aguas residuales al grito de «¡Agua va!» y donde la delincuencia se escondía bajo sombreros de ala ancha y largas capas. Por otra parte, el rey debía construir su imagen institucional a través de retratos y de pinturas alegóricas que proclamasen sus magníficas capacidades como monarca.

Para la primera de estas empresas, el rey y sus ministros italianos, encabezados por el marqués de Squillace (cuyo nombre españolizó como Esquilache), dictaron diversas normas de vestimenta, ordenaron la iluminación de las calles por la noche y la creación de un centro donde las personas sin oficio ni hogar debían trabajar.

Para la segunda, el rey mandó llamar de Italia a dos grandes pintores: Giovanni Battista Tiepolo y Anton Raphael Mengs. El primero vino acompañado de sus hijos. Mengs, por su parte, solicitó más ayuda para poder acometer todos los trabajos de decoración de los palacios y contó con el pintor zaragozano Francisco Bayeu, que fue llamado a la corte de Carlos III en 1763.

> ## Motín de Squillace o Esquilache
>
> Las medidas adoptadas por el gobierno de Carlos III encaminadas al control de la población no fueron ni las únicas ni las primeras que se impusieron, pero estas en particular no gustaron a todo el mundo. Unidas a la subida del precio del pan en 1766 terminaron por provocar que el pueblo de Madrid se levantara en el conocido como «motín de Esquilache».

Antes de 1763, Goya había entrado en contacto con Bayeu como aprendiz en su taller de Zaragoza. De hecho, fue en su casa donde conoció a la que diez años después sería su esposa: María Josefa Bayeu, hermana de Francisco Bayeu.

Cuando en noviembre de ese mismo año de 1763 la Real Academia de Bellas Artes de San Fernando convocó cinco becas, una de ellas para pintura y las otras cuatro para escultura y arquitectura, Goya decidió presentarse. El concurso tenía reglas muy estrictas y se desarrolló a lo largo del mes de diciembre de 1763. En enero del año siguiente se publicaron los nombres de los ganadores de las cinco becas, entre los que no se encontraba Goya. Este fue el primer fracaso de un joven Goya que tenía apenas diecisiete años. Aun así, el pintor no regresó de manera inmediata a Zaragoza, sino que se quedó en la capital, seguramente ayudando a su maestro Bayeu, quien, mientras Goya tomaba parte en el concurso de la Academia, se había caído de un andamio y se había roto un brazo.

Tres años después, en 1766, la Real Academia de Bellas Artes convocó un nuevo concurso al que Goya también se presentó y en el que, una vez más, no obtuvo ningún voto.

Estos dos fracasos consecutivos en la Real Academia de Bellas Artes decepcionaron tanto a Goya que tomó la determinación de buscar otro camino en su formación artística y en junio de 1769 dirigió sus pasos a Italia, específicamente a Roma, la cual en esa época seguía siendo el destino formativo de casi todos los pintores europeos.

De la etapa italiana se tienen solo algunas noticias, casi todas a través de un único documento conocido como *Cuaderno italiano*, que permaneció en manos privadas hasta que fue adquirido por el Museo del Prado en 1993. Este *Cuaderno italiano* es, como dice Manuela Mena, un diario íntimo de Goya que nos muestra con claridad lo que Italia significó para el pintor: libertad.[6] Fueron mucho más que dos años de formación; fue tiempo de exploración y descubrimiento, y también una oportunidad de abrir la mente y el espíritu a la cultura europea y al conocimiento artístico.

Cuaderno italiano

Es un cuaderno con dibujos y bocetos que se extienden de 1770 a 1786 y en el que Goya también escribió algunos datos, como las ciudades que visitó o, años después, los nacimientos de sus hijos, registrados con sus nombres junto al de la parroquia en la que fueron bautizados y las identidades de sus padrinos.

En Roma Goya buscó la compañía de otros artistas españoles, entre los que destacan Juan Adán, que era aprendiz de José Ramírez, y Manuel Eraso, también aprendiz de Francisco Bayeu. Antes de regresar a España en 1771, Goya pidió a estos dos amigos que le firmaran un documento que certifica que en el tiempo que lo habían conocido no había contraído matrimonio ni se había comprometido a ello. Este documento acredita que Goya ya planeaba su boda con Josefa Bayeu y es en estos documentos requeridos para su matrimonio donde encontramos información referente a su estancia en Italia; por ejemplo, la declaración del escultor Carlos Salas que afirma que Goya estudió en la Accademia Nazionale del Disegno di San Luca en Roma.[7]

Antes de volver a España, en 1771 Goya se presentó al concurso de la Real Academia de Bellas Artes de Parma. El tema dado por la institución era *Aníbal vencedor que por primera vez mira Italia desde los Alpes*. No ganó el premio, que recayó en un alumno de dicha institución, pero la pintura de Goya recibió una mención especial y grandes elogios por parte del jurado, el cual afirmó que el pintor había mostrado un «fácil manejo del pincel, una cálida expresión en el rostro, así como un carácter grandioso en la actitud de Aníbal» y añadió que podría haber ganado el primer premio «si sus tintas se hubiesen aproximado más a la realidad».[8] Por fin Goya veía reconocido su talento.

Este primer cuadro importante de su catálogo, en el que ya se atisba al maestro en el que se convertiría unos años después, estuvo más de doscientos años perdido porque se había atribuido erróneamente al pintor italiano de la corte de Carlos III Corrado Giaquinto. No fue hasta 1994 cuando se identificó y catalogó correctamente, en gran parte gracias a la aparición del *Cuaderno italiano* de Goya, en el que ya figuran bocetos inconfundibles del cuadro que finalmente pintó.

Bonn, la ciudad natal de Beethoven, pertenecía al electorado de Colonia, de cuya capilla de corte dependía la familia del compositor. En ella, Johann van Beethoven, su padre, cantaba como tenor y el abuelo, también llamado Ludwig van Beethoven, era el maestro de capilla. En el momento de nacimiento del pequeño Ludwig, el príncipe elector y arzobispo de Colonia era Maximilian Friedrich, quien no era especialmente sensible a la música.

Igual que le ocurrió a Goya, Beethoven recibió formación artística de su entorno al ser su padre y su abuelo figuras de referencia en la casa. Su padre pronto detectó el extraordinario talento musical del joven Ludwig y le buscó un buen profesor, Tobias Pfeiffer, quien se ocupó de su formación cuando solo tenía ocho años. El profesor se instaló en la casa de la familia Beethoven durante aproximadamente un año. Con esa edad, el jovencísimo intérprete ya empezaba a ganar popularidad como niño prodigio en los conciertos privados de la alta sociedad en Bonn y su padre planeaba hacer de él un nuevo Mozart. De hecho, con la intención de llamar más la atención del público, el padre de Beethoven afirmaba que su hijo era dos años menor de lo que lo era en realidad. Esta mentira se la creyó hasta el propio compositor, el cual pensó durante muchos años que era dos años más joven.

Mucho se ha hablado sobre el carácter y las maneras del padre del compositor, Johann van Beethoven, y poco de lo que se ha dicho ha sido bueno. Existen innumerables anécdotas que lo retratan como un maltratador alcoholizado que despertaba al pequeño Ludwig a altas horas de la madrugada para obligarlo a estudiar, le pegaba, lo torturaba y le enseñaba a base de amenazas, no le permitía ni improvisar ni componer su propia música, se aprovechaba de él y planeaba hacer carrera a su costa. No todo es falso, pero tampoco todo es cierto.[9] Por ejemplo, sí está constatado que el padre de Beethoven tenía un serio problema con el alcohol y que, en más de una ocasión, el joven compositor tuvo que mediar con la guardia para evitar que fuera a la cárcel por insubordinación a la autoridad. Cuando en julio de 1787 la madre de Beethoven falleció y pocos meses después también lo hizo la hermana pequeña del compositor, la vida de Johann van Beethoven se desmoronó, y volvió a refugiarse en la bebida, por lo que el joven Ludwig se vio obligado a sostener económicamente a su familia.

Además de algunas declaraciones que el propio compositor hizo a lo largo de su vida, una de las fuentes de información más curiosas sobre su infancia la encontramos en el relato de los hermanos Fischer, que eran los hijos del panadero en cuya casa vivía de alquiler la familia Beethoven en Bonn. Diez años después de la muerte del compositor, estos dos hermanos escribieron un documento con las memorias de la infancia de Beethoven. Se trata de una mezcla de recuerdos desordenados que incluye algunas anécdotas sobre el cual carácter del padre y sus malos modos mientras daba clase a su hijo, pero también da testimonio del orgullo que sentía por el pequeño. Al parecer, Johann van Beethoven decía con frecuencia: «Ahora mi hijo Ludwig es mi única alegría; está progresando tanto en música y composición que todo el mundo lo mira con admiración. Mi Ludwig, mi Ludwig... Estoy seguro de que llegará a ser un gran hombre a nivel mundial. ¡Los que estáis aquí reunidos y viváis para verlo recordad mis palabras!».[10] Probablemente Johann van Beethoven fue muy duro con su hijo, pero, como suele ocurrir con las críticas a nuestros familiares, a lo largo de su vida el compositor jamás aceptaría que nadie —salvo él— criticara a su padre.

Tras la marcha de Pfeiffer en 1780, quien pasó a encargarse de la formación musical de Beethoven fue Christian Gottlob Neefe, que acababa de llegar a Bonn para convertirse en el director musical del teatro de la corte. Sus ideas ilustradas, su amplísima actividad musical e intelectual y su pertenencia a la organización secreta de los Illuminati supusieron una importantísima influencia en el futuro compositor.

En un intento de llamar la atención del príncipe elector, de quien dependía la buena o mala estrella de la familia, el padre del joven Beethoven y el profesor Neefe animaron al pequeño Ludwig a dedicarle *Tres sonatas para clave*, que por su dedicatario se conocen como las *Tres sonatas electorales*. En la portada de su partitura, se indicaba que el joven Ludwig tenía solo diez años cuando ya tenía doce. En cualquier caso, esta dedicatoria no supuso ningún cambio ni en el sueldo ni en las atribuciones profesionales de la familia, por lo que la precariedad económica siguió marcando su día a día. No fue hasta 1784, tras el fallecimiento del príncipe elector y la llegada de su sucesor, Maximilian Franz de Habsburgo, hijo de la emperatriz de Austria, cuando la suerte de nuestro protagonista empezó a cambiar. A partir de ese momento, el joven Beethoven fue contratado como segundo organista de la corte y comenzó a cobrar un sueldo de 150 florines al año, aproximadamente la mitad del sueldo de su padre.

Cuando el nuevo príncipe elector Maximilian Franz llegó a Bonn, se encontró una ciudad casi en bancarrota por la pésima gestión de su predecesor. Su planteamiento político y económico fue de austeridad y se centró en desarrollar todos los principios de la Ilustración. Por ese motivo, fundó la universidad y reabrió el teatro, que había sido pasto de las llamas hacía un par de años. Además, afortunadamente para Beethoven, el príncipe era un amante de las artes y fue generoso con los jóvenes artistas que encontró en la ciudad, a quienes becó para que estudiaran en otros países y pudieran regresar para adornar Bonn con su arte. Así, en 1787, cuando Beethoven todavía no había cumplido diecisiete años, Maximilian Franz autorizó y financió el primer viaje del compositor a la capital europea de la música: Viena.

Al igual que Goya, quien se presentó a su primera beca de la Real Academia de Bellas Artes de San Fernando cuando tenía diecisiete años, Beethoven también emprendió su primer viaje de estudios a una edad similar. Y del mismo modo que Goya, Beethoven también fracasó, pues tampoco puede considerarse que este viaje fuera ningún éxito, ya que su objetivo principal, que era estudiar con Mozart, no se cumplió. A mediados de marzo de 1787, Beethoven abandonó Bonn con destino a Viena. El largo trayecto duró dieciocho días, con paradas en Augsburgo y Múnich, entre otras ciudades. El 7 de abril por fin llegó a Viena, donde consiguió presentarse ante Mozart. Lamentablemente, ni uno ni otro dejó testimonio de cómo fue ese encuentro, que a todos nos causa infinita curiosidad y que hoy sigue siendo material de leyenda. Las distintas fuentes secundarias que se hacen eco del momento cuentan que Beethoven se presentó ante el maestro para tocar una improvisa-ción y que Mozart pensó que era algo aprendido de memoria con la intención de impresionarle. Entonces, Beethoven le pidió que le proporcionara una idea musical original sobre la que improvisar en ese momento. Mozart accedió a la petición y cuando Beethoven llevaba ya un buen rato tocando, Mozart caminó de puntillas a la habitación de al lado para decirles a quienes estaban allí: «Venid y escuchad a este, el mundo hablará de él».[11]

Seguramente la idea de Beethoven era permanecer una tem-porada en Viena y recibir clases de Mozart o de alguno de los otros grandes músicos que vivían en la ciudad. Sin embargo, cuando ape-nas llevaba dos semanas en la ciudad imperial, recibió una angustio-sa carta de su padre que le informaba de que su madre se encontra-ba gravemente enferma y que debía regresar a Bonn cuanto antes. De esta manera tan infructuosa como abrupta terminó el primer viaje de estudios de Beethoven.

Cuando por fin llegó a casa, tras un apresurado trayecto de vuel-ta por los embarrados caminos entre Viena y Bonn, encontró un pa-norama desolador. Su madre estaba en su lecho de muerte, escu-piendo sangre y tratando de superar una asfixia constante en cada respiración, víctima de la tuberculosis. Su padre trataba de sostenerse ante la situación, pero pasaba prácticamente todo el día borracho. Sus hermanos, Kaspar Karl y Nikolaus Johann, de nueve y trece años, respectivamente, eran demasiado jóvenes para asumir todas las responsabilidades de una casa en esas circunstancias. Además, por si fuera poco, la hermana más pequeña de la familia Beethoven, Maria Margarita Josefa, de apenas un año de edad, necesitaba una atención que nadie en esa casa le podía prestar. Finalmente, el 17 de julio de 1787, Maria Magdalena Keverich van Beethoven fallecía de tuber-culosis y dejaba una familia al borde del colapso. En noviembre del mismo año también murió la hija pequeña.

Con ese panorama, Beethoven tuvo que hacerse cargo de la familia completa: de un padre completamente derrumbado y de

dos hermanos todavía incapaces de ganarse un sueldo. Por suerte
para él, poco después del fallecimiento de su madre, llegó a la corte el conde Ferdinand Ernst Joseph Gabriel von Waldstein und
Wartenberg. Era un joven y apuesto aristócrata, aficionado a la
música, amigo de Mozart y de Haydn. Había nacido en 1762, solo ocho años antes que Beethoven, pero se convirtió en una pieza
fundamental en la vida del compositor al reconocer sus extraordinarias aptitudes musicales. Fue el conde Von Waldstein quien
solicitó al príncipe elector Maximilian Franz un aumento de sueldo para el joven Ludwig, ya que, sin la estabilidad que le aportaba
su mujer, el padre de Ludwig, Johann, se había abandonado completamente a la bebida y había dejado a su hijo mayor al frente de
la familia.

Cinco años después de estos sucesos, en julio de 1792, en su
viaje de regreso de Inglaterra el famoso compositor Joseph Haydn
se detuvo en Bonn. En esta ocasión, Beethoven tuvo la oportunidad de mostrarle una de sus cantatas, que debió de impresionarle
por algunas de sus audacias compositivas, pero también por su poca
sumisión a las reglas de composición imperantes, razón por la cual
el viejo maestro invitó a Beethoven a continuar sus estudios en Viena y bajo su dirección.

Gracias a esa invitación de Haydn y a la insistencia del conde
Von Waldstein, en 1792 el príncipe elector permitió a Beethoven
realizar un segundo viaje de estudios a Viena, cinco años después de
aquel primer, fugaz e infructuoso viaje en el que Beethoven había
conocido a Mozart. Sin embargo, para cuando inició este segundo
viaje a Viena, hacía un año que Mozart había fallecido.

El conde Von Waldstein escribió un gran número de cartas de
presentación para que Beethoven pudiera acceder a las casas y palacios vieneses con cierta garantía de obtener una buena acogida y
así abrirse camino en la alta sociedad vienesa. En su carta de despedida, enlaza a los tres grandes compositores que siglos después serían conocidos como «primera escuela de Viena»: Haydn, Mozart y
Beethoven.

Querido Beethoven:

Vais a Viena a cumplir un deseo hace tiempo expresado: el genio de Mozart está todavía de luto y llora la muerte de su discípulo. En el inagotable Haydn encuentra un refugio, pero no una ocupación; desea unirse a alguien. Con una práctica incesante, recibid de manos de Haydn el espíritu de Mozart.

Bonn, 29 de octubre de 1792.

Vuestro verdadero amigo, Waldstein.[12]

Beethoven nunca olvidó la inestimable ayuda del conde Von Waldstein, y por eso, en 1804, le dedicó la grandiosa Sonata Op. 53, de la que hablaremos más adelante.

El príncipe elector le pagó a Beethoven los gastos del viaje y los de la estancia, y, además, le conservó el sueldo y el puesto de organista. Lo que ni uno ni otro podían imaginar era que solo dos años después Bonn iba a ser una subprefectura del gobierno francés y que Beethoven jamás regresaría a su ciudad natal, por más que la añorara.

En este segundo viaje a Viena, el carruaje que llevó a Beethoven desde Bonn tardó treinta y nueve días en completar los novecientos kilómetros que separan ambas ciudades: salió el 2 de noviembre y llegó el 10 de diciembre de 1792. En ese agotador trayecto, ya se cruzó con tropas francesas y alemanas. Pocos días después de su llegada a Viena, Beethoven supo del fallecimiento de su padre. Podemos imaginar el gran dolor que le supuso esa pérdida cuando estaba solo en una ciudad nueva y en la que todavía no tenía amigos. Y solo es posible imaginarlo porque el único testimonio que se conserva en el que Beethoven hace referencia al fallecimiento de su padre fue cuando solicitó al príncipe elector de Colonia que le asignara a él todo el sueldo que antes compartía con su padre para poder mantenerse él y sus hermanos. Aunque tardó en responder, el príncipe elector accedió a ello unos meses más tarde.

En Viena, Beethoven recibió clases de Haydn y de otros dos reputados músicos: con Johann Georg Albrechtsberger estudió contrapunto y con Antonio Salieri trabajó sobre textos y composiciones operísticas. Con los tres profesores Beethoven demostró ser «tan testarudo y autosuficiente que muchas veces tuvo que aprender mediante dura práctica personal lo que antes nunca había aceptado como objeto de aprendizaje».[13] A pesar de sus muchas diferencias, con todos ellos mantuvo un trato cordial y los siguió visitando mientras vivieron.

Primeras obras como profesionales

¿En qué momento un artista deja de ser un aprendiz y pasa a ser un maestro? ¿Cuándo se puede considerar que la etapa formativa ha finalizado y comienza la etapa profesional? Ni siquiera en la actualidad, con los estudios reglados y las titulaciones oficiales, la delgada línea que separa la formación del ejercicio profesional está claramente delimitada. Beethoven ya cobraba un salario como organista de la corte del príncipe elector y Goya también había ido cobrando por pequeños trabajos que había realizado en Zaragoza. Sin embargo, no se puede considerar que fueran artistas ya formados en ese momento, sino aprendices que trataban de salir adelante.

Beethoven llevó un catálogo numerado de sus obras y solo aquellas que él consideró dignas de ello, llevaron número de opus.[14] Por eso, cuando la importante editorial musical Artaria publicó por primera vez una obra suya y por su cuenta y riesgo le otorgó el número de opus 1, Beethoven montó en cólera. La pieza eran las *Variaciones «Se vuol ba-*

Sugerencias de Haydn

Haydn le recomendó a Beethoven que no publicara el tercero de los tríos del Opus 1, por considerarlo demasiado difícil de entender para el público vienés. Además, el viejo compositor esperaba que en la portada de la partitura de su virtuoso pupilo apareciera la inscripción «alumno de Haydn», pero Beethoven no lo incluyó. Sí dedicó a su maestro el Opus 2, un grupo de sonatas para piano, pero en ninguna obra hizo mención a que Haydn fuera su profesor.

llare», un delicioso tema con variaciones sobre el aria de Mozart de la ópera *Las bodas de Fígaro*. Sin embargo, Beethoven se sintió muy molesto e irritado con la situación y decidió ponerle remedio cuanto antes. Así, compuso la primera obra que él mismo consideró digna de tenerse en cuenta y a la que deseó que se le otorgara el primer número de opus, exigiendo a Artaria que en las sucesivas ediciones de las *Variaciones* se eliminara la indicación de opus que le habían otorgado sin su consentimiento. Esta primera obra que Beethoven compuso para inaugurar oficialmente su catálogo consistía en tres tríos para violín, violonchelo y piano, que dedicó al príncipe Lichnowsky, uno de sus mecenas más generosos, del que hablaremos con detenimiento en el capítulo 7.

La verdad es que no puede decirse que la estancia de Goya en Roma fuera especialmente fructífera. Cuando regresó a España, en junio de 1771, no tenía ni estipendios, ni encargos, ni mecenas. Es cierto que traía bajo el brazo el éxito relativo que supuso el reconocimiento del jurado del concurso de la Academia de Parma, pero nada más. Aun así, una de las características que Beethoven y Goya tuvieron en común fue una excelente confianza en sus capacidades artísticas. Los dos sabían que, si se trataba de demostrar su destreza con las notas o los pinceles, tenían la batalla ganada. Por eso, cuando el 21 de octubre de 1771 la Junta encargada de la decoración de la basílica de Nuestra Señora del Pilar invitó a Goya a demostrar su habilidad pintando frescos, Goya salió airoso de la situación. Además, Goya se aseguró el encargo ofreciendo sus servicios a un precio muy inferior al de sus competidores: quince mil reales, frente a los veinticinco mil que presupuestaron los demás. La Junta se decantó por Goya y es posible que el precio tuviera un papel decisivo, ya que, tal vez para cubrirse las espaldas, exigieron al pintor que realizara unos bocetos que debía aprobar la Real Academia de Madrid. Una vez recibido el visto bueno de esta institución, Goya firmó el contrato[15] y se dispuso a trabajar en el fresco, llamado la *Adoración del nombre de Dios*. Esta fue la primera gran obra solicitada a Goya, el primer trabajo desde que volvió de Italia. El fresco

del coreto del Pilar le aseguró ingresos durante la primera mitad del
año 1772 y supuso su primer reconocimiento profesional, tras el
que vinieron nuevos encargos. En cierto modo, podemos decir que
el fresco del Pilar fue su opus 1.

Evolución estilística: del Neoclasicismo a la modernidad

Una de las características más importantes de la evolución artística de Goya y Beethoven fue lo avanzado de sus propuestas y la
apertura de caminos hacia la modernidad. A pesar de que los dos
recibieron una formación escolástica que hundía sus raíces en lo
más profundo del Neoclasicismo, desde sus etapas creadoras más
tempranas, la libertad y flexibilidad con la que ambos acataron
estas reglas neoclásicas les provocó más de un problema con sus
respectivos maestros.

Ya hemos visto cómo Beethoven se resistió a reconocer que
era alumno de Haydn. Las discusiones entre maestro y alumno eran
frecuentes, y Beethoven llegó a decir que nunca había aprendido
nada de él. Aun así, Beethoven le hizo caso en su recomendación
de que continuara su formación, por lo que recibió clases de contrapunto (una técnica compositiva propia del Barroco y llena de
complejas normas) de manos de Albrechtsberger, con quien también discutió.

Dentro de las corrientes analíticas de la música de Beethoven
muchos musicólogos han querido establecer, con razón o sin ella,
tres periodos en su producción.

El primer periodo creativo de Beethoven se extiende hasta
1802, fecha en la que redacta su famoso documento que se cono-
cerá como «testamento de Heiligenstadt», en el que reconoce que
se está quedando sordo. En esta etapa, que corresponde a su periodo formativo, Beethoven recibe claras influencias de Haydn y
Mozart.

El segundo periodo comienza en 1802 y dura hasta 1814, y
también se llama «periodo heroico». Transcurre entre la redacción
del testamento de Heiligenstadt y el estreno de su ópera *Fidelio*.

Finalmente, el tercer periodo corresponde a los últimos años de su vida, desde 1814 hasta 1827. En esa época ya estaba completamente sordo. Su producción se torna más compleja y en muchas de sus obras encontramos frecuentemente el uso del contrapunto en un desarrollo de lo aprendido en su juventud con Albrechtsberger.

Del mismo modo que se ha tratado de analizar la producción de Beethoven dividiéndola en tres etapas, los expertos han delimitado al menos dos periodos creativos en la vida de Goya, algunos incluso encuentran tres, como en Beethoven, aunque no termina de haber unanimidad ni en el momento de la división de estos periodos ni en el motivo que los propiciaron. Veamos a continuación cuáles son.

El primer periodo de Goya se extendería hasta 1793, cuando, tras una seria enfermedad, el pintor quedó completamente sordo. Hasta esa fecha, Goya todavía se desarrolla dentro de las normas de la época y se dedica casi en exclusiva a crear obras por encargo. Sin embargo, es a partir de ese momento, marcado por la grave enfermedad que desembocó en su sordera, cuando se observa una ruptura estilística que lo llevó a pintar con mayor libertad e independencia al margen de las solicitudes de sus clientes.[16] Es también a partir de esa fecha cuando comienza a crear obras para él mismo, sin mediar ningún encargo. Entre sus trabajos más importantes de este segundo periodo encontramos la serie de aguafuertes titulada *Caprichos*.

Hay también estudiosos que marcan otro cambio radical en el pintor unos años más tarde, en torno a 1818, coincidiendo con una grave afección que nuevamente lo puso al borde de la muerte. Tras esta enfermedad, probablemente tifus, Goya creó las *Pinturas negras*.

Lo cierto es que a partir de 1793 el arte de Goya evoluciona desde la actividad cortesana, que había alcanzado el cénit con su nombramiento como primer pintor de cámara en 1799, hasta la libertad de estos últimos años de su vida, en los que se interesa por los conflictos de la naturaleza humana. Este segundo periodo creativo está marcado por obras que no necesariamente eran producto de encargos, sino invenciones por propia motivación, en las que se representan ideas progresistas, así como críticas a la sociedad por su ignorancia y maldad. También aparecen la locura y el engaño de las personas. Es en ese periodo en el que pinta un gran número de retratos privados para amigos y también sus series de aguafuertes *Desastres de la guerra*, la *Tauromaquia* y los *Disparates*.

Goya no fue capaz de ganar ninguna de las becas a las que se presentó, fundamentalmente por no cumplir las normas escolásticas del Neoclasicismo. Años después, el pintor volvió a tener dificultades derivadas de su escaso respeto a estas normas en la pintura, que marcaban como obligación el perfeccionamiento de la naturaleza representada. Buen ejemplo de ello es que el 10 de marzo de 1781 sus frescos para las pechinas de la cúpula de la basílica del Pilar fueron rechazados «a causa de la incorrección de la figura de la Caridad y la oscuridad general del colorido»,[17] y la Junta a cargo de la decoración del templo impuso una corrección que había propuesto Francisco Bayeu. A raíz de esta disputa, los dos cuñados tuvieron una fuerte discusión, que afectó a su relación durante varios años. Esta situación provocó que Goya perdiera bastantes de los encargos que le llegaban a través de Bayeu. Aun así, el respeto y el afecto que ambos se profesaban hizo que al cabo de un tiempo se restaurase la amistad.[18]

Especialmente en los primeros periodos de sus vidas creativas, músico y pintor respetaron algunas de las reglas neoclásicas. Por ejemplo, Beethoven mantuvo las formas musicales clásicas (entendiéndose como forma musical la estructura organizativa interna de cada obra, sonatas, temas con variaciones, formas ternarias, etc.). Además, empleó la repetición variada como una herramienta generadora de estructura y solidez musical. Es decir, utilizaba una misma idea repetida a lo largo de un movimiento o de una obra completa de forma que al oyente le resultaba sencillo identificarla, dando así una sensación de unidad temática a su música. También incorporó los motivos sonoros de identificación musical propios del Neoclasicismo.[19] La inclusión de estos motivos en las obras significaba, por ejemplo, el empleo de trompas de caza y melodías pastorales, el uso de ritmos de baile, la introducción de ritmos propios de un tambor militar, así como sonoridades de guerra, entre otros. Estas recreaciones sonoras eran bien conocidas por los oyentes de su época y facilitaban que siguieran y comprendieran con mayor facilidad la obra. Estos elementos se analizan con detalle en el siguiente capítulo.

Por su parte Goya, principalmente en los primeros años de su etapa creativa, presenta a los personajes organizados en forma de pirámide y mirando en distintas direcciones con el fin de ampliar el espacio del cuadro, y con frecuencia su número es impar (especialmente evidente en *La cometa*). Además, en sus obras de juventud, Goya sí perfecciona la naturaleza que representa, idealizando la recreación de seres, paisajes y escenas compuestas de elementos sacados del natural.

El realismo de Goya no se encuentra en su pincelada, cuyo trazo y definición no es tan detallado como lo son los de otros maestros neoclásicos, sino en las temáticas tratadas, el punto de vista desde el que las presenta y la fuerza expresiva con la que logra imprimir el sentimiento deseado.

En el caso de Beethoven, esta ruptura con la tradición puede observarse con claridad en su uso de las armonías, que amplía y complica. Los acordes empleados en el Neoclasicismo debían tener tres sonidos y, cuando se daba el caso de tener un acorde con cuatro sonidos, este debía forzosamente resolver de acuerdo con unas normas estrictas en otro acorde de tres sonidos. La audacia creativa de Beethoven lo lleva a componer empleando concatenaciones de acordes de cuatro sonidos, creando así una creciente tensión armónica. Es conocida la anécdota según la cual Beethoven discutía con su alumno Ferdinand Ries sobre dos quintas consecutivas (una falta grave según las reglas de la armonía) en uno de sus cuartetos hasta que el maestro preguntó: «Bueno, ¿y quién las prohíbe?». Y cuando el alumno le recitó una lista de teóricos de la armonía, el compositor replicó: «¡Pues yo las permito!».[20]

Las formas musicales cultivadas por Beethoven también se enriquecen con el aumento del número de movimientos. Así, los tríos con piano, las sonatas para instrumento solista y algunas sinfonías incrementan en uno el número de sus movimientos (pasando de tres movimientos a cuatro o, como es el caso de la *Sexta Sinfonía*, cinco movimientos en lugar de los cuatro habituales). En lo que respecta a instrumentación, Beethoven realiza algunas innovaciones, como son los cantantes solistas y el coro en la *Novena Sinfonía*. Con este cambio amplía las posibilidades expresivas y escénicas de la música, cuyo relevo será asumido por los grandes sinfonistas del siglo XIX, como Gustav Mahler.

Por último, una de las características de la música de Beethoven es el cambio drástico de intensidad de sonido (*fortes* y *pianos*), así como la alternancia de ciclos marcadamente rítmicos con otros marcadamente melódicos que en muchas ocasiones rompen la obligada simetría que imponía el Neoclasicismo.

Por su parte, dentro de las rupturas con las normas que Goya planteó en sus obras, encontramos una representación de la naturaleza cada vez menos idealizada y cada vez más real, exenta de piedad incluso en los retratos de corte. Este deseo de expresarse libremente, pero no necesariamente de agradar es una filosofía de vida en la que también coincide con Beethoven.

Fue por esa libertad creadora y por esa ruptura con las normas del Neoclasicismo por lo que el Romanticismo se abrió paso en los primeros años del siglo XIX y por lo que los dos artistas no solo allanaron el camino del cambio estilístico, sino que además lanzaron la estética al terreno de la vanguardia artística en los últimos años de sus respectivas vidas.

En definitiva, el motivo por el que hoy seguimos estudiando y admirando la obra de Goya y Beethoven es porque su capacidad creativa no conoció límites ni reglas. Fue su audacia la que sacó a la historia del arte del contenido y equilibrado Neoclasicismo y la arrojó con fiereza al mundo expresivo más extremo, adelantando las vanguardias creativas que se desarrollarían en el siglo XX, tras eventos tan violentos como la Primera Guerra Mundial.

Goya, *Baile a orillas del Manzanares*, 1777. Museo del Prado.

La música
de Beethoven
seleccionada.

5

Catálogos paralelos

La creatividad es la inteligencia divirtiéndose.
ALBERT EINSTEIN

¿Es posible que los cuadros suenen? ¿Y que la música evoque imágenes además de emociones? La respuesta a ambas preguntas es sí. Además, al comparar las vidas y la producción de Goya y Beethoven surge de forma inmediata la tentación de encontrar paralelismos entre sus obras que nos permitan escuchar las pinturas de Goya y ver las composiciones de Beethoven con nuestros ojos.

Este curioso ejercicio de intercambio entre sentidos, parecido a la sinestesia, no se apoya en principio científico alguno, pero puede enriquecer en gran medida la experiencia del oyente-espectador, aportando un contexto sonoro al visual, y viceversa, por lo que merece la pena intentarlo.

Para realizar este maridaje haremos una aproximación desde dos puntos de vista distintos: en primer lugar, según las similitudes en las herramientas creativas que uno y otro utilizaron y, en segundo lugar, atendiendo a las temáticas tratadas, ya que en los catálogos de los dos artistas hay un elevado número de coincidencias. Además, estas dos aproximaciones nos brindan la oportunidad de analizar la música de Beethoven y la pintura de Goya desde una perspectiva combinada. ¿Acaso puede haber una forma más completa de acercarnos a ellos?

¿Repetimos?

La repetición es una poderosa herramienta no solo para convencer o para aprender, sino también para crear un estilo o generar una determinada inercia. Se podría escribir un libro solo detallando la cantidad de situaciones en las que la repetición desempeña un papel crucial. Por ejemplo, la repetición ha sido un principio de aprendizaje desde el inicio de los tiempos: ¿quién no se ha aprendido las tablas de multiplicar canturreándolas? También ha sido utilizada por los gobiernos para justificar sus políticas. El caso más famoso es el de Goebbles, el ministro de Propaganda del gobierno nazi, quien afirmó: «Una mentira repetida mil veces se convierte en verdad». Otro ejemplo mucho menos peligroso pero igualmente eficaz del uso de la repetición lo encontramos en las listas de éxitos de la música popular actual, las cuales se construyen a base de repetir las mismas canciones una y otra vez en la radio, televisión y medios de comunicación durante días y semanas hasta que toda la población a la que van dirigidas las ha escuchado lo suficiente como para aprendérselas. Así consiguen que, incluso aunque una canción no te guste, si te la sabes, cuando la escuches es probable que la cantes.

Es esta última capacidad de la repetición la que utiliza Beethoven en sus composiciones, solo que él no podía contar con que los oyentes escucharan su música antes del concierto, de modo que en sus obras encontramos con frecuencia la misma idea musical repetida a lo largo de uno o de varios movimientos. De esta manera, a base de repeticiones, consigue que el oyente reconozca la idea musical en cuanto la ha escuchado dos o tres veces, lo que facilita la comprensión de la pieza y hace sentir al público que participa en la obra.

No debemos olvidar que la música es un arte que se percibe exclusivamente a través del oído y que cada obra tiene una duración determinada durante la cual el oyente debe mantener su atención puesta en lo que está sonando. Por eso, la repetición de una misma idea musical, además de aportar unidad, ayuda al oyente a mantener la atención y a comprender mejor la pieza.

Beethoven, verdadero maestro de la repetición variada, nos da muestra de ello en casi todas las obras de su catálogo. Por ejemplo, las cuatro notas con las que se abre la *Quinta Sinfonía* cumplen un papel mucho más importante que el de ser «el destino llamando a la puerta», como hemos explicado en el capítulo 3. Esas cuatro notas tienen un ritmo en particular que Beethoven emplea en los cuatro movimientos de la obra, aportando unidad rítmica de forma casi subliminal a toda la composición. Otro magnífico ejemplo lo encontramos en el célebre tema de la *Oda a la Alegría* que cierra la *Novena Sinfonía*. Esa idea musical aparece en multitud de ocasiones a lo largo de la obra antes de la explosión del coro, que se produce en el último movimiento de la pieza, cuando ya llevamos más de media hora de escucha.

En las artes plásticas y visuales, las reglas del juego son distintas a las de la música: el espectador puede decidir cuánto tiempo dedica a la contemplación de una obra y si desea detenerse a observar algún detalle en particular. Esto no quiere decir que Goya prescinda de la útil herramienta de la repetición, todo lo contrario: a través de la repetición aportó a sus retratos privados una gran unidad de estilo. Podemos encontrar tres magníficos ejemplos de esta unidad al comparar los retratos de *La reina María Luisa con Mantilla*, el de *Mariana von Waldstein, IX marquesa de la Santa Cruz*, y el de la *XIII duquesa de Alba*, que Goya pintó entre 1797 y 1800.

Goya, *La duquesa de Alba*, 1797.
Hispanic Society of America.

Goya, *Mariana von Waldstein,*
IX marquesa de la Santa Cruz,
1797–1799. Museo del Louvre.

Goya, *La reina María Luisa con*
mantilla, 1799. Palacio Real.

Las similitudes entre los tres son asombrosas: la marquesa de la Santa Cruz y la reina María Luisa tienen un lazo rosa en el pelo y un abanico en la mano. Además, las tres coinciden en la mantilla y en la posición de los pies, así como en la luminosidad del fondo y el escenario, que parece que sea el mismo. Esta unidad de estilo no solo responde a un deseo de Goya de unificar su sello personal, sino también al hecho de que las tres mujeres pertenecían a una elevada clase social y deseaban ser retratadas atendiendo a la moda del momento. No obstante, en los retratos de la reina y la duquesa, estas son representadas a tamaño real, mientras que el de Mariana von Waldstein es algo más pequeño,[1] una característica que sin duda alguna afectó al precio que Goya cobró por el cuadro.

Otro ejemplo claro de repetición lo constituyen los retratos del ilustrado *Gaspar Melchor de Jovellanos*, pintado en 1798, y del *Marqués de Villafranca*, de 1795. Como ocurre con las tres mujeres de las que acabamos de hablar, si comparamos estos dos cuadros, encon-

Goya, *José Álvarez de Toledo,*
XI marqués de Villafranca,
1795. Museo del Prado.

Goya, *Gaspar Melchor de Jovellanos,*
1798. Museo del Prado.

traremos también muchas similitudes entre ellos: los dos tienen una actitud meditabunda y están apoyados sobre un objeto que pone de manifiesto su nivel intelectual: una mesa con sus escritos y una estatua de la diosa Minerva en el caso de Jovellanos, y una mesa de gabinete sobre la que se encuentra una viola en el del marqués de Villafranca. Además, predominan los tonos grises, las escenas están iluminadas de maneras muy parecidas y los dos tienen una mirada inteligente que busca la complicidad del espectador.

A través de las repeticiones, Goya y Beethoven construyen y unifican sus obras para facilitar al espectador y al oyente que las comprendan, con la repetición como potente herramienta común a ambos artistas.

——————— TEMÁTICAS COMUNES ———————

Una segunda oportunidad de aproximación entre las obras de Goya y Beethoven la encontramos en las temáticas tratadas. Ya fuera por atender al gusto de la época, por adaptarse a los encargos recibidos o por simple interés de los dos artistas, lo cierto es que hay varias áreas temáticas en las que uno y otro coinciden, y que veremos a continuación.

Naturaleza: el campo y sus habitantes

Uno de los temas propios del Neoclasicismo es la representación perfeccionada de la naturaleza. Probablemente por eso, en la producción de Goya y Beethoven hay numerosos ejemplos campestres y pastorales. Cada artista tenía sus razones para dedicarse a ellos: en el caso de Goya, por recibir encargos para la Real Fábrica de Tapices, y en el de Beethoven, su interés tenía más que ver con su gusto por la vida campestre y los paseos por los bosques cercanos a Viena, que constituían una de sus principales aficiones.

Beethoven incorpora los elementos pastorales, campestres y folclóricos en sus obras con melodías e instrumentaciones que permitían que el público de su tiempo reconociera sonidos de su vida cotidiana en la música. Pero se trataba de los sonidos cotidianos de la Viena de principios del siglo xix. Tal vez eso explique en parte por qué la música clásica ha ido perdiendo el interés del público actual, que reconoce cada vez menos elementos de los que sus antepasados identificaban en la primera audición, como son las trompas de caza, ritmos de bailes heredados del Barroco, motivos pastorales o tambores militares. Esos sonidos, tan conocidos por los ciudadanos de la época, nos resultan completamente ajenos a los del siglo xxi.

La incorporación de estas sonoridades potencia el poder descriptivo de las obras de Beethoven, cuya fuerza en muchos casos resulta sobrecogedora. Uno de los ejemplos más claros lo encontramos en su *Sexta Sinfonía*, de la que él mismo dijo que no se trataba de un cuadro, sino que en ella había expresado las impresiones que cualquier persona recibe cuando se encuentra en el campo y, según él: «Hasta quien no tenga más que una vaga idea del campo comprenderá fácilmente la intención del autor».[2] Probablemente, si hubiera podido imaginarse lo mucho que iba a cambiar el mundo y lo alejados del campo y la naturaleza que iban a vivir los ciudadanos del siglo xxi, Beethoven, quien sí sabía que escribía para «tiempos venideros», nos habría dejado más indicaciones y descripciones de su música por escrito. Porque lo cierto es que al compositor no le gustaba ni tener que aclarar el significado de su música ni poner títulos explicativos a sus obras, pese a lo cual dotó de título propio no solo a esta *Sexta Sinfonía*, sino a todos los movimientos de los que consta.

Esta reticencia a poner títulos a sus obras contrasta con el elevado número de ellas que son conocidas por algún nombre sugerente. Sin embargo, la inmensa mayoría no corresponde al compositor, sino que fueron puestos por parte de sus imaginativos editores, respondiendo a su deseo de vender más partituras. En este caso, el título de la *Sexta Sinfonía* como *Pastoral* corresponde al propio compositor. Sin duda lo hizo por los numerosos motivos pastorales y campestres que incorpora en ella, al igual que los títulos descriptivos que cada movimiento tiene.

Una vez más, la capacidad innovadora de Beethoven vuelve a ponerse de manifiesto en esta sinfonía añadiéndole un movimiento, de manera que tiene cinco en lugar de los cuatro habituales, y contraponiendo una sinfonía descriptiva, tranquila y plácida a la violenta y tensa *Quinta Sinfonía*. Además, ambas sinfonías se estrenaron en el mismo concierto, una tras otra. Los cinco movimientos de la *Sexta Sinfonía* que describen un día completo en el campo son los siguientes:

I.   *Angenehme, heitere Empfindungen, welche bei der Ankunft auf dem Lande im Menschen erwachen (Despertar de sentimientos alegres al llegar al campo).*

II. *Szene am Bach (Escena junto a un arroyo).*

III. *Lustiges Zusammensein der Landleute (Reunión alegre de los campesinos).*

IV. *Donner, Sturm (Tormenta, tempestad).*

V.   *Hirtengesang. Wohltätige, mit Dank an die Gottheit verbundene Gefühle nach dem Sturm (Canto de los pastores. Sentimientos de alegría y gratitud después de la tormenta).*

Esta *Sexta Sinfonía*, compuesta en 1808, coincide en su temática y representación con muchos de los cartones para tapices que Goya creó unos años antes con motivos campestres. Por ejemplo, el primer movimiento de la sinfonía titulado *Despertar de sentimientos alegres al llegar al campo* bien podría ilustrar sonoramente el cartón de *La Primavera*, también llamado *Las floreras*. El segundo movimiento, *Escena junto a un arroyo*, retrata la misma situación que el cartón del *Cazador junto a una fuente*. Este delicado movimiento incluye al final del mismo una entrañable conversación entre varios pájaros consignada por el propio Beethoven en la partitura: el ruiseñor, la codorniz y el cuco. Tal vez la *Marica en el árbol* de Goya, ese cartón alargado, podría haberse incorporado a la conversación si hubiera estado por allí. El tercer movimiento de la *Sexta Sinfonía* retrata una reunión alegre de campesinos, de esas que Goya representa en tantos otros cartones, como *La cometa*. El cuarto movimiento de la sinfonía es breve pero muy intenso y en él Beethoven describe con fiereza una tormenta que nos sacude en la misma medida que el cartón de Goya de *El invierno* nos mete el frío en los huesos. Son dos magníficas descripciones artísticas en las que se muestra que las fuerzas de la naturaleza pueden hacer sentir insignificantes a los humanos. El último movimiento de la sinfonía es un canto de agradecimiento de los pastores porque la tormenta ya ha pasado y pueden volver tranquilos al campo para disfrutar de una merienda como la que retrata Goya en su cartón precisamente titulado *La merienda*.

Folclore

Al mencionar el nombre de Beethoven, a todos nos viene a la cabeza su catálogo de sinfonías, sus sonatas para piano o la música de cámara, pero a casi nadie se le ocurriría pensar en Beethoven como un compositor que busca inspiración en el mundo popular y el folclore. Sin embargo, escribió un buen puñado de canciones populares con textos de distintos países. Son casi ciento ochenta canciones escocesas, irlandesas, inglesas, italianas… y cuatro canciones con texto popular en español.

La gran mayoría de las canciones populares de diferentes nacionalidades que es-

Obras con y sin número de opus

Beethoven se encargó de ordenar su catálogo de obras con número de opus.

Opus significa «obra», y el sistema de catalogación sistemática con número de opus fue uno de los más utilizados.

Sin embargo, para aquellas obras que quedaron compuestas pero sin publicar y, por lo tanto, sin un número de opus asignado, los musicólogos (llamados Kinsky y Halm) que se encargaron de catalogar la obra completa de Beethoven asignaron los llamados *Werke ohne Opuszahl*, cuya abreviatura es WoO, y que quiere decir exactamente «obras sin número de opus».

cribió Beethoven están recogidas en sus obras sin número de opus, es decir, *Werke ohne Opuszahl* (WoO), ya que, de todas las que compuso, solo las escocesas se llegaron a publicar bajo el Opus 108, pero incluso esas tuvieron un escasísimo éxito de ventas.

El proceso de composición de las canciones españolas fue, cuando menos, curioso. A Beethoven le mandaron en primer lugar las melodías populares sin los textos, los cuales en muchas de las canciones fueron incorporados después de haber escrito toda la música. Por otra parte, Beethoven no tenía en su cabeza la sonoridad del folclore español ni tampoco era su interés recoger ni documentar la música popular, sino componer canciones que se pudieran vender. Por eso, hizo lo que mejor sabía: escribir canciones con una instrumentación y armonización tan clásica que hace dudar de que los textos y las melodías sean populares.

Pese a todo, las cuatro canciones tienen un carácter festivo y bailable que bien podría encajar con algunos de los cartones de Goya de temática similar, como son el *Baile a orillas del Manzanares* o *La gallina ciega*.

Estas cuatro canciones con texto español son *Yo no quiero embarcarme*, *Una paloma blanca*, *Como la mariposa soy* y *La Tirana se embarca* (o *Tiranilla española*). Se pueden leer las letras originales de las cuatro canciones en el Anexo III.

La titulada *Tiranilla española* hace referencia a la tirana, que es una palabra con varios significados. El musical se refiere a un género tanto de canto como de baile que tuvo su momento de mayor desarrollo en el último cuarto del siglo XVIII en España. El pictórico podría relacionarse con María del Rosario Fernández, una reconocida actriz de teatro sevillana que vivió en España entre 1755 y 1803. Esta fue apodada «La Tirana» porque su marido, Francisco Castellanos, también actor de teatro, solía desempeñar papeles de tirano en las obras. Goya pintó dos retratos de «La Tirana». Uno se conserva en la Real Academia de Bellas Artes de San Fernando y el otro, de medio cuerpo, en una colección particular.

De hecho, a ambos artistas les gustaba la vida sencilla y las costumbres populares. Al margen de los encargos de la Real Fábrica de Tapices, se sabe que a Goya le interesaban los temas populares. Por ejemplo, en su *Cuaderno italiano* dibujó máscaras y caretas típicas de la *Commedia dell'Arte*. También se conservan bocetos de niños de familias humildes, así como escenas de carnaval o de la Semana Santa.

Gracias a estos dibujos y a los que pintó a lo largo de su vida, nos han llegado a la actualidad las costumbres de la época, aunque en muchos casos esta representación sea satírica. Existen, no obstante, otros ejemplos más descriptivos que críticos de la realidad, como son sus series de litografías llevadas a cabo en su exilio de Burdeos en 1824 y los grabados de 1815 *Tauromaquia*, en los que retrata este espectáculo que a Goya tanto le gustaba y que se prohibió en 1808, con Carlos IV en el trono.

Escenas y llamadas de caza

Otro elemento que ambos maestros tuvieron presente en sus obras fue la caza, que era y sigue siendo una de las actividades favoritas de la nobleza y las clases gobernantes. La comunicación entre los cazadores se llevaba a cabo a través de trompas de caza, por lo que su sonido formaba parte de la banda sonora de la vida del siglo XVIII tanto si se participaba en las cacerías como si se vivía cerca del campo. Estas sonoridades aparecen frecuentemente recreadas en las composiciones del clasicismo y se han llegado a convertir en un motivo de identificación de la música de este periodo.[3]

La pintura de Goya nos ha dejado un testimonio de esta actividad con un gran número de ejemplos de cuadros de caza. En ellos se pueden observar las costumbres, moda, participantes y protocolos de las cacerías, que sirven como un escenario ideal para presentar a los reyes y aristócratas en una actitud poderosa. El retrato del propio Carlos III como cazador es una perfecta muestra de ello, así como algunos de los cartones que el príncipe de Asturias, futuro Carlos IV, encargó a Goya, como *Perros en traílla*, la *Caza con reclamo* y la *Partida de caza*, que atienden a esta actividad.

Como era de esperar, las trompas de caza aparecen con frecuencia en la música de Beethoven, aunque solo hay una obra dedicada casi en exclusiva a esta sonoridad. Se trata de una pieza poco conocida, de gran belleza, titulada *Canto de caza*, que pertenece a la obra *Ritterballet* o *Ballet de los caballeros*, que Beethoven escribió en 1791, cuando todavía vivía en Bonn, para festejar una fiesta de carnaval del conde Von Waldstein. El conde le encargó la composición de este *ballet*, que se estrenó con atuendos alemanes antiguos, interpretado por la nobleza de la localidad. En el momento de la ejecución, no se hizo público el nombre de Beethoven como su autor, por lo que durante años se atribuyó al propio conde.

El resto de las apariciones de las trompas de caza son tan frecuentes como puntuales en distintas obras sinfónicas. Por ejemplo, en el primer movimiento de la *Quinta Sinfonía*, es una trompa la que da paso al segundo tema, utilizando una pequeña variación de las famosas primeras cuatro notas de la obra. En el tercer movimiento de la misma sinfonía, un trío de trompas dialoga con la sección de viento madera y entre todos vuelven a sugerir esas sonoridades de caza.

Cuando se escucha esta música frente a los cartones de Goya, la fuerza expresiva del sonido amplifica la visual y convierte la contemplación en una experiencia muy poderosa.

Escenas y sonidos militares

Lamentablemente, los ciudadanos europeos de principios del siglo XIX vivieron muy de cerca la guerra. Los ejércitos y sus soldados estaban muy presentes en las calles de Madrid y Viena haciendo que la sonoridad militar, es decir, marchas, tambores, clarines y trompetas junto con los disparos y bombardeos también formaran parte de los sonidos cotidianos.

La guerra contra el ejército francés fue tan sangrienta e impactante que Goya creó una serie de grabados en los que recogió toda la brutalidad de la contienda: los *Desastres de la guerra*. De esa serie hablaremos detenidamente en el capítulo 9 de este libro. Aquí sugeriremos algunos cartones más ligeros, creados muchos años antes, cuando todavía podía parecer que la guerra era solo un juego de niños, cuando nadie se podía imaginar el horror que Europa iba a vivir: *Muchachos jugando a soldados* y *Niños jugando a soldados*.

Por su parte, Beethoven tiene una obra dedicada a describir la batalla que Wellington ganó en Vitoria y que supuso el principio del fin de la supremacía napoleónica en Europa. Esa pieza, en la que describe un enfrentamiento entre dos ejércitos, será también analizada detenidamente en el capítulo 9 de este libro. No fue la única ocasión en la que el compositor incorporó sonoridades militares a su música. Un curioso ejemplo de ello lo encontramos en el último movimiento de la *Novena Sinfonía* (si el lector escucha la versión sugerida en la lista de Spotify al principio de este capítulo, esta marcha militar aparece exactamente entre los minutos 9'43" y 10'27" de ese cuarto movimiento). En él Beethoven no solo utiliza una sonoridad militar, sino que además emplea su herramienta de repetición variada para escribir la marcha militar utilizando la melodía de la que será la *Oda a la Alegría*. Se trata de una de las muchas ocasiones en las que Beethoven incluye esta música con la intención de preparar al oyente para la explosión final.

Arte sacro

Además de la naturaleza, el folclore, la caza y las escenas militares, las obras dedicadas a la devoción religiosa ocuparon un puesto importante en los catálogos de los dos artistas, aunque no fuera el eje central de sus respectivas producciones. Tanto en España como en Austria, la Iglesia siguió teniendo suficiente poder y capacidad económica como para encargar obras artísticas a uno y a otro. En este ámbito del arte sacro, se dio una curiosa coincidencia en uno de los temas que ambos tratan: Beethoven compuso el oratorio titulado *Cristo en el Monte de los Olivos* y Goya pintó un boceto del mismo tema que llamó *Oración en el huerto*.

El catálogo de obras religiosas de Goya abarca más de un centenar: más de ochenta pinturas de caballete y cuarenta y cuatro pinturas murales en distintos templos. Si bien la mayoría de las pinturas murales fueron acometidas por Goya en su juventud, las pinturas religiosas de caballete ocuparon periódicamente su tiempo al menos hasta 1819. Algunas de estas obras constituyen un hito en la producción del pintor. Es el caso del *Cristo crucificado*, que fue realizado en 1780 tras su ingreso en la Real Academia de Bellas Artes de San Fernando. Este cuadro constituye un magnífico ejemplo de pintura neoclásica y académica, y en él Goya concentró todo el misticismo en la mirada que Cristo dirige al cielo en busca de piedad. Sin embargo, fue duramente criticado al considerarse que representaba un cuerpo carente de pasión y dolor, y sin un solo rasguño.

Otra de sus obras religiosas más representativas es *El prendimiento*, que pintó por encargo del arzobispo de Toledo en 1788. En esta obra, Goya volvió a mostrar su extraordinaria versatilidad técnica, como ya había hecho al adaptar su pincel a lo que la Academia esperaba en su *Cristo crucificado*. En *El prendimiento*, amoldó no solo la paleta de colores, sino también el acabado del cuadro al contexto en el que su obra iba a exhibirse: colgaría en la catedral de Toledo junto a *El Expolio* de El Greco. Sabedor también de que la obra iba a estar en alto y que se iluminaría exclusivamente por velas, Goya se concentró en los acabados de la parte inferior del lienzo, dejando la parte superior del mismo más abocetada. La maestría de Goya hace que la composición de la obra y la distribución de sus personajes recuerden a la obra de El Greco y se convierta en su perfecta pareja, aunque incorporando ya elementos netamente goyescos, como el farol presagiando la muerte que veremos años más tarde en los *Fusilamientos del 3 de mayo* o los rostros desfigurados alrededor de Cristo, que ya anticipan los gestos que encontrarán su máxima expresión en las *Pinturas negras*.

La última obra religiosa que pintó Goya fue *La última comunión de san José de Calasanz*, en 1819, por encargo de los Padres Escolapios. El precio del encargo fue 16.000 reales, de los que Goya recibió una cantidad inicial de 8.000. Cuando fue a cobrar el segundo pago, decidió quedarse solo con 1.200 reales y dar a los escolapios los otros 6.800 reales como donativo.[4] Este acto refuerza la teoría de que Goya había estudiado en su infancia en las Escuelas Pías de los escolapios en Zaragoza y que por eso le unía un cariño especial a este santo, más que por la propia devoción religiosa. Tras la entrega del cuadro, Goya les hizo llegar también el único boceto de *La oración en el huerto*, una pequeña tabla en la que Cristo aparece arrodillado, vestido con una túnica blanca, con los brazos en cruz y dirigiendo su mirada al cielo.

El momento que describe dicha escena tratada por Goya en este pequeño boceto de *La oración en el huerto* y por Beethoven en su único oratorio *Cristo en el Monte de los Olivos* se ocupa del sufrimiento previo a la crucifixión, tema mucho más habitual en las representaciones artísticas que el escogido por ambos. ¿Qué los pudo llevar a tomar la decisión de esa elección?

En el caso de Goya es posible que seleccionara ese motivo porque, a fin de cuentas, él ya había pintado una magnífica crucifixión. Sin embargo, las razones de Beethoven probablemente se encuentran en un sufrimiento personal. Compuso el oratorio en marzo de 1803, apenas unos meses después de haber escrito el que se conoce como testamento de Heiligenstadt, del que hablaremos en el capítulo 10. Baste decir aquí que en ese doloroso documento Beethoven reconoce por primera vez su progresiva pérdida de audición y la angustia que esa enfermedad le estaba provocando. Puede que sintiera, como Jesús, que estaba ante su propio inminente y trágico final. El libreto, de muy baja calidad, fue escrito a toda velo-

Oratorios

El oratorio es un género musical dramático para orquesta sinfónica, coro y cantantes solistas. En ocasiones cuenta también con un narrador.

Los oratorios tratan temas religiosos o muy elevados, como cantos a la naturaleza o de temática histórica. No tienen puesta en escena, es decir, no hay decorados ni sus personajes se visten o caracterizan de forma especial. La estructura de los oratorios suele incluir una obertura inicial, una alternancia de recitativos y arias (como en la ópera) y grandiosos números para coro.

cidad por Franz Huber, un famoso libretista de ópera, bajo las estrictas indicaciones de Beethoven.[5]

El oratorio consta de dieciséis movimientos y dura más de una hora. Pese a la mala calidad del texto, Beethoven consiguió componer una obra digna, con claras influencias de otros magníficos oratorios, como *La Creación* de Haydn o el *Mesías* de Haendel. Probablemente debido a la velocidad de composición a la que Beethoven se vio obligado a trabajar, este oratorio es una de las obras menos logradas y más difíciles de escuchar de su catálogo, lo que no impidió que se interpretase con frecuencia durante la década siguiente a su estreno. Al propio Beethoven le disgustó enormemente el resultado musical de la obra y no volvió a componer nada parecido jamás, lo que no le impidió intentar vender la partitura a cualquier editorial interesada en publicarla para ganar dinero.

Tras la decepción por el resultado musical de *Cristo en el Monte de los Olivos*, Beethoven no se dio por vencido y aceptó el encargo de componer una misa para el príncipe Esterhazy, hijo del antiguo patrón de Haydn, pero tampoco obtuvo con ella el éxito deseado.

En esta ocasión, las críticas le llegaron por lo contenida que era la expresividad de la obra, lo que no gustó ni al príncipe ni al público presente durante su estreno. Beethoven, consciente de que aún no había encontrado su propia voz en la música religiosa, lejos de rendirse, siguió trabajando en el género con un gran esfuerzo hasta lograr componer años después la que, sin lugar a dudas, es la obra religiosa más importante de su producción: la *Missa Solemnis*.

La escribió para celebrar la investidura del archiduque Rodolfo como arzobispo de Ölmutz, aunque, como era frecuente en Beethoven, no fue capaz de llegar a entregar la partitura a tiempo de que se tocara en la ceremonia, sino casi cuatro años después.

Beethoven se refirió a esta *Missa* como un oratorio y la consideró su mejor obra. Esta vez se ocupó con detalle del texto, que estaba en latín, y de su significado y pronunciación. Además, antes de componerla analizó mucha música religiosa anterior. La mayor influencia la recibió de las que, en su opinión, eran las mejores obras sacras del pasado: el *Mesías* de Haendel y el *Réquiem* de Mozart.

La forma final de la *Missa Solemnis*, de dimensiones gigantescas, es una especie de sinfonía coral en los cinco movimientos que componen el ordinario, es decir, Kyrie, Gloria, Credo, Sanctus y Agnus Dei, con una duración de casi hora y media. Su lugar de interpretación no puede ser una iglesia, sino —como ocurrió con el *Mesías* de Haendel desde su estreno— una sala de conciertos, pero su magnitud y duración han dificultado su implantación en los repertorios habituales. Incluso en la actualidad, a pesar de su calidad, no es una obra muy programada.

Misa

La misa es un género musical sacro que presenta, generalmente en latín, las secciones fijas de la liturgia. Son obras para coro *a capella* (es decir, solo) o acompañado de orquesta. La misa litúrgica tiene dos elementos: el ordinario y el propio. El ordinario incluye cinco partes: Kyrie, Gloria, Credo, Sanctus y Agnus Dei y es prácticamente el mismo en todos los oficios. El propio cambia en función de la semana del calendario litúrgico.

Beethoven se centró en el ordinario con la intención de que pudiera representarse en cualquier momento del año.

En definitiva, si en el anterior capítulo vimos cómo los pasos formativos y profesionales de Goya y Beethoven tomaron en ocasiones direcciones paralelas en lo que a su producción se refiere, sus catálogos también presentan numerosos puntos en común. Por eso, *escuchar* los cartones de Goya y *contemplar* las obras de Beethoven es una potente experiencia contemplativa que no podemos dejar de recomendar a todos los aficionados a la música y al arte.

III

LAS AMISTADES PELIGROSAS

Goya, *Leandro Fernández de Moratín*, 1799.
Real Academia de Bellas Artes
de San Fernando.

La música
de Beethoven
seleccionada.

6

Dime con quién andas...

La verdadera amistad solo puede basarse en la conexión de naturalezas similares.
BEETHOVEN

Si lo que deseamos es conocer a Goya y a Beethoven más allá de estudiar sus obras, conviene saber quiénes eran sus amigos y qué tipo de relación tenían con ellos. A fin de cuentas, según las amistades y los ambientes que se frecuenten, se tendrá unos gustos, unas aficiones y un comportamiento determinados, ya que las buenas y malas compañías suelen ejercer una gran influencia en las decisiones que se toman. Y es que los amigos son muy importantes, mucho más de lo que habitualmente creemos. De hecho, según una investigación reciente, la cantidad y calidad de nuestros amigos influye de manera directa en nuestra felicidad y nuestra salud.[1]

Precisamente, debido a la importancia que las amistades tienen en nuestra vida, a lo largo de la historia muchos filósofos han tratado de clasificar los tipos de amistades que se pueden tener. Por ejemplo, Aristóteles, en su *Ética a Nicómaco*, plantea que hay tres tipos de amistades: la amistad basada en la utilidad, formada por una conveniencia mutua, donde las personas se relacionan para obtener beneficios prácticos; la amistad basada en el placer, donde las personas disfrutan de la mutua compañía y de las experiencias compartidas, y, por último, la forma más elevada de la amistad, la amistad virtuosa o perfecta, en la que las personas se aprecian y respetan por sus virtudes y valores personales. Goya y Beethoven cultivaron amigos en las tres categorías que Aristóteles contempló, y en este capítulo vamos a analizarlas.

Pero antes de estudiar quiénes y cómo eran los amigos de Goya y de Beethoven, pensemos en cómo se fraguaban, desarrollaban y mantenían las amistades en los siglos XVIII y XIX. Los medios de comunicación modernos han facilitado no solo el establecimiento de relaciones, sino que se mantengan en la distancia con mayor facilidad. En cambio, en los siglos XVIII y XIX, para comenzar una relación de amistad con alguien era imprescindible conocer a alguna persona de su ámbito social, es decir, que algún conocido nos introdujera en un determinado círculo de amigos, ya fuera en reuniones o compartiendo alguna afición. Por ejemplo, a Goya le gustaba ir a los toros, escuchar música, bailar y también salir a cazar. Beethoven disfrutaba especialmente con los paseos por los campos de los alrededores de Viena y también interpretando música. Además, en esa época, las amistades se mantenían y desarrollaban por carta. Gracias a que muchas de esas misivas se han conservado, podemos saber cómo era la relación con cada amigo, qué grado de intimidad tenían y cuáles eran sus preocupaciones. Analizar hoy las cartas que Goya y Beethoven intercambiaron con sus seres queridos permite asomarse a su intimidad compartida. Si lo trasladamos a la actualidad, la lectura de su correspondencia es lo más parecido a leer las conversaciones de WhatsApp entre dos amigos, ya que era en las cartas donde se volcaba toda la información que no se podía compartir en directo.

En el caso de Beethoven, buena parte de su epistolario está digitalizado y transcrito tanto en alemán como en su traducción al inglés en la página web de la casa natal del compositor en Bonn.[2] Estas cartas están clasificadas dependiendo de si el destinatario era un amigo residente en esa ciudad o en Viena, un editor, un mecenas, un músico o una persona de cualquier otra profesión, y su estudio permite hacerse una idea muy aproximada de la vida y el carácter de Beethoven.

En cuanto a Goya, las casi quinientas misivas escritas por él, las dirigidas al pintor o en las que personalidades importantes hablan de él, están recogidas en la imponente obra *Diplomatario*,[3] cuya consulta *online* también es accesible al público.

Además de las cartas, otra fascinante fuente de información sobre los dos artistas y el tipo de relaciones que cultivaban la encontramos en los recuerdos y memorias que, ya fuera durante su vida o una vez que fallecieron, recogieron las personas que los conocieron. No obstante, como se ha indicado en el capítulo 3, hay que tener en cuenta que estos testimonios, aunque son valiosos para entender su mundo, también han contribuido a forjar los mitos que rodean a uno y otro.

Como es lógico, cuando la sordera se impuso en las vidas de ambos, el desarrollo de sus amistades se vio dificultado. En el caso de Beethoven, la comunicación se basó en cuadernos de conversación en los que los interlocutores escribían sus preguntas, aunque lamentablemente Beethoven no escribía las respuestas, sino que las daba de viva voz, por lo que no tenemos la conversación completa. Por su parte, Goya aprendió lengua de signos y se sirvió de la gesticulación para comunicarse con su entorno. A pesar del aislamiento que supuso para ambos la sordera, ninguno renunció a la amistad como una parte fundamental de su vida.

Como veremos a continuación, los dos tuvieron un nutrido grupo de amigos de todas las clases sociales y niveles intelectuales que influyeron en su producción artística. Según la forma de ser de cada artista, así fueron también sus amistades. Por ejemplo, debido a su mal carácter, Beethoven discutió con casi todos sus amigos y llegó a romper definitivamente la amistad con algunos de ellos. Goya, que era menos temperamental, tuvo menos discusiones, pero protagonizó algún distanciamiento.

Las habilidades sociales de Beethoven eran muy limitadas; el altísimo concepto que tenía de sí mismo lo llevaba a asumir que el reconocimiento de su innegable capacidad creativa no solo debía asegurar su lugar en el mundo, sino que también le abriría las puertas de cualquier relación que deseara entablar. No se daba cuenta de que en la alta sociedad vienesa del siglo XVIII existía una jerarquía impenetrable y que él accedía a ella en calidad de artista, de invitado, pero en ningún caso como uno de sus miembros. Aun así, Beethoven se aventuró audazmente en amistades y declaraciones de amor, franqueando fronteras que a otros les habrían sido negadas, desafiando así muchas convenciones sociales. Y a pesar de ello, sorprendentemente, fue absuelto de muchos de sus errores, un perdón que a cualquier otro le habría costado caro.

Por el contrario, Goya conocía exactamente su lugar en el mundo y sabía perfectamente cómo relacionarse con cada persona con la que se cruzaba. Es decir, si debía mantener una actitud más respetuosa o si se podía permitir mayor cercanía. A lo largo de su vida forjó amistades con miembros de la nobleza e incluso de la familia real, pero nunca traspasó los límites jerárquicos imperantes. Sin duda alguna, esa habilidad social unida a su talento creativo propició que llegara a lo más alto de la corte y se mantuviera allí a pesar de los tumultuosos cambios políticos que sacudieron España durante aquellos tempestuosos años.

Cada uno con su particular forma de ser cultivó amistades en círculos similares en las ciudades en las que vivió la mayor parte de su vida. Goya, en Zaragoza y Madrid; Beethoven, en Bonn y Viena. Tuvieron amistad con personas comunes, con aristócratas, con algunos compañeros de profesión y también con personajes ilustrados. Estos últimos fueron a los que más admiraron y los que marcaron sus creaciones de forma más evidente. Prácticamente todos sus amigos fueron objeto de dedicatorias en algún momento. Veamos a continuación quiénes fueron las buenas y malas compañías que frecuentaron Goya y Beethoven y cómo afectaron a sus vidas.

———————— AMISTADES DE INFANCIA ————————

Martín Zapater (1747-1803)

El mejor y más íntimo amigo de Goya a lo largo de su vida fue Martín Zapater, cuya relación ha sido objeto de diversos análisis en distintos momentos de la historia. En primer lugar, se conservan muchas de las cartas que intercambiaron, aunque no todas. Son ciento cuarenta y siete misivas a lo largo de veinticuatro años, entre 1775 y 1799. En segundo lugar, de algunas cartas solo se tienen fragmentos. Por último, no todas están en el mismo sitio: el Museo del Prado posee la mayor colección de ellas, ciento dieciocho, pero el resto están repartidas por distintas instituciones públicas y coleccionistas privados del mundo.

Esta dispersa correspondencia se ha editado en dos ocasiones, en 1984 y en 2003, y en cada edición se han renovado los estudios críticos. Posteriormente hubo un giro inesperado en las interpretaciones de las misivas: en el año 2007 se descubrieron dos cartas que habían estado perdidas, lo que impulsó un nuevo análisis no solo de esos dos nuevos textos, sino también de la propia amistad entre Goya y Martín Zapater.

En cuanto a su relación, todos los expertos están de acuerdo en que Martín Zapater fue, con total claridad, el mejor amigo de Goya, el más íntimo y con quien la relación duró más tiempo, hasta la muerte de Zapater en 1803. Sin embargo, debido a la intimidad mostrada, que incluye dibujos y bromas sexuales, algunos investigadores han aventurado recientemente que esta amistad podría haber albergado matices amorosos, una teoría que se analizará con más detalle en el capítulo dedicado al amor.

No está claro dónde se conocieron Goya y Martín Zapater, si fue en las Escuelas Pías o por simple vecindad, pero lo cierto es que fueron amigos desde la infancia. Sumergirnos en las cartas de Goya y Martín Zapater nos permite acceder al corazón de la cotidianidad que ambos compartían. Estas misivas, las más íntimas que el pintor intercambió con alguien a lo largo de su vida, ofrecen un retrato de la realidad de Goya, dejando a un lado la pintura y el arte.

Martín Zapater es un ejemplo perfecto de burgués ilustrado que había heredado grandes posesiones de tierras y que hizo todo lo posible por promover la economía en Aragón. Fue uno de los miembros fundadores de la Sociedad Económica de Amigos del País de Aragón y de la Real Academia de Nobles y Bellas Artes de San Luis de Zaragoza. Además, desempeñó un papel fundamental en el desarrollo industrial y económico de la región. Por todo ello, Carlos IV lo nombró noble de Aragón en 1789.[4]

Entre las pasiones compartidas por ambos, encontramos la caza, en la que Goya era un habilidoso experto. Él mismo declaró tras una partida: «Diecinueve tiros, dieciocho piezas». Los dos amigos se ofrecen perros de caza y escopetas, lo que muestra también que las escenas de caza que Goya pinta en los cartones para el príncipe de Asturias son cotidianas para él.

Otra de las pasiones en la que coincidían era su amor por la música, tanto la popular como la culta. Se intercambiaban letras de seguidillas y tiranas, que eran piezas musicales populares en esa época. Además, Goya solía mencionar con entusiasmo los conciertos de palacio y las óperas a las que había asistido, y expresaba su deseo de acudir a estos eventos en compañía de su amigo. Sin embargo, a partir de 1792, cuando Goya se quedó sordo, las menciones a la música desaparecieron de sus cartas, como era de esperar.

A través de estas misivas y de las detalladas descripciones de artículos de lujo que Goya compraba o recibía como pago por su trabajo, conocemos más sobre los gustos del pintor, para quien las riquezas materiales eran sinónimo de tranquilidad económica.

Además, encontramos en las cartas sus preocupaciones acerca de las consecuencias de las numerosas enfermedades que afectaban a la familia.

Como evidencia de la intimidad que los dos amigos compartían, las cartas de Goya están llenas de bromas relacionadas con el sexo o con recuerdos de juventud. El pintor también incluye entre los párrafos un gran número de dibujos explicativos de su aspecto, el retrato de algún conocido o burlas sobre alguna travesura de juventud.

De su entrañable amigo Martín Zapater, Goya pintó al menos dos retratos que nos permiten ponerle cara. A través de estas dos obras, descubrimos que Martín Zapater destacaba por su nariz prominente, unos ojos hundidos y cejas pobladas.

El primero de los dos retratos, conservado en el Museo de Arte de Ponce, en San Juan de Puerto Rico, fue pintado por Goya en 1790. Es un retrato sencillo de medio cuerpo en el que Martín Zapater aparece sentado frente a un escritorio sobre el que hay unos documentos con la inscripción que facilita su identificación.

El segundo retrato documentado fue creado en 1797 y se encuentra en el Museo de Bellas Artes de Bilbao. Inicialmente tenía una forma rectangular, pero a principios del siglo XX se recortaron sus esquinas para darle la forma oval que presenta en la actualidad. A diferencia del primero, este retrato es menos íntimo y Martín Zapater aparece vestido con una casaca marrón sobre un fondo gris.

Además de estos dos retratos, existen dudas sobre la autoría e identificación de un tercero que se atribuye a Goya y que se encuentra en una colección particular. Se cree que este retrato podría datar de 1780 y presenta a un joven con el pelo alborotado en el que se ha querido ver también a Martín Zapater.[5]

En resumen, si aplicamos la clasificación aristotélica de las amistades, Martín Zapater pertenece al más elevado grupo de todas ellas: las virtuosas o perfectas.

Franz Gerhard Wegeler (1765-1848)

En el caso de Beethoven, debido a su mal carácter, mantener amistades a largo plazo no fue una tarea sencilla. No obstante, lo logró con algunos pacientes amigos de su entorno.

Entre los amigos de Beethoven, tal vez el más importante fue Franz Gerhard Wegeler. Natural de Bonn, Wegeler recomendó a la acaudalada familia Von Breuning que contrataran a Beethoven como profesor de piano en 1782. El propio Wegeler, quien estudió Medicina y abrió su consulta en Bonn, se casó en 1802 con Eleonora von Breuning, hija mayor de esa familia y probablemente el primer amor de Beethoven. No obstante, el compositor y ella no solo mantuvieron una amistad de por vida, sino que todas las referencias que Beethoven hace de ella son siempre amables y cariñosas.[6]

Beethoven compartió con Wegeler muchas de sus inquietudes referentes a su propia salud y fue uno de los primeros a quienes confesó su sordera junto con la preocupación que sufría por el hecho de perder la audición siendo músico. En su carta del 29 de junio de 1801, Beethoven le confiesa lo siguiente:

> Puedo decir que llevo mi vida miserablemente. Desde hace casi dos años evito toda clase de sociedad, pues no puedo decir a la gente que soy sordo. Si tuviera cualquier otro oficio, esto sería más fácil, pero en el mío es una situación terrible.[7]

Además, Beethoven mantenía a Wegeler informado sobre otros muchos aspectos de su vida, incluyendo sus asuntos amorosos. También recurrió a él para obtener un certificado de bautismo en 1810, al parecer con la intención de casarse con Therese Malfatti. Beethoven incluso compartió con su amigo esta noticia: «Ahora también soy padre, aunque sin una mujer».[8] Se refería a su compromiso de criar al hijo de su recientemente fallecido hermano Kaspar.

La correspondencia entre Beethoven y Wegeler se mantuvo hasta la muerte del compositor, quien, estando ya postrado en la cama, le dictó una carta a su sobrino para él. En ella hizo referencia a una de esas muchas mentiras que terminaron construyendo su propio mito y que ya hemos descrito en el capítulo 3: Beethoven autorizó a su amigo a «corregir cualquier falsa información y para hacer públicos todos los detalles de sus padres, en particular de su madre»,[9] ya que se decía que el compositor era un hijo ilegítimo del rey de Prusia.

Sorprendentemente, pese a la cercanía y confianza que Beethoven tenía con su amigo Franz Wegeler, solo le dedicó una pieza para piano de la que únicamente se conserva un movimiento y un fragmento de otro. Es la Sonatina en fa mayor WoO 50, que se publicó siete años después de la muerte del compositor, en 1830.

Como Martín Zapater lo fue para Goya, para Beethoven, Wegeler fue un amigo sincero y ejemplar durante toda su vida.

COMPAÑEROS DE CAMINO

Francisco Bayeu (1734-1795)

Goya entró como aprendiz en el taller de Francisco Bayeu en algún momento anterior a 1763 y este maestro tuvo un papel determinante en la vida profesional y personal de Goya. Por una parte, Goya se casó con la hermana de su maestro, Josefa Bayeu, en 1783, veinte años después de haberse incorporado a su taller. En ese momento en el que ya habían fallecido sus padres, quien ejercía de cabeza de familia era el propio Francisco Bayeu. Esta unión no hizo sino afianzar una relación que ya le había dado grandes frutos profesionales a Goya. Una vez convertidos en familia, Bayeu se encargaría de que no le faltase trabajo y por ello se ocupó de ayudarlo a abrirse camino en la corte.

Es cierto que los dos tenían un carácter fuerte y que Bayeu era conocido por ser muy celoso en el ámbito profesional, lo que los llevó a discutir en más de una ocasión. Sin embargo, su relación fue muy fructífera, especialmente para Goya.

Goya pintó dos retratos del que fue su maestro y cuñado. El primero de ellos data de 1786, el año en el que fue nombrado pintor del rey gracias a la mediación de Bayeu, por lo que se entiende que el retrato bien podría ser un agradecimiento. El segundo retrato, del que ya se ha hablado en el capítulo 3, es un homenaje póstumo que Goya pintó en 1795 para exponerlo en la Real Academia de Bellas Artes tras su fallecimiento.

Podríamos enclavar la amistad con Bayeu en la categoría de amistad útil, por conveniencia.

Karl Amenda (1771-1836)

Además de la duradera y profunda amistad con Franz Wegeler, Beethoven tuvo otros amigos pertenecientes a su esfera profesional. De entre todos ellos, destaca por encima de cualquier otro Karl Amenda, un excelente violinista procedente de Curlandia[10] con quien Beethoven tuvo una amistad profunda y sincera.

Amenda era apenas un año más joven que Beethoven y los dos se conocieron a finales de 1798, aunque antes de esa fecha Amenda ya había intentado acercarse al compositor, sin éxito. Una tarde coincidieron en una velada musical en Viena, y Beethoven quedó muy impresionado por el joven violinista. Desde ese momento, las visitas que los dos se hacían fueron constantes y los paseos por el campo, también muy frecuentes. Su cercanía era tal que si alguien veía solo a uno de ellos se preguntaba: «Pero ¿dónde está el otro?».[11]

A pesar de que el contacto entre Beethoven y Amenda fue breve, sin duda también fue intenso y profundo, ya que atesoró su recuerdo de por vida. Aunque Beethoven no le dedicó ninguna pieza musical a Amenda como muestra de su amistad, le entregó una copia de los Cuartetos de cuerda Op. 18 y, cuando años después los reescribió, avisó a su amigo de que le enviaría una copia actualizada.

Como ha ocurrido también con Goya y Zapater, ya en el siglo xx se lanzaron teorías que afirman que la naturaleza de la relación de Beethoven y Amenda traspasó los límites de la amistad. Esta posibilidad se analizará en el capítulo dedicado al amor.

Amenda fue un amigo virtuoso y sincero para Beethoven.

Nikolaus Zmeskall (1759-1833)

Otro de los músicos con quien Beethoven mantuvo una amistad de por vida y con quien nunca discutió más de unas horas fue el barón y violonchelista Nikolaus Zmeskall von Domanovecz.[12] Se habían conocido en las veladas musicales que cada viernes organizaba el príncipe Lichnowsky en su palacio. Zmeskall era secretario de la corte en la Cancillería Real de Hungría, tenía once años más que Beethoven y desde que se conocieron fue el más fiel y devoto de todos sus amigos vieneses. Además, Zmeskall era un violonchelista muy capaz, que con frecuencia sustituía a músicos profesionales en estas reuniones musicales. Siempre puso a disposición de Beethoven todo aquello de lo que disponía, desde dinero a sus contactos sociales, o su capacidad para resolver conflictos, lo que lo volvió indispensable para el compositor. No importaba cuál pudiera ser la dificultad por la que Beethoven estuviera atravesando, Zmeskall siempre estaba ahí, dispuesto a ayudarlo. Se conservan al menos veinte cartas y notas en las que el compositor le pide favores diversos, como que le preste dinero, que lo ayude a encontrar un sirviente o que negocie para él el precio de un piano.[13] También hay misivas en las que los dos amigos hacen bromas y muestran mucha cercanía y complicidad. Por ejemplo, se sabe que Zmeskall, quien era un solterón empedernido, también acompañaba a Beethoven en muchas de sus visitas a los burdeles de Viena.[14]

Beethoven y Zmeskall tocaban juntos con frecuencia y no solo repertorio para piano y violonchelo, sino que, dado que Beethoven también tocaba la viola, interpretaban dúos para viola y violonchelo. A Zmeskall, Beethoven le dedicó dos obras de su catálogo. Una muy seria, importante y profunda, que es el Cuarteto de cuerda Op. 95 en fa menor. Y otra muy divertida titulada *Duett mit zwei obligaten Augengläsern* WoO 32 en mi bemol mayor (*Dúo para dos pares de gafas obligadas*), ya que los dos eran muy miopes y necesitaban usar quevedos para ver las partituras. Esta pieza la escribió en 1795, pero estuvo ciento veinte años perdida. Al igual que ocurre con los retratos que Goya hace de sus amigos, las piezas que Beethoven escribe para los suyos muestran un lado menos oficial y más humano, más amable y más real de los artistas.

La amistad de Beethoven con Zmeskall se desarrolló en un territorio intermedio entre la conveniencia y el placer.

Ignaz Schuppanzigh (1766-1830)

Fue un violinista que se convirtió en el principal defensor de la música de Beethoven en Viena. De hecho, se prestaba a tocar el papel del primer violín en todos los estrenos de sus sinfonías.

Además de tocar en las orquestas, Schuppanzigh era un magnífico músico de cámara que tuvo una importancia mayúscula en la historia de la música, ya que fue el primer intérprete que consiguió fundar un cuarteto de cuerda estable y que organizó un ciclo de conciertos de música de cámara a los que se asistía por suscripción, es decir, pagando las entradas por anticipado (como hoy se hace con los abonos de temporada). Ese cuarteto, que fundó para el conde Razumovski, sirvió también para interpretar buena parte de los cuartetos de cuerda de Beethoven. A partir de ese momento, la historia de la interpretación pública de música de cámara cambió para siempre en la Europa moderna.

Schuppanzigh fue el violinista líder de las orquestas que estrenaron prácticamente todas las sinfonías de Beethoven, incluyendo la *Novena*. Además, se encargó con mayor o menor fortuna del estreno de muchos de sus cuartetos de cuerda.

No obstante, analizando la relación que Beethoven tuvo con Schuppanzigh, probablemente perteneció al tipo de amistad por interés. Es cierto que Schuppanzigh no compartía con Beethoven la misma profundidad intelectual. Además, era un hombre con un marcado sobrepeso, un gran gusto por la comida, la bebida y las mujeres. Todo esto unido provocó que el compositor tuviera siempre una actitud burlona hacia el violinista. No solo no le dedicó ninguna obra, sino que, como parte de sus múltiples mofas, escribió una breve pieza para tres voces y coro que tituló *Lob auf den Dicken,* WoO 100 (*Oda al gordo*) y cuya letra dice literalmente: «Schuppanzigh es un bribón y un burro». A pesar de ello, los dos músicos mantuvieron esta extraña amistad a lo largo de toda la vida y Schuppanzigh fue uno de los porteadores de antorchas que formaron parte del cortejo fúnebre de Beethoven en el día de su entierro.

LOS GRANDES ILUSTRADOS

Tanto Goya como Beethoven sintieron una gran afinidad por su respectivo contexto intelectual, fuertemente marcado por las ideas de la Ilustración. Las conversaciones con sus amigos y el contacto con esas ideas y con quienes las defendían marcaron de forma significativa sus producciones artísticas.

A diferencia de la nutrida correspondencia entre Goya y su amigo Martín Zapater que se conserva, no hay apenas cartas entre Goya y muchos de los amigos ilustrados de su época. Esta ausencia ha llevado incluso a pensar que dichas amistades e influencias no fueron tales y que el paso del mito de Goya romántico al de Goya ilustrado no está justificado. Sin embargo, que no se conserven no quiere decir que no existieran ni que las ideas de Moratín, Jovellanos y otros ilustrados solo pudieran llegar a Goya por sus autores. Si así fuera, la Ilustración no habría llegado a prácticamente ningún rincón de la sociedad.

Goya tuvo una profunda y duradera amistad con algunas de las mentes más brillantes de la sociedad española de su época, como fueron el dramaturgo Leandro Fernández de Moratín o Juan Agustín Ceán Bermúdez. Con otros, mantuvo una relación profesional más cercana a la conveniencia entre mecenas y artista que a la auténtica amistad, como fue el caso de Gaspar Melchor de Jovellanos, cuya relación no fue tan íntima como siempre se ha querido ver.[15] Al intercambiar opiniones con ellos, el pintor amplió su visión del mundo y comprendió que muchas de sus aficiones (como la de los toros) no eran acordes al nuevo espíritu del tiempo en que vivía, lo que no quería decir que no le gustasen.

Una de las muestras de cambio de mentalidad y de interés en la vida de Goya se produjo justo después de la enfermedad que lo dejó sordo en 1793. Es a partir de ese momento cuando comienza a crear para él mismo y no solo para cumplir con los encargos que le hacían. Primero fueron dibujos, luego llegaron a tinta y pluma los *Sueños* y finalmente Goya creó una colección de ochenta grabados con la audaz intención de llegar a un público más amplio que el de la Academia de Bellas Artes o el de los aristócratas que podían permitirse comprar sus obras. A esta colección la tituló *Caprichos* y estaba destinada a «desterrar vulgaridades perjudiciales y perpetuar con esta obra de caprichos, el testimonio sólido de la verdad», como indicaba en el título del primero de los *Sueños,* una colección de dibujos preparatorios de los *Caprichos*. Goya anunció por todo lo alto la salida a la venta de sus *Caprichos* en la primera página del *Diario de Madrid*.

Las temáticas de sus grabados están fuertemente influidas por las ideas ilustradas y pretenden luchar contra la falta de educación, las supersticiones, los abusos del clero y de la Inquisición, el conservadurismo y la hipocresía, aleccionando al pueblo a través de las imágenes. Se pueden encontrar paralelismos claros entre algunos de estos *Caprichos* y *El arte de las putas*, de Nicolás Fernández de Moratín, padre de Leandro, a lo largo de cuyos poemas carga contra la prostitución, las malas costumbres del clero y la mala situación en la que se encuentran las prostitutas. Es el caso del Disparate 7, *Ni así la distingue*, en el que un hombre examina a una prostituta con un monóculo sin llegar a percatarse de la profesión de la mujer, o del Disparate 31, *Ruega por ella*, en el que una alcahueta está ayudando a una prostituta mientras reza tratando de prevenir algún mal. En el capítulo dedicado al amor hablaremos también de otras conexiones con las obras de Leandro Fernández de Moratín.

La evolución del Disparate 13 merece un comentario aparte. En los dibujos preparatorios para el que terminaría siendo ese grabado aparecen unos frailes comiendo sopa, uno de los cuales tiene una nariz con forma de pene. En las versiones posteriores, eliminó la nariz fálica, dejó a los frailes comiendo sopa, pero tituló el dibujo *Soñé que unos hombres se nos comían*, una clara crítica a un estamento que suponía una pesada carga para el resto de la sociedad. Sin embargo, cuando llegó a grabar el que finalmente sería el Disparate 13, mantuvo la composición de los frailes comiendo sopa y recuperó la connotación sexual de su crítica, cambiando el título a *Están calientes*.

Además, como ocurrirá también en los grabados de los *Desastres de la guerra*, Goya no arremete más contra unos que contra otros: lo que denuncia son los vicios y los problemas, afirmando que cualquier persona puede cometerlos. Ni los pobres son peores que los ricos, ni los hombres mejores que las mujeres, ni los oprimidos mejores que los opresores.[16]

Johann Wolfgang von Goethe (1749-1832)
Por su parte, Beethoven, quien en su juventud había asistido a la Universidad de Bonn y estaba al tanto de los avances sociales que impulsaban la Revolución francesa y la Ilustración, también procuró rodearse de personas ilustradas y con una visión moderna del mundo. Por eso, leyó a los escritores más importantes de Alemania, como Schiller o Goethe, y puso música a muchos de sus textos. Sin duda, el texto más famoso de un escritor ilustrado alemán al que Beethoven le puso música fue la *Oda a la Alegría* incluida en el último movimiento de su *Novena Sinfonía*, pero no fue el único texto de un gran escritor que se vio musicalizado. Además de esta oda, Beethoven musicalizó muchos otros entre ellos, varias poesías de Goethe.

En 1807 Goethe publicó la primera parte de su obra teatral *Fausto* y desde ese momento Beethoven comenzó a buscar a alguien que pudiera adaptar la obra a un libreto de ópera. Varias per-

Música incidental

Es lo que hoy en día llamamos banda sonora. Es música que se interpreta como apertura, acompañamiento, cierre o enlace entre escenas en un espectáculo que no es musical, pero que se sirve de la música para enriquecer la experiencia del espectador.

sonas de su entorno lo intentaron sin conseguir un texto apto para Beethoven, quien, no obstante, no abandonó la idea y siguió dándole vueltas hasta el final de su vida. Tras la ocupación francesa de Viena, a Beethoven le llegó el encargo de componer música incidental para otra obra escrita por Goethe: *Egmont*.

La obra de teatro *Egmont* está ambientada en los Países Bajos y trata distintos temas, como la libertad y la resistencia contra la opresión, cuestiones que a Beethoven le interesaban de forma muy especial. A pesar de haber recibido el encargo con bastante antelación, Beethoven no fue capaz de terminar la música a tiempo de que se interpretara en el estreno, sino solo a partir de la cuarta representación, pero esta partitura le permitió tener una carta de presentación ante el escritor alemán.

Aunque la música que Beethoven compuso para toda la obra de teatro *Egmont* tiene una duración aproximada de media hora, la pieza más conocida es la obertura, que es una magnífica muestra de la fuerza y vitalidad de la mayoría de sus composiciones.

Beethoven admiraba a Goethe y quería conocerlo a toda costa. Por eso, no dejó pasar la oportunidad cuando se le presentó. No fue ni fácil ni inmediata, porque Goethe era ya un escritor de mucho prestigio, tenía un importante cargo en la corte y vivía en Weimar, mientras que Beethoven todavía no era el compositor consagrado en el que terminaría convirtiéndose, no tenía ni cargo ni título nobiliario y vivía en Viena. Que los dos coincidieran no iba a ser sencillo. De hecho, la oportunidad se fraguó a fuego lento a través de una joven amiga de Goethe y admiradora de Beethoven: Bettina Brentano.

Bettina fue una controvertida mujer que mantuvo una larga relación epistolar con algunos de los artistas más famosos de su tiempo y que publicó sus memorias al final de su vida. En 1810 llegó a Viena y cautivó a Beethoven con su extraordinaria forma de ser. Arrebatadora, invasiva, soñadora y apasionada, la joven llegó a la vida del compositor para alborotarlo todo. Su amistad con Goethe supuso, además, un importante punto de interés para Beethoven, quien ansiaba poder acceder al escritor y hacerle llegar su admiración.

Curiosamente, Goethe había estado enamorado de la madre de Bettina, Maximiliane de Laroche, y su matrimonio con otro hombre lo inspiró para escribir su novela *Las desventuras del joven Werther* (*Die Leiden des jungen Werther*) en la que un joven amante se suicida tras saber que no podrá ser correspondido jamás en su amor y que su amada se había casado con otro hombre. La publicación de esta novela en 1774 supuso un inmediato éxito editorial y provocó una ola de suicidios entre los adolescentes de Alemania.

En 1835, después de la muerte de Goethe, Bettina publicó su correspondencia con el escritor en un libro titulado *Correspondencia de Goethe con una niña* (*Goethes Briefwechsel mit einem Kinde*). También publicó en varias revistas las cartas que Beethoven le había escrito. Aunque Bettina adorna exageradamente sus recuerdos, especialmente en lo referente al nivel de intimidad y a lo que los artistas decían de ella, sí parecen ser ciertos tanto el sentido como las ideas que Goethe y Beethoven tenían sobre ella, aunque su reproducción no sea literal.

Así, Bettina y Beethoven se conocieron en mayo de 1810 y, casi desde el primer momento, tuvieron una amistad muy cercana que se mantuvo a lo largo de varios años. Bettina estaba emparentada con la familia de Franz y Antonie Brentano, una rica familia de la que hablaremos más adelante, que habitualmente vivía en Frankfurt, pero que se encontraba en esas fechas en Viena resolviendo asuntos de herencia familiar.

Bettina escribió encendidas cartas a Goethe ensalzando a Beethoven y transmitiéndole la absoluta admiración que el compositor tenía por él.

Las poesías de Goethe ejercen sobre mí una gran influencia, no solamente por su contenido, sino también por su ritmo. [...] La melodía es la vida sensual de la poesía. ¡Habladle de mí a Goethe! ¡Decid-
le que debe oír mis sinfonías! Él me concederá que la música es la
única, la inmaterial, entrada en un mundo más alto del saber.[17]

No obstante, a pesar de las intensas y apasionadas cartas que
Bettina escribió a Goethe para facilitar y agilizar un encuentro con
Beethoven, lo cierto es que el escritor no mostró interés alguno. Tal
vez fuera porque su consejero en materia musical era un músico
llamado Zelter, quien todavía no era admirador de Beethoven. O
quizás se debiera a la diferencia de edad o incluso de clase social, ya
que Goethe no se relacionaba fácilmente con personas de un rango
inferior al suyo. Sea como fuere, Beethoven tuvo que esperar hasta
que en el balneario de Karlsbad dos príncipes vieneses, Kinsky y
Lichnowsky, grandes benefactores de Beethoven, hablaran maravi-
llas de él a Goethe y solo entonces el dramaturgo se dignó a escri-
birle e invitarlo a Weimar. Aun así, Beethoven y Goethe no se co-
nocerían en persona hasta el verano de 1812.

Ese verano es el más emocionante de la vida de Beethoven por
varios motivos. En primer lugar, porque es el momento en el que
se enclava una intensa y misteriosa historia de amor de la que nos
ocuparemos en el capítulo 8, y también porque por fin, tras dos
años de intentos, Beethoven conoce a Goethe en la ciudad balneario de Töplitz, hoy Teplice, en la República Checa.

En esa época, se consideraba que las estancias en lugares bellos,
tranquilos y cercanos a manantiales eran una vía para recuperar la salud,
de forma que era habitual ver a pacientes de distintas dolencias retirarse durante temporadas a balnearios donde probablemente no sanaban
de su enfermedad, pero disfrutaban de mucha paz y tranquilidad.

Tanto Beethoven como Goya acudieron a balnearios para mejorar de sus dolencias. Beethoven fue en 1811 y 1812 a Teplice. Goya, por su parte, consiguió permiso para tomar aguas en Plom-
bières-les-Bains en 1824.

Goethe llegó a la ciudad termal el 17 de julio de 1812 y apenas dos días después de su llegada Beethoven y él se conocieron. En solo una semana, los dos gigantes de las letras y la música coincidieron un total de cuatro veces: el 19 se conocieron; el 20 pasearon juntos; el 21 y el 23 de julio, Beethoven volvió a casa de Goethe, donde tocó para él y conversaron, aunque no sin dificultad por la sordera del compositor. Sin embargo, aunque después de sus encuentros se prometieron intercambiar cartas y Goethe se llegó a ofrecer a escribir un libreto para una ópera de Beethoven, lo cierto es que dicha amistad no se llegó a fraguar nunca y no mantuvieron prácticamente ningún contacto después de este encuentro.

¿Por qué no congeniaron? ¿Qué habría pasado si los dos artistas más grandes y famosos de Alemania hubieran encajado bien, si hubieran entablado una cordial y duradera amistad? ¿Habría habido una mayor colaboración artística entre ellos? ¿Podría haber sido el propio Goethe quien adaptara su *Fausto* para que Beethoven lo convirtiera en una ópera? ¿Qué ocurrió en esos cuatro encuentros que no solo no hizo saltar la chispa del interés para que prendiera la llama de la amistad, sino que hizo que Goethe incluso llegara a detestar al compositor?

Lo que pasó es que los dos titanes en sus respectivos terrenos eran conscientes de serlo. Además, los dos vivían en un mismo mundo, pero lo veían de forma muy distinta. Beethoven tenía un carácter indómito. Goethe era mucho más adaptable a la sociedad y la corte. Ambos pensaban que eran los artistas más grandes que había dado Alemania. Y tal vez no se equivocaban, pero esa actitud los alejó definitivamente al uno del otro. Según los testimonios que nos han llegado sobre cómo fueron aquellos encuentros y qué impresiones se causaron mutuamente, podemos hacernos una idea de los motivos para la distancia y la frialdad que se instaló en su relación.

Goethe escribió varias cartas refiriéndose al compositor y a los encuentros con él. En la que envió a su amigo y consejero en materia musical, el músico berlinés Zelter, nos ofrece un fiel retrato del carácter de Beethoven:

He conocido a Beethoven en Teplice. Su talento me ha llenado de asombro. Pero es desgraciadamente una personalidad completamente indómita. No se equivoca sin duda al encontrar el mundo detestable, pero verdaderamente esto no lo hace más agradable ni para él ni para los demás. Es muy excusable, y muy de lamentar también, que sea sordo, lo que perjudica posiblemente menos a la parte musical que a la parte social. Él, que es lacónico por naturaleza, lo es doblemente por culpa de su enfermedad.[18]

También le explicó a su mujer cómo era el carácter de Beethoven: «No he encontrado jamás un artista más poderosamente concentrado, más enérgico, con más vida interior».[19]

Beethoven, a su vez, también se llevó una decepción con Goethe. En uno de esos paseos que dieron juntos en Teplice se encontraron con toda la familia imperial y el comportamiento de Goethe indignó a Beethoven, que consideraba que si alguien debía mostrar respeto era la familia imperial por ellos y no al revés. Así se lo contaba el compositor a Bettina Brentano, la amiga común con Goethe:

Ayer, al volver, nos encontramos a toda la familia imperial; los veíamos venir de lejos, y Goethe se desasió de mi brazo para ponerse a su lado; por más que le dije, no pude hacer que avanzara un solo paso; entonces coloqué bien mi sombrero sobre la cabeza, abotoné mi abrigo y fui a colocarme, con los brazos en la espalda, en el centro del grupo; príncipes y cortesanos abrieron filas, el [archi]duque Rodolfo se quitó el sombrero, la emperatriz me saludó la primera. Estos señores me conocen. Vi, con gran diversión por mi parte, a la procesión pasar de largo ante Goethe. Estaba de lado, con el sombrero quitado y profundamente inclinado; entonces he aprovechado para reprocharle todos sus pecados.[20]

Beethoven se jactó de esta anécdota con mucha frecuencia para hacer notar que la corte imperial sí le había presentado sus respetos a él, mientras que había pasado de largo de Goethe. Una vez más, encontramos a un Beethoven convencido de su superioridad frente a reyes y príncipes, que «¡no podrán fabricar jamás a un Goethe o a un Beethoven!», como dijo el compositor a Bettina Brentano relatándole la escena. No deja de ser curioso que la actitud de Goethe, quien vivía subido en su propio pedestal, fuera tan servicial con la corte.

Que Beethoven ha sido mitificado es tan cierto como que su música es magistral. Pero la mitificación del hombre se ha producido no solo por su arte, sino también por su forma de ser y de estar en el mundo. Beethoven era muy temperamental, se enfadaba enérgicamente con mucha frecuencia, y estos ataques de ira impactaron tanto a su entorno que se han incorporado a su imagen.

Sin embargo, el hecho de que olvidaba pronto sus enfados y que, cuando se entregaba a un amigo, lo hiciera de todo corazón y con todas las consecuencias, no parece haber calado en la imagen del compositor que ha llegado hasta nosotros. Pero así era: extremo en todas las demostraciones de sus sentimientos. De hecho, a pesar de que el encuentro con Goethe fue decepcionante, Beethoven siguió admirando su arte y no abandonó el deseo de poner música al *Fausto*, como expresó más de diez años después, en abril de 1823: «No escribo solo lo que más me gustaría, sino lo que necesito, a causa del dinero. Esto no quiere decir que escriba únicamente por dinero. Cuando todo esto pase, espero escribir lo que será más grandioso para mí y para el arte: *Fausto*».[21]

Por el contrario, Goethe era mucho más rencoroso que Beethoven, y, cuando años después de la muerte de Beethoven se representó en Weimar la obra de teatro *Egmont* con música compuesta por él, Goethe se las arregló para no mencionarlo en su periódico. De hecho, tras su encuentro en Teplice, hizo evidentes esfuerzos por ignorar los elogios que muchas personas realizaban sobre Beethoven.

En total, el compositor puso música a más de veinte poemas de Goethe, a la obra de teatro *Egmont* y la cantata para coro y orquesta *Meeresstille und glückliche Fahrt* Op. 112 (*Mar en calma y viaje feliz*).

Esta cantata consta de dos movimientos en los que Beethoven describe sonoramente la sobrecogedora quietud del mar. Nuevamente, como ya ocurrió en la *Sexta Sinfonía* y ocurrirá en otras obras más, encontramos en esta pieza una muestra de la extraordinaria capacidad descriptiva de la música de Beethoven. Según los registros de sus viajes, el único momento en el que pudo ver el mar fue cuando, de pequeño, viajó con su madre a La Haya para dar conciertos como niño prodigio.[22]

La forma en la que Goya conoció a la mayoría de sus amigos ilustrados no está recogida en ningún documento con tanta claridad como sí lo está este encuentro entre Beethoven y Goethe. Sin embargo, se conservan muchos testimonios de la duradera amistad que Goya tuvo con distintos ilustrados de la sociedad española, como veremos a continuación.

Juan Agustín Ceán Bermúdez (1749-1829)

Nació en Gijón en 1749 y murió en Madrid en 1829. Fue un importante coleccionista e historiador del arte, uno de los grandes amigos de Goya y también de Jovellanos y Moratín. Como ocurre con otros ilustrados cercanos a Goya, no se conservan cartas entre ellos, pero sí algunas misivas en las que Ceán habla con algunas personas acerca del pintor. De esa forma sabemos que Goya visitó a Ceán en muchas ocasiones, que Ceán fue quien acompañó al pintor en su viaje a Cádiz cuando de camino cayó gravemente enfermo en 1793 en Sevilla, y también que fue el responsable de muchos de los encargos que recibió el pintor, entre ellos, el del lienzo para la catedral de Sevilla *Santas Justa y Rufina*.

Ceán era en quien Goya confiaba cuando creaba obras que no eran encargos, sino invenciones suyas. Por eso, uniendo la confianza que gozaba de Goya y su gusto coleccionista, en el momento de su muerte Ceán tenía doscientas veintisiete estampas de Goya, entre las que se encontraban los *Caprichos,* los *Desastres de la guerra,* las *Tauromaquias* y otros muchos grabados sueltos. De hecho, fue Ceán quien le sugirió a Goya que pusiera también título a las *Tauromaquias,* aunque los títulos que el pintor escogió no terminan de encajar con las imágenes que representan, ya que son títulos descriptivos, cuando las estampas parecen tener una segunda lectura oculta, como metáfora de la resistencia y la victoria de España.

Además de escribir la primera biografía de Jovellanos, Ceán es recordado porque elaboró un extraordinario *Diccionario histórico de los más ilustres profesores de las Bellas Artes en España*, para el cual Goya hizo un gran número de retratos, incluido uno del propio Ceán. Por motivos que se desconocen, finalmente estos retratos no se incluyeron en la publicación. Para agradecerle su trabajo, Ceán le regaló a Goya varios grabados de Rembrandt, precisamente coincidiendo con la época en la que se encontraba grabando sus *Caprichos*.

¿Cómo obsequiaba Goya a sus amigos? Con lo que mejor sabía hacer: retratarlos. En el caso de Ceán, lo hizo al menos en tres ocasiones. Dos de esos retratos son muy solemnes y tienen un aire muy formal, pero hay un tercero en el que aparece recostado en una silla con las piernas cruzadas junto a una mesa sobre la que están sus estampas y nos dedica una mirada simpática y vivaz. Una vez más, como ya ocurre con los retratos de Martín Zapater, Goya no esconde el cariño y simpatía por el protagonista de su lienzo.

Leandro Fernández de Moratín (1760-1828)

No nos arriesgamos mucho al afirmar que el amigo ilustrado más relevante que tuvo Goya fue el dramaturgo Leandro Fernández de Moratín. Nacido en Madrid en 1760, era hijo del también poeta y

---

Ceán Bermúdez no era Cea Bermúdez

Juan Agustín Cean Bermúdez, nacido en Gijón en 1749, no debe confundirse con Francisco Cea Bermúdez, nacido en Málaga en 1779. El primero fue amigo íntimo de Jovellanos y de Goya. El segundo, un político y diplomático de Fernando VII que defendió a Isabel II como sucesora legítima del rey frente a los partidarios del infante don Carlos.

dramaturgo Nicolás Fernández de Moratín. Viajó por toda Europa, especialmente por Francia y, como muchos ilustrados, se volvió afrancesado, ya que vio en el país vecino un modelo para solucionar los problemas de pobreza y retraso cultural que tenía España en ese momento. Por ese motivo, con el retorno de Fernando VII, tuvo que exiliarse en Francia, donde vivió en distintas ciudades, fundamentalmente Burdeos y París, y donde murió pocas semanas después que Goya. Escribió poesía, pero destacó especialmente como dramaturgo con obras de teatro tan conocidas e influyentes en la época como *El sí de las niñas*.

La relación de amistad ente Goya y Moratín se prolongó durante más de treinta años y se encuadra en el tipo de amistad virtuosa, en la que ambos amigos se admiran y respetan por sus múltiples cualidades humanas. Durante seis años se interrumpió la comunicación entre los dos, pero no la amistad: se siguieron guardando cariño y respeto. De hecho, fue Moratín uno de los que animó a Goya a mudarse a Burdeos porque él mismo estaba muy a gusto en la ciudad, cuyo coste de vida era más manejable que el de otras partes de Francia.

No se conserva correspondencia entre Moratín y Goya, pero sí el diario del escritor y numerosas cartas entre este y otros amigos comunes a ambos.

Como con todos sus amigos, Goya retrató a Moratín y lo hizo en al menos dos ocasiones. El primer retrato se conserva en el Museo de Bellas Artes de San Fernando y fue realizado en 1799, cuando ambos vivían en Madrid. En él vemos a un joven Moratín con la mirada vivaz y cara de querer comerse el mundo. El segundo de los dos retratos, que se encuentra en el Museo de Bellas Artes de Bilbao, lo pintó veinticinco años después, estando ya los dos en Burdeos. En él Goya nos desvela no a un escritor de éxito, sino a un amigo cercano y querido, con una gran experiencia a sus espaldas.

Moratín perteneció a la esfera más elevada de amistades de Goya y mostró interés y preocupación por todos los asuntos relacionados con el pintor. Probablemente, de no haber muerto casi a la vez que él, se habría ocupado de honrar su memoria y de cuidar, en la medida de sus posibilidades, a los seres queridos del pintor.

Gaspar Melchor de Jovellanos (1744-1811)

Nacido en Gijón en 1744, Jovellanos fue uno de los personajes ilustrados más destacados e influyentes de la España del siglo XVIII. Era un gran aficionado a las artes y las ciencias con un profundo espíritu renovador. Ostentó diversos cargos de responsabilidad desde los que acometió una reforma de los estudios universitarios; quiso distribuir a través de Juntas municipales y provinciales parte de las tierras sin explotar de los grandes latifundios, e intentó terminar con algunos privilegios eclesiásticos, comenzando una ligera desamortización y tratando de limitar el poder de la Inquisición. Además, en 1794 creó el Real Instituto de Náutica y Mineralogía en Gijón, una institución educativa orientada al estudio de las ciencias útiles, uniendo el estudio científico con el de las humanidades.

Sin embargo, en la corte de Carlos IV las intrigas palaciegas se cobraban con frecuencia víctimas muy injustas, y ese fue el triste caso de Jovellanos. En 1790 es enviado a Asturias con unos encargos que parecían esconder un destierro por venganza. Más adelante, gracias al apoyo de Godoy, Jovellanos fue nombrado ministro de Gracia y Justicia en 1798, aunque duró en el cargo menos de un año. A pesar de que Jovellanos no era un revolucionario,[23] sino un ejemplo de perfecto ilustrado, sus decisiones políticas fueron muy mal vistas por los latifundistas y por la Iglesia, lo que anticipó su cese por el propio Godoy en agosto de ese mismo año.

Después de sufrir un intento de envenenamiento, Jovellanos volvió a su tierra, donde algún tiempo después, en 1801, fue detenido y llevado a prisión con la orden de que nadie se comunicara con él. Permaneció encarcelado en Mallorca hasta 1808, cuando los mismos que lo habían encerrado sin causa ni juicio previo firmaron su excarcelación.

Así, Jovellanos fue puesto en libertad en ese momento tan difícil de la historia de España, cuando los franceses habían invadido el país y la población española se dividía en varios grupos. Había una parte de la sociedad que defendía ideas oscurantistas, frente a otra integrada por ilustrados. Sin embargo, este segundo grupo se dividía a su vez entre los partidarios y los enemigos de la ocupación francesa. Jovellanos se decantó por este último, el de los ilustrados contrarios a la ocupación. Quiso regresar por mar desde Cádiz a Asturias, pero al acercarse a su tierra supo que había caído en manos de los franceses. Finalmente tuvo que resguardarse en Puerto de Vega, donde murió a causa de una pulmonía en 1811.

Con toda probabilidad, Goya y él se conocieron en 1781, en una sesión de la Real Academia de Bellas Artes de San Fernando, durante la cual se dio un concierto y Jovellanos pronunció un discurso sobre las bellas artes. En los años siguientes, ambos coincidieron en las juntas ordinarias que la Real Academia convocaba mensualmente. No se puede decir que tuvieran una íntima amistad, pero sí que se reconocieron mutuamente como autoridades en sus respectivos campos. Es posible que Goya encontrara en él a otro ilustrado que lo empujaba a hacer lo que Jovellanos afirmaba que era necesario: «No basta con pintar lo que se ve, sino que es preciso pensar también lo que se pinta».[24] Tal vez Goya buscó su cercanía por admiración o tal vez lo hiciera por interés y, si ese fue el caso, no le fue mal: Jovellanos consiguió para el pintor numerosos encargos.

Al igual que de Moratín, Goya pintó dos retratos de Jovellanos. El primero de ellos corresponde a una etapa temprana del pintor, justo cuando acababa de ser nombrado académico, ente 1781 y 1782. En este retrato, que se conserva en el Museo de Bellas Artes de Oviedo, el protagonista aparece de pie, apoyado en un bastón y con una actitud relajada y concentrada. El segundo y más famoso de los dos retratos se conserva en el Museo del Prado. Realizado durante su efímero mandato como ministro de Gracia y Justicia, Jovellanos aparece sentado frente a su mesa de gabinete, donde hay una estatua de Minerva, diosa de la sabiduría. Además, tiene una actitud distinta al anterior retrato, con la cabeza apoyada en su mano y gesto melancólico. El hecho de que no lleve ninguna de sus condecoraciones resalta el carácter íntimo del retrato, aproximándolo a los que Goya hizo de otros amigos suyos, como Ceán y Moratín.

Ya fuera por interés, por placer o por virtud, tanto Goya como Beethoven tuvieron la suerte de contar con un gran número de amigos a lo largo de su vida. Estas compañías determinaron en gran medida las obras que crearon, las aficiones que desarrollaron y sus ocupaciones en su tiempo libre.

No todas las amistades de Goya y Beethoven duraron toda la vida, ni tampoco todas fueron iguales, pero cada una dejó su huella en los dos grandes artistas. Desde los amigos de juventud, con quienes compartieron aventuras y sueños, hasta los confidentes de la etapa madura, que les brindaron apoyo en los momentos más complicados de sus existencias, todos influyeron en la riqueza de sus experiencias vitales. Así, los amigos de Goya y Beethoven no solo marcaron en ocasiones el camino que los artistas debían recorrer, sino que además los acompañaron a lo largo de toda la travesía, demostrando que la amistad sincera es, tal vez, el tipo de relación humana más extraordinaria que podamos encontrar.

Goya, *La familia de Carlos IV*, 1800.
Museo del Prado.

La música
de Beethoven
seleccionada.

7

Nobleza obliga

Mejor no ser, que no ser noble.
LORD ALFRED TENNYSON

Que la nobleza disfrutaba en España y Austria de más derechos y privilegios que el pueblo es tan cierto como que era en el entorno de esa esfera de poder donde se tomaban todas las decisiones políticas, sociales y económicas que marcaban el rumbo de los países. Por ello, en el caso de que uno no pudiera acceder a obtener un título nobiliario, le convenía entablar contactos con la nobleza y la aristocracia. Cuanto más estrecho fuera el lazo, mejor posicionado se estaba en la sociedad. Goya y Beethoven lo sabían y procuraron introducirse en ese círculo de poder, con suertes diversas debido a sus respectivas formas de ser.

Durante siglos, pertenecer a la nobleza había implicado gozar de un estatus singular en cuestiones tan importantes como la tributación fiscal. Por lo tanto, la nobleza era un grupo social que solía gestionar grandes fortunas e inmensos patrimonios materiales, constituyendo una red de clientes de mucha importancia en el ámbito artístico y económico. En el caso de Goya, los retratos privados que realizó para la nobleza y la aristocracia española le supusieron unos ingresos adicionales muy elevados. Por su parte, Beethoven recibió algunos encargos, pero ante todo dedicó muchas obras en agradecimiento a los nobles que lo apoyaron en distintos momentos de su vida.

Los privilegios de la nobleza en España se mantuvieron hasta bien entrado el siglo XIX, momento en el que se abolieron los mayorazgos y los títulos nobiliarios pasaron a ser una distinción meramente honorífica. En Austria, no fue hasta principios del siglo XX, tras la Primera Guerra Mundial, cuando la nobleza fue abolida y se prohibió utilizar cualquier tipo de título nobiliario.

Conviene aclarar dos detalles de los apellidos de los dos protagonistas de este estudio: Ludwig *van* Beethoven y Francisco *de* Goya. La familia Van Beethoven era de origen flamenco y plebeyo, pues la partícula Van no tenía en la mayoría de los casos ningún sentido nobiliario en Flandes. A pesar de ello, algunos aristócratas vieneses tomaron esas tres letras como un signo de nobleza, dándole a Beethoven un trato casi como un igual.[1] Por su parte, Goya añadió la preposición «de» entre su nombre y apellido, tal vez con la aspiración de mostrar la nobleza de su linaje. Sin embargo, en su certificado bautismal su nombre aparece sin el de: Francisco Goya.[2]

Beethoven y su contrato con la nobleza vienesa

¿Fue Beethoven el primer compositor de la historia que consiguió vivir de su arte sin depender de un rey o de la Iglesia? Puede que no fuera el primero, pero sin duda sí fue el más famoso. No obstante, conviene plantearse cuál de las opciones garantiza a un artista mayor libertad: trabajar para un mecenas en una corte, en la cual debía sobrevivir manteniendo una buena imagen pública y lograr una equilibrada relación entre realismo y halago, o, por el contrario, tener que complacer al público para lograr que comprase sus obras o pagase por escucharlas. Después de todo, en cualquiera de los casos, los artistas se encontraban ante la obligación de agradar. Complacer al rey o complacer al público. Goya supo manejarse con soltura en las relaciones cortesanas, no tanto con las del público. Sin embargo, Beethoven no llegó a gestionar eficazmente ninguna de ellas. Por eso, sufrió una constante inestabilidad económica que equilibró como pudo con cuantas fuentes de ingresos logró encontrar.

La Viena a la que llegó el joven Beethoven con apenas veintidós años era un hervidero de prodigios musicales, pese a lo cual pronto logró alcanzar cierto reconocimiento profesional y, con él, algunos encargos esporádicos. Sin embargo, los años pasaban y no terminaba de encontrar un equilibrio financiero definitivo. Ese fue el motivo por el que en 1808 se planteó aceptar un puesto como maestro de capilla en la corte de Westfalia en Kassel, al noroeste de Alemania. En esa corte, Napoleón había instalado a Jerónimo Bonaparte, su hermano más joven, quien tenía una actitud bastante festiva y deseaba dotar a su corte de los mejores pintores y músicos de Europa. Lo cierto es que el trabajo que el pequeño de los Bonaparte le ofrecía a Beethoven no era excesivamente exigente: dirigir algunos conciertos y tocar de vez en cuando para el rey a cambio de una atractiva suma de dinero. Además, Beethoven tendría cierta libertad para viajar y atender otros compromisos.[3] Beethoven evaluó seriamente los beneficios y los inconvenientes de aceptar esta jugosa oferta. Es verdad que gracias a ella lograría una estabilidad económica y, aun así, conservaría bastante libertad de movimiento, pero también era cierto que de esta manera habría pasado a trabajar para una corte francesa, lo que removía lo más profundo de sus entrañas.[4] Por una vez en su vida, Beethoven jugó sus cartas con inteligencia: dado que no quería marcharse de Viena, utilizó la oferta para presionar a algunos nobles, a los que comunicó su intención de abandonar la ciudad. De hecho, tal vez presa de la desesperanza o tal vez para poder presionar con más fuerza, en un primer momento aceptó el cargo ofrecido por la corte de Westfalia.

Para dotar a su adiós de mayor teatralidad, organizó un concierto de despedida el 22 de diciembre de 1808. En dicho concierto, que duró más de cuatro horas, Beethoven ofreció al público vienés un gran número de obras de nueva composición, como la *Quinta* y la *Sexta Sinfonías*, el *Cuarto concierto para piano y orquesta*, o la *Fantasía para piano, orquesta y coros* Op. 80 sobre el tema que más tarde se convertiría en el *Himno a la alegría*, entre otras. En el fondo, tanto el concierto como la actitud de Beethoven mostraban que aquello era mucho más que una despedida: era un grito de desesperación para despertar la conciencia de los vieneses. Beethoven se marchaba de la ciudad, ¿acaso iban a permitirlo? Gracias a la mediación de la condesa Anne Marie Erdödy y del barón Gleichenstein, quienes movilizaron a la nobleza de la corte imperial, Beethoven terminó firmando un contrato con tres importantes nobles que acordaban pagarle una pensión anual vitalicia, de forma que su situación económica fuera estable y pudiera dedicar su tiempo y esfuerzo a la creación musical. Estos tres mecenas fueron el archiduque Rodolfo, el príncipe Lobkowicz y su cuñado, el príncipe Kinsky.[5] Según el contrato firmado, Beethoven percibiría una pensión de 4.000 florines anuales, cantidad que no lo convertía en un hombre rico, pero que cuadruplicaba el salario medio de un funcionario.[6] Eso sí, para garantizar que Beethoven permaneciera en Viena, este contrato exigía que el compositor no abandonara la ciudad sin el consentimiento expreso de los tres nobles.

De entrada, este contrato parecía otorgarle a Beethoven una tranquilidad económica de por vida. Por fin la suerte le sonreía, había logrado una vida independiente y tranquila que le permitía dedicarse en exclusiva a la creación musical. Pero, con el tiempo este

---

Contrato de permanencia

Beethoven firmó un contrato que le obligaba a componer obras, dedicárselas a sus patronos y a permanecer en Viena.

El contrato, de 4.000 florines al año, lo pagaban entre estos tres nobles, con el siguiente reparto:
Príncipe Kinsky: 1.800 fl.
Príncipe Lobkowicz: 700 fl.
Archiduque Rodolfo: 1500 fl.

contrato se convirtió en una pesada carga, ya que, durante los años de dificultades económicas por las guerras napoleónicas, las sumas acordadas no fueron abonadas y tras la extraordinaria devaluación de la moneda en 1811, el importe de la pensión tampoco se actualizó. Además, la famosa cláusula de permanencia lo obligó a quedarse en Viena incluso durante los asaltos de las tropas francesas porque, aunque había dejado de cobrar las cantidades pactadas y sus protectores sí se habían marchado de la ciudad, él tenía la esperanza de poder reclamar los pagos atrasados cuando las circunstancias lo permitieran, para lo cual era esencial que hubiera cumplido su parte del trato.

Así las cosas, a pesar de haber logrado un contrato que le tenía que haber garantizado la tranquilidad económica deseada, Beethoven tuvo que seguir buscando diferentes fuentes de ingresos y vivió toda su vida con la permanente sensación de estar en la cuerda floja.

¿Servir o ser servido?

El público cortesano para el cual Beethoven componía obras sencillas y Goya pintaba retratos cumplía el mismo perfil tanto en Viena como en Madrid: eran personas cultas y adineradas deseosas de llenar sus casas y palacios de arte. A fin de cuentas, había paredes que decorar y horas de tiempo que llenar, y tanto la música como la pintura eran adecuadas para estos fines.

En ese ecosistema, a pesar de que el lugar que Beethoven y Goya ocupaban no era el de sirvientes, sí debían poner a disposición de sus anfitriones todas sus habilidades artísticas. Es decir, que los nobles que los invitaban esperaban de ellos que en algún momento se prestaran a servir como entretenimiento para los demás invitados. Por tanto, podían ser convidados de honor, pero no debían olvidar que esa condición la obtenían gracias a su excelencia profesional, no a un título nobiliario o porque gozaran de algún poder económico o influencia política. Por eso, el tipo de encargos que recibía Goya eran habitualmente retratos privados de la familia, ya fuera completa o de uno solo de sus miembros, mientras, Beethoven tuvo que escribir música para piano y agrupaciones camerísticas, además de alguna de las sinfonías que fueron estrenadas en los palacios de Viena. Así, mientras Goya pintaba a las hijas de los duques de Osuna, Beethoven componía sonatinas para piano que bien podrían haber interpretado en Viena niñas como las retratadas por Goya en Madrid.

Bajo este extraño contrato social por el que los artistas se relacionaban en condición de invitados que deben servir a un propósito concreto, Goya y Beethoven adoptaron actitudes muy distintas en la relación con sus mecenas. El pintor entendió desde el primer momento cuáles eran las cláusulas del acuerdo, por lo que siempre se mostró bastante respetuoso en su contacto con la nobleza y la aristocracia. Eso no quitaba para que, dentro del respeto, con algunos de ellos entablara una relación más cercana y salieran a cazar juntos o fuera invitado de honor a su mesa. En sus retratos reflejaba con fidelidad la personalidad de los retratados y con frecuencia mostraba el grado de afinidad personal que tenía con cada uno. Lo que está claro es que Goya no solo se sentía importante en esos círculos, sino que estaba muy orgulloso de su trato con algunas de las personas más poderosas de España, como los duques de Osuna o la duquesa de Alba. Y es que Goya era plenamente consciente de que la supervivencia en la corte dependía de mantener buenas relaciones con todos ellos. De hecho, se conservan muchas cartas a su amigo Martín Zapater en las que presume de su relación con todos los círculos de la más alta alcurnia de Madrid. Así, el día que fue presentado al rey Carlos III y a los príncipes de Asturias, le contaba a su amigo Zapater que les besó la mano y que no había sentido tanta dicha jamás. Con la duquesa de Alba también llegó a tener mucha cercanía, tanta que la duquesa le pidió a Goya que le maquillara la cara, y así se lo relataba el pintor a su amigo Zapater:

Mas te balia benirme á ayudar a pintar a la de Alba, que ayer se me metio en el estudio á que la pintase la cara, y se salio con ello; por cierto que me gusta mas que pintar en lienzo que tanbien la he de retratar de cuerpo entero.[7]

Por el contrario, Beethoven planteaba frecuentes conflictos a sus mecenas al considerar que prácticamente el mundo entero, incluyendo a todas las personas pertenecientes a las esferas de poder, debía rendirse ante su genialidad y capacidad creativa. Por eso, a pesar de depender económicamente de la aristocracia y miembros de la corte y de recibir invitaciones para disfrutar de estancias en distintos palacios de los alrededores de Viena, Beethoven solía tener una actitud altiva y arrogante con ellos. En ocasiones esta actitud se debía a que percibía que dichas invitaciones se producían tratándolo como sirviente y no como un respetable invitado. No entendía que las personas que lo sentaban a su mesa a cenar junto a ellos en sus opulentos palacios al finalizar la velada esperaran que tocara el piano. Este tipo de peticiones se convirtieron en una frecuente fuente de discusiones. Esa forma de ser y de actuar habría provocado que, de haber logrado una plaza como compositor de la corte imperial o si hubiese aceptado finalmente la plaza como maestro de capilla en la corte de Westfalia, lo más probable es que no hubiera sido capaz de mantener su puesto debido a su mal carácter y su poca predisposición a adular a las personas poderosas. En su caso, los testimonios que se conservan son totalmente opuestos a los de Goya. Beethoven se jactaba con frecuencia de haber faltado al respeto a este o a aquel príncipe y de haber forzado situaciones con importantes mecenas con los que más le hubiera valido llevarse bien.

—————— ARISTÓCRATAS PARALELOS —————— EN LAS VIDAS DE GOYA Y BEETHOVEN

Tanto Goya como Beethoven establecieron relaciones similares con familias aristocráticas que, como era habitual en la época, eran clientes de cada uno de ellos. En algunos casos, estos aristócratas, además de reconocer el extraordinario talento de los artistas, les brindaron una relación cercana a la amistad; en otros, simplemente les encargaron obras sin que la relación traspasara los límites del trato profesional. Pero, en la mayoría de las ocasiones, si hoy en día conocemos el nombre de muchos nobles de finales del siglo XVIII y principios del siglo XIX de España y Austria, es porque Goya les pintó un retrato o Beethoven les dedicó una obra.

En cualquier caso, por ser España y Austria sociedades muy parecidas, las familias aristocráticas de ambos países tenían comportamientos muy similares, incluso aunque no tuvieran conexiones entre sí. Por eso es tan interesante analizar cómo era la relación que Goya y Beethoven tuvieron con algunas de esas familias, ya que presentan curiosos paralelismos.

Beethoven fue bastante afortunado puesto que, casi desde los inicios de su llegada a Viena, pudo acceder a algunos de los nobles austriacos más influyentes de la época gracias a la mediación del conde Von Waldstein. Sin embargo, Goya tuvo que esperar a tener cierto reconocimiento profesional para aproximarse a la nobleza más influyente del momento.

El conde de Floridablanca y Gottfried van Swieten

Uno de los hombres más influyentes e importantes del reinado de Carlos III era José Moñino y Redondo, conde de Floridablanca. Llegar a él no era una tarea sencilla, pero conseguir su favor podía abrirle a uno todas las puertas del reino. Eso fue lo que Goya logró en abril de 1783, cuando recibió el encargo de pintar un retrato suyo. Sabiendo de la importancia de causarle una buena impresión, Goya se esmeró en complacer a su mecenas y lo retrató reflejando la atareada vida del ministro, quien no podía perder un solo minuto y se acababa de levantar de su mesa de trabajo para examinar con sus gafas el lienzo que Goya le presentaba. Alrededor de ellos se ven diversos objetos que dan muestra de la amplitud de intereses y ocupaciones de Floridablanca: un libro abierto en el suelo y planos del Canal de Aragón apoyados en la pata de la mesa, sobre la cual un reloj nos recuerda el valor del tiempo y la importancia de no distraer al ministro de sus obligaciones, siempre supervisadas por Carlos III, cuya efigie aparece en un retrato presidiendo la escena.

Aunque Goya quedó particularmente satisfecho con el resultado, el reconocimiento profesional que esperaba tras realizarlo tardó varios meses. Finalmente, recibió el premio a su esfuerzo y Floridablanca lo puso en contacto con el infante don Luis, hermano del rey Carlos III, para quien pintó un gran número de retratos y el cual le facilitó otros muchos contactos. Además, el conde de Floridablanca seleccionó a Goya entre los pintores que debían decorar la iglesia de San Francisco el Grande y en 1789 fue también el encargado de comunicarle a Goya que había sido nombrado pintor de cámara.

Este contacto de Goya con el conde de Floridablanca es una muestra de que el pintor sabía no solo a quién tenía que complacer en la corte, sino además cómo debía hacerlo para lograr mantenerse en ella y prosperar. ¡Qué bien le hubiera venido a Beethoven poseer la décima parte de esa habilidad de Goya!

Por su parte, cuando el joven Beethoven llevaba poco tiempo instalado en Viena, en diciembre de 1794, recibió una invitación de Gottfried Freiherr van Swieten, un diplomático y bibliotecario de la corte de Viena, para ir a su casa y en la que le decía que no olvidara el gorro de dormir.[8]

Gottfried van Swieten era el hijo de un médico que la emperatriz María Teresa había hecho venir desde Holanda no solo para que fuera su médico privado, sino también para impulsar una renovación en los planes de salud de la ciudad de Viena. Su trabajo fue tan espléndido que la emperatriz lo nombró barón.

Swieten era un gran aficionado musical y fue impulsor de la recuperación del repertorio «antiguo», que en ese momento se refería sobre todo a compositores recientemente fallecidos. Además de apoyar a Beethoven, Swieten fue también mecenas de Mozart y de Haydn, para cuyos oratorios *La Creación* y *Las Estaciones* escribió además los libretos. En el momento en el que Beethoven y Swieten coincidieron, el barón tenía ya sesenta años.

Es más que probable que su ascendencia flamenca aumentara la empatía entre ambos y que el barón Gottfried van Swieten reconociese el extraordinario talento musical de Beethoven, al que abrió las puertas de diversos palacios en Viena, por lo que Beethoven le dedicó su primera sinfonía en do mayor. Hasta esa fecha, el uso de la armonía, es decir, de los acordes, estaba bastante bien delimitado por la teoría musical, y lo tradicional hubiera sido que el primer acorde de la sinfonía hubiese sido precisamente el de do mayor. Pero Beethoven hace algo muy distinto: comienza con cuatro acordes a modo de pregunta, primero en fa mayor, luego introduce una cadencia rota en la menor y, finalmente, nos presenta un triunfal do mayor en el compás 4. Es cierto que no nos hace esperar mucho, solo cuatro compases, es decir, apenas unos segundos, pero sí lo suficiente para que esta muestra de la audacia compositiva de Beethoven indignara a los críticos más conservadores. Con todo, la *Primera Sinfonía* de Beethoven pronto fue una de las obras favoritas del público vienés.

La duquesa de Alba de Tormes y la princesa Bárbara Odescalchi

La Casa de Alba de Tormes, habitualmente abreviado como Casa de Alba, siempre ha tenido una importancia mayúscula en la corte y en la sociedad. En la época de Goya, el ducado de Alba lo ostentaba doña María Pilar Teresa Cayetana de Silva y Álvarez de Toledo.

La duquesa de Alba fue una de las figuras más llamativas de la corte española en los últimos años del siglo XVIII y también una de las principales clientas y protectoras de Goya. La relación entre ambos se prolongó durante toda la vida de ella y ha sido objeto de muchas especulaciones, llegándose a afirmar que existió una relación amorosa entre ambos.

Caer en desgracia

Caer en desgracia en la corte era posible por las intrigas políticas que rodeaban al poder. Cuando un noble caía en desgracia, perdía la confianza, la cercanía y la capacidad de influencia en los asuntos de gobierno, lo que afectaba no solo a su reputación, sino a la posibilidad de hacer negocios.

La duquesa de Alba y su marido, el marqués de Villafranca, cayeron en desgracia en la corte de Carlos IV en 1799 a raíz de intrigas políticas que los relacionaban con un intento de ataque al rey por parte del capitán de la Armada Alejandro Malaspina.

¿Qué ha propiciado que se creara esta leyenda de amor entre los dos? Para empezar, la duquesa era una mujer tan atractiva que inspiraba deseos en los hombres y celos en las mujeres, incluida la reina.[9] Es más, su belleza y gracia marcaban la moda en la corte, y era, además, conocida por su bondad y generosidad: ayudaba al pueblo cuando este lo necesitaba, regalando trigo en épocas de escasez, por ejemplo.[10]

Existen muchos datos que relacionan a Goya y la duquesa. Algunos son ciertos, otros son casuales y otros son errores o invenciones. Veamos a continuación cuáles son responsables de tantas habladurías.

A lo largo de su vida, Goya realizó un gran número de retratos de la duquesa. Los dos más imponentes los hizo en 1795 y en 1797, aunque también hay dibujos y lienzos de pequeño tamaño en los que Goya muestra a la duquesa en distintas situaciones de su vida cotidiana, como, por ejemplo, asustando a su sirvienta o sosteniendo en brazos a su hija adoptiva. La representación de la intimidad de la duquesa en algunas de ellas evidencia la cercanía que ambos tenían. En el retrato pintado por Goya en 1797, la duquesa aparece vestida de negro y señala el suelo, donde hay una inscripción que reza: «Solo Goya».

Otro dato que se ha querido utilizar como prueba de su amor es que, entre la larga lista de sirvientes a los que la duquesa de Alba les dejaba algo en herencia en su testamento, también se incluía una pensión vitalicia para Javier, el hijo de Goya. Este hecho no se ha tomado como una muestra de aprecio de la duquesa por el pintor, sino que se ha presentado como prueba irrefutable de un evidente amor entre ambos.

Por si acaso todos estos datos, que son reales y ciertos, fueran pocos, hay que añadir alguna información adicional que se había dado por correcta, pero que ha demostrado ser falsa. Resulta que Goya viajó a Andalucía en 1792, allí cayó gravemente enfermo y le quedó como secuela permanente su conocida sordera. A raíz de un error de transcripción de un documento, durante décadas se pensó que Goya se había ido a Andalucía sin contar con la «licencia preceptiva para los empleados de la Real Casa»,[11] así que se asumió que ese viaje había sido clandestino y que, por supuesto, el motivo del secreto del desplazamiento no era realizar visitas culturales y artísticas, sino encontrarse con la duquesa de Alba en su residencia de Sanlúcar de Barrameda, con quien en realidad no tuvo contacto alguno mientras estuvo convaleciente.

Otra cuestión que ha llevado a error la han provocado los anillos e inscripciones que la duquesa lleva en ese gran retrato de 1797 y en los que pone «Goya» y «Alba». Durante años también se creyó que dichas inscripciones escondían el mensaje oculto de un amor prohibido, cuando en realidad los dos anillos fueron añadidos con posterioridad a la realización del cuadro e incluso al fallecimiento de Goya.[12]

Metamos toda esta información —correcta e incorrecta— en una coctelera, añadamos el gusto de la sociedad por desarrollar teorías conspirativas y acrecentar rumores de romance, y el resultado que obtendremos de esta mezcla explosiva no podrá ser otro que el de afirmar que Goya y la duquesa de Alba vivieron una intensa historia de amor. Lástima que sean rumores infundados y que todos estén ya desmentidos.

No obstante, sí es cierto que Goya tuvo acceso al ámbito privado de la duquesa. Este nivel de cercanía e intimidad se puede encontrar también en alguna de las relaciones de Beethoven con sus alumnas, todas pertenecientes a la alta sociedad vienesa. Una de ellas, la condesa Ana Luisa Bárbara von Keglević, condesa de Odescalchi tras casarse, a quien llamaban «Babette», recordaría años después que Beethoven, vecino suyo, iba a darle las lecciones de piano en ropa de estar en casa y zapatillas.[13] Maestro y alumna compartían un sentimiento de afecto mutuo que, probablemente debido a la diferencia de edad y de clase social, nunca pasó de la cordialidad. Beethoven le dedicó, eso sí, varias obras para piano a su alumna. Entre ellas, destacan el *Primer concierto para piano y orquesta* Op. 15 y la primera de sus grandes sonatas para piano solo, la *Sonata* Opus 7, compuesta precisamente en 1797, en los mismos años en los que Goya pintaba el segundo gran retrato de la duquesa de Alba.

El marqués de Villafranca del Bierzo y el príncipe Razumovski

Si hablamos de la duquesa de Alba, debemos hacerlo también del que fue su marido, el XI marqués de Villafranca del Bierzo. Conocido por su afición musical, el marqués era un excelente intérprete de viola[14] que se reunía incluso con el rey Carlos IV, aficionado al violín, y su hermano el infante don Gabriel, excelente clavecinista. Su amor por la música era tal que estuvo en contacto con el compositor austriaco y profesor de Beethoven, Joseph Haydn, del que consiguió algunas partituras y al que realizó varios encargos.

En el retrato que de él se conserva en el Museo del Prado, el marqués precisamente sostiene una partitura de Haydn en la mano, cuyo título no se llega a leer con claridad. Como dato curioso de paralelismo entre Goya y Beethoven nos encontramos con que, en el año en el que el pintor realiza este retrato (1795), Beethoven estaba justamente estudiando composición con Haydn en Viena.

Aficionado a las artes en general y a la música en particular, el marqués de Villafranca cumple el perfil de aristócrata ilustrado que gusta de rodearse de otros intelectuales y artistas, a quienes encarga composiciones musicales y cuadros. Estas mismas características las podemos encontrar también en varios de los aristócratas con los que se relaciona Beethoven casi en clave de amistad, como fue el príncipe Razumovski.

Andréi Kirílovich Razumovski era el embajador de Rusia en Viena. Procedente de una acaudalada familia ucraniana, recibió formación diplomática, en idiomas, leyes y artes en Estrasburgo.[15] Tras vivir y trabajar como embajador en varias ciudades europeas, se instaló en Viena en

> ### Casa de los marqueses de Villafranca del Bierzo
>
> La familia de los marqueses de Villafranca era amplia y poderosa, y por eso Goya retrató a varios de sus miembros. Además de este famoso retrato del marqués, Goya inmortalizó a su madre, María Antonia Gonzaga, viuda del X marqués de Villafranca, y también a Francisco de Borja con su esposa, hermano del marqués, que asumió el título del marquesado cuando este murió poco después de que Goya pintara su retrato.

1801, donde fue bien conocido por su extraordinaria pasión por las artes y también por las mujeres, lo que lo convirtió en uno de los personajes más singulares y extravagantes de la Viena de principios del siglo XIX. Aunque sus encantos no eran evidentes a primera vista, sus exquisitos modales probablemente fueron los responsables de cosecharle grandes éxitos en sus conquistas amorosas. Además, se casó con una importante aristócrata vienesa: Isabel von Thun, cuñada del príncipe Lichnowsky, otro de los mecenas de Beethoven. Como otros muchos aristócratas, Razumovski era un violinista de talento, cuyo nivel interpretativo estaba muy por encima del de un simple aficionado. De hecho, había recibido indicaciones del propio Haydn para tocar sus cuartetos de cuerda. Además, esta habilidad musical le permitía participar como segundo violín en muchas interpretaciones privadas de las veladas musicales vienesas. Contrató a su servicio de forma estable a un cuarteto de cuerda, encabezado por el violinista Ignaz Schuppanzigh, amigo de Beethoven, de quien ya hemos hablado en el capítulo 6. Gracias a los lazos familiares que unían al conde Razumovski con el príncipe Lichnowsky, pronto conoció a Beethoven, a quien le encargó tres cuartetos de cuerda, los Opus 59. Los cuartetos debían contener alguna melodía rusa y fueron dedicados al propio Razumovski. La relación de Beethoven con este mecenas fue mucho menos tempestuosa que con otros y la simpatía mutua era evidente. Al igual que ocurrió con otros cuartetos de cuerda de Beethoven, estos tres también tuvieron una mala acogida por parte del público e incluso los intérpretes encargados de su estreno se echaron a reír la primera vez que tocaron alguno de sus movimientos, porque el segundo movimiento del primero de los cuartetos comienza con una misma nota repetida quince veces, lo que era inaudito.

Razumovski fue un gran coleccionista de arte y se construyó un opulento palacio a las afueras de Viena que llenó de objetos de lujo. Lamentablemente este palacio se incendió accidentalmente en la noche de Fin de Año de 1814, cuando el príncipe daba una fiesta para más de setecientos asistentes, de los cuales el zar Alejandro era el invitado de honor. En su lucha contra el fuego, el príncipe Razumovski se dañó la vista y lo que fue peor: su espíritu se partió en mil pedazos. Lo encontraron a la mañana siguiente, al amanecer, vagando entre las ruinas de lo que quedaba de su espléndido palacio. Tras el incendio siguió viviendo durante un tiempo en Viena, pero lo hizo recluido. Arruinado y anímicamente aniquilado, hizo lo posible por mantener su cuarteto de cuerda, pero pronto tuvo que prescindir también de él. El zar Alejandro prometió ayudarlo a reconstruir su palacio, pero no cumplió su palabra porque sospechaba que Razumovski había apoyado pasivamente el asesinato de su padre, el zar Pablo. Así, al igual que le había ocurrido al marqués de Villafranca quince años antes, el príncipe Razumovski también cayó en desgracia además de en la ruina.

Los duques de Osuna y el príncipe Karl Lichnowsky

Con mucha diferencia, los duques con los que Goya tuvo más contacto a lo largo de su vida fueron los de Osuna. El IX, don Pedro de Alcántara Téllez Girón y Pacheco (1755-1807), su esposa, doña María Josefa Pimentel y Téllez-Girón (1752-1834), y el hijo de ambos, el X duque de Osuna, don Francisco de Borja Téllez-Girón y Pimentel (1785-1820).

Su mecenazgo se prolongó durante varias décadas en las que Goya retrató a la familia al completo y también a muchos de sus miembros de forma independiente. Los duques de Osuna demostraban constantemente su alta alcurnia y también que estaban al día con las modas europeas. Uno de los ejemplos más claros de ello lo encontramos en el retrato de la familia de los duques de Osuna que se conserva en el Museo del Prado. Este tipo de retratos familiares no eran muy habituales en España en ese momento y es más que posible que los duques se lo encargaran a Goya precisamente por haber visto retratos así en Francia o en Inglaterra.

Además de pintar a toda la familia reunida, Goya también retrató a varios de los hijos de los duques en cuadros individuales. Es el caso del décimo duque, *Francisco de Borja Téllez-Girón, X duque de Osuna*, realizado en 1816, o los de las hermanas de este décimo duque: la hija mayor, X marquesa de la Santa Cruz, retrato del que hablaremos más adelante, y la hija menor, *Manuela Girón y Pimentel, duquesa de Abrantes*, pintado en 1816, con un vestido azul de estilo imperio y una corona de flores. En su mano derecha, la duquesa sujeta una partitura de la que solo se reconocen algunos signos musicales sin un sentido y en dicho papel Goya aprovecha para insertar el título del retrato, su firma y la fecha. Este fue el último retrato que Goya pintó de una dama de la aristocracia. Ambas aparecen representadas con atributos musicales, en este caso, con una partitura y en el de su hermana, con una lira-guitarra entre sus manos.

En su llegada a Viena, Beethoven encontró en el príncipe Karl Lichnowsky a uno de sus principales benefactores. El príncipe, cuya profunda pasión por la música lo llevaba a destinar una significativa parte de su riqueza a este arte, organizaba cada viernes junto con su esposa una velada musical a la que asistía lo más granado de la sociedad vienesa y donde las interpretaciones musicales eran de máximo nivel. Su mujer, Christiane, destacaba como una de las mejores pianistas aficionadas de Viena; no en vano, tanto ella como el hermano del príncipe, Moritz Lichnowsky, habían sido alumnos de Mozart. A pesar de que con mucha frecuencia Beethoven era muy maleducado con ellos, recibió de esta familia un apoyo incondicional.

Era corriente que en las familias aristocráticas los lazos familiares los vincularan con otras influyentes familias nobles, y el matrimonio Lichnowsky no era una excepción. Así, Christiane era prima del conde Von Waldstein, un importante y recurrente personaje en la vida de Beethoven. Además, la hermana de Christiane estaba casada con el conde Razumovski, embajador ruso en Viena, que, como acabamos de ver, se convirtió en un mecenas crucial en la vida de Beethoven.

La relación de la familia Lichnowsky con Beethoven fue durante muchos años muy fructífera y, desde un punto de vista artístico, representaba una conexión perfecta. No obstante, tanto Beethoven como el príncipe Lichnowsky tenían un carácter muy difícil, ya que los dos eran muy autoritarios y exigentes. Como era de esperar del encuentro de dos personalidades tan fuertes, ambos discutieron en diversas ocasiones, hasta que unos años después, en 1806, llegaron a una ruptura definitiva.

La buena intención del matrimonio Lichnowsky, que deseaba agasajar al compositor, agobiaba a Beethoven y tanto sus quejas como sus reacciones nos permiten hacernos una idea de lo difícil que era tratar con él y tenerlo contento. Por ejemplo, Beethoven tenía una invitación permanente para comer en el palacio de los príncipes a las cuatro de la tarde. Lejos de sentirse halagado, respetado y admirado, el compositor se lamentaba de que dicha invitación lo obligaba a vestirse con las mejores ropas y a afeitarse correctamente a diario a la misma hora, lo que en realidad nos da una muestra de su desaliño y habitual falta de higiene.

Otro ejemplo de su curiosa insatisfacción lo encontramos en el hecho de que el príncipe había dispuesto que, si Beethoven y él requerían a un sirviente al mismo tiempo, se atendiera primero al maestro. Al parecer, esto tampoco le agradó y se procuró un sirviente por su cuenta.[16] Pero la discusión más sonada que ambos mantuvieron, la que llevó a Lichnowsky a expulsar a Beethoven de su círculo de protegidos, sin duda alguna fue la que tuvo lugar en 1806, cuando Beethoven se negó a tocar ante los invitados del príncipe. El compositor se encerró en una habitación y agarró una silla para lanzársela al príncipe en cuanto este derribara la puerta. Finalmente, Beethoven escapó por una ventana y le mandó una nota al príncipe que decía: «Príncipe, lo que vos sois lo sois por el azar del nacimiento. Lo que yo soy lo soy por mí mismo. Príncipes los hay y los habrá todavía a millares. No hay más que un Beethoven».[17] A pesar de la discusión con el príncipe Karl, su hermano Moritz Lichnowsky permaneció al lado del compositor hasta el final de su vida y procuró ayudarlo en varias ocasiones.[18]

Antes de esta pelea definitiva, Beethoven le había dedicado al príncipe Lichnowsky un gran número de obras. De hecho, como ya vimos en el capítulo 4, la primera obra de Beethoven que se publicó con número de opus, es decir, con la clara voluntad del compositor de que el mundo debía conocerla, fueron los tres tríos para violín, violonchelo y piano Op. 1 dedicados al príncipe Lichnowsky, quien no solo pagó su publicación en la editorial Artaria, sino que compró cincuenta copias de las doscientas cuarenta y nueve que se editaron, y de ellas conservó veinte para sí mismo. Esta acción demuestra el apoyo incondicional que el príncipe brindó a un joven Beethoven que estaba abriéndose camino en Viena.

En estos tres tríos, todos los instrumentos cuentan con un protagonismo repartido y se entablan conversaciones entre el piano, el violín y el violonchelo, lo cual era posible gracias a que las características constructivas de los pianos de esa época ya les empezaban a permitir sonar sin el apoyo de tener otros instrumentos duplicando la música que estaban tocando, como sí ocurría unos años atrás, en los tríos compuestos por Haydn. Además de los tríos para violín, violonchelo y piano Op. 1, Beethoven le dedicó al príncipe Lichnowsky otras obras, como su *Segunda Sinfonía*

Op. 36 o su Sonata para piano Op. 13 *Patética*, cuyo título sí es original del compositor.

El príncipe de la Paz, Manuel Godoy, y los príncipes Ferdinand Johann Nepomuk Kinsky y Joseph Franz von Lobkowicz

Si pudiéramos visitar el palacio de Manuel Godoy en 1808, encontraríamos algunas de las más extraordinarias joyas de la historia del arte, como son, por ejemplo, la *Venus del espejo*, de Velázquez, regalada a Godoy por la duquesa de Alba y hoy conservada en la National Gallery de Londres; las dos *Majas* de Goya, hoy en el Museo del Prado, y *El sueño del caballero,* de Antonio de Pereda, hoy en la Real Academia de Bellas Artes de San Fernando.

Manuel Godoy, mano derecha de Carlos IV y el hombre más poderoso de la España de su tiempo, gozó de un refinadísimo gusto en las artes, como demuestra la magnífica colección que reunió a lo largo de su vida. De todos los pintores vivos, Goya fue su favorito. Llegó a tener un total de veintiséis pinturas suyas.[19]

Incluso hoy en día resulta imposible separar la vida de Godoy de su imagen pública, y la falsa leyenda, ampliamente difundida, de que era el amante de la reina María Luisa permanece vigente en el imaginario popular.

Pero ¿cómo fue realmente la vida de Godoy y qué hay de cierto en todos los rumores que lo acompañan doscientos años después? Tras el estallido de la Revolución francesa, el rey Carlos IV estaba bastante asustado por el avance de las ideas revolucionarias y quiso protegerse para que su reinado (y su cabeza) no peligrara en España. Con ese objetivo, decidió emprender algunos cambios en su gobierno que pudieran demostrar al pueblo que la monarquía española se estaba renovando y adoptando ideas más modernas e innovadoras, fuera cierto o no. Para ello, renovó algunos cargos de su gobierno, y ahí comenzó la fulgurante carrera política del que hasta ese momento había sido solo un simple miembro de la Guardia Real: Manuel Godoy y Álvarez. En menos de un año, fue ascendido primero a ayudante general y brigadier de los Reales Ejércitos, después a portar la llave de la cámara del rey y a ser teniente general del Ejército.[20] Pero a lo largo de su vida, acumuló títulos y favores reales sin precedentes: fue nombrado duque de Alcudia, príncipe de la Paz, generalísimo del Ejército de Tierra y de Mar, gran almirante de España e Indias, protector del Comercio Marítimo y conde de Castillofiel, entre otros.

Es cierto que Godoy no fue un hombre perfecto ni un político escrupulosamente honrado, pero sí luchó por impulsar la Ilustración y por reforzar a la monarquía frente a la Iglesia y la alta nobleza, tratando en todo momento de sujetar todos los brotes revolucionarios y alineándose con Francia con el objetivo de mantener la integridad de las fronteras españolas.[21] Godoy impulsó muchas políticas ilustradas que llegaron en mal momento, o que no pudieron implantarse por completo o que fueron tremendamente impopulares, como el impuesto al vino o la prohibición de las corridas de toros en 1805.[22] Además, esta implantación reformista ilustrada fue aplicada desde la autoridad, y cualquier intento de alterar el orden fue aplastado con la máxima dureza, ya que los gobernantes españoles no estaban dispuestos a correr ningún riesgo de perder el control del pueblo, especialmente después de la experiencia del motín de Esquilache en 1766 y de la propia Revolución francesa de 1789.

Con todas estas medidas, tal vez Godoy conquistara el favor real, pero se ganaba el desprecio del pueblo, de la nobleza y del clero, que vieron limitados algunos de sus privilegios por decisión suya. Así se labró su mala reputación. Como suele ocurrir, el pueblo asumió que todo el poder y el reconocimiento otorgado a Godoy le llegaba sin duda alguna por ser amante de la reina y porque Carlos IV era un rey incapaz. La población veía en él a un ser ambicioso e insaciable que había logrado todo gracias a sus favores a la reina, un bulo que ha perdurado hasta el presente. Igualmente, se inventaron todo tipo de coplillas para insultar tanto a Godoy como a la reina, cuyo poder y capacidad de gobierno también eran fuer-

temente criticados. Sin duda, las coplas que alcanzaron mayor fama
fueron las «seguidillas del ajipedobes», cuyos versos afirmaban que
Godoy le daba ajipedobes a la reina, término que, dicho al revés,
significa 'sebodepija'.[23]

La figura de Godoy solo ha sido parcialmente restituida al lugar
de la historia que merece tras dos siglos de críticas, muchas sin fundamento, gracias al trabajo del historiador Emilio La Parra. Aun así,
es cierto que Godoy, pese a su fidelidad con el Estado español y de
su visión reformista de la sociedad, no tuvo una vida ejemplar. Se
casó en un matrimonio concertado con María Teresa de Borbón y
Vallabriga, hija del infante don Luis y prima de Carlos IV, que reci-
biría unos años más tarde el condado de Chinchón de manos de su
hermano, el infante don Luis de Borbón y Vallabriga. Este matrimonio no impidió que Godoy continuase su relación con su amante, Pepita Tudó. Prueba del poder de Godoy en la corte la encontramos en que no tuvo el más mínimo problema de presentarse en
una cena oficial con ambas mujeres a su lado (su mujer y su amante), provocando una incomodidad extrema en Jovellanos, que lo relató absolutamente escandalizado en su diario.

En la noche del 18 al 19 de marzo de 1808 tuvo lugar el motín de Aranjuez en el que la residencia de Godoy fue asaltada y él
fue apaleado y apresado. Permaneció en prisión hasta el 21 de
abril, cuando el comandante francés Joachim Murat lo dejó en libertad. Godoy huyó inmediatamente a Francia y posteriormente
a Italia, acompañado por Pepita Tudó, los dos hijos de ambos y la
hija que había tenido con su mujer, la condesa de Chinchón, a
quien sí dejó en España. En enero de 1829, tras el fallecimiento de
su esposa en noviembre de 1828, Godoy se casó rápidamente con
Pepita Tudó.[24]

Goya pintó un gran número de retratos de Godoy. Algunos se
han perdido, probablemente pasto de la furia del pueblo español,
que en marzo de 1808 se lanzó a las calles a destruir cuantas imágenes del protegido encontró a su paso. Otros retratos de Godoy
también han desaparecido y no por haber caído en manos de la tur-

ba, sino porque el propio pintor reaprovechó el lienzo. Parece el caso del retrato que Goya había pintado de Godoy en 1795 y que utilizó para realizar cinco años después el célebre retrato de la que era su esposa, María Teresa de Borbón y Vallabriga, cuando esta estaba embarazada de tres meses y del que hablaremos a continuación.

Entre los cuadros que sí se conservan está uno dedicado a conmemorar los éxitos militares de Godoy. Se trata de un innovador retrato en formato horizontal, en lugar de vertical, en el que el valido no aparece a caballo, como era costumbre, sino recostado, con una carta en la mano, el sable a un lado y dos estandartes del ejército portugués, rendido ante el general.

Otros encargos que Goya recibe de Godoy son bien conocidos: los tondos *El Comercio, La Agricultura, La Industria* y *La Ciencia* como símbolo del progreso y la prosperidad de España, realizados en los primeros años del siglo XIX y las dos *Majas*, pintadas entre 1795 y 1807.

En 1808, tras el motín de Aranjuez, se incautaron todos los bienes a Manuel Godoy y en los años siguientes se inventariaron, lo que hoy nos permite conocer qué pinturas adornaban las paredes de su residencia y qué nombres fueron recibiendo. Por ejemplo, ya fueran vestidas o desnudas, las conocidas como *Majas* fueron inicialmente catalogadas como «gitanas», probablemente por la indumentaria de la vestida. En un inventario posterior, de 1813, se menciona una «Venus vestida», y en el siguiente se hace referencia a «una mujer vestida de maja». Esa fue la primera vez que se les dio el nombre de majas. Poco después, el tribunal de la Inquisición reclamó ambas pinturas por considerarlas demasiado obscenas.

Probablemente porque un cuadro de un desnudo invita a dejar volar la imaginación, porque al pueblo le parece muy suculento inventar romances e intrigas o simplemente porque se estima que *La maja vestida* se pintó con posterioridad a *La maja desnuda*. Alrededor de las dos se han elaborado todo tipo de locas teorías. Por ejemplo, se ha dicho que *La maja desnuda* estaba en el reverso de *La maja vestida*; que había un complejo sistema con el que la vestida tapaba a la desnuda, o que la modelo de la desnuda era alguna mujer en particular a quien Goya habría modificado el rostro para que no fuera reconocible. Por supuesto, con respecto a su identidad también se ha especulado y se han manejado dos posibilidades bastante controvertidas: hay quien ha afirmado que se trataba de la duquesa de Alba y otras personas han asegurado que en realidad se trataba de Pepita Tudó, la amante de Godoy. Sin embargo, al igual que ha ocurrido con muchas leyendas en torno a Goya, por muy atractivas que todas estas hipótesis puedan ser, la realidad de la realización de estas pinturas no es tan escandalosa: por el acabado de la pintura, la postura de la maja sobre el diván y la posición de los pechos, todo parece indicar que el pintor hizo el retrato de memoria y no frente a una modelo. Además, en la reciente radiografía realizada por el Museo del Prado, no se han detectado ni repintes ni enmiendas en la zona de su cabeza, lo que demuestra que la pintura se realizó de una sola vez.

En cualquier caso, mientras discutimos sobre la identidad de la retratada y si fue un retrato hecho de memoria o con una modelo, nos pasa desapercibido que *La maja desnuda* es el primer desnudo no mitológico de la historia del arte. Y lo pintó Goya.

También en 1808, tan solo unos meses después de que Godoy huyera a su exilio, fue cuando Beethoven recibió la oferta de convertirse en maestro de capilla en la corte de Westfalia y cuando la rechazó tras firmar un contrato con cláusula de permanencia con tres nobles afincados en Viena. Uno de ellos, el que más sorprende que firmara el contrato y el más generoso de los tres, fue el joven Ferdinand Johann Nepomuk Kinsky, un oficial del ejército austriaco que en ese momento tenía veintisiete años.

Aparte de que Kinsky era el cuñado de otro de los firmantes, Lobkowicz, poco se sabe de su relación con Beethoven. De hecho, la primera prueba de que ambos se conocían es el propio contrato. Además, tampoco se tenía constancia ni de que fuera un mecenas musical ni de que le interesase la música lo más mínimo. Probablemente por eso, Kinsky abandonó Viena para combatir contra los franceses y olvidó por completo pagar su anualidad a Beethoven.[25] En 1811 la devaluación de la moneda austriaca y la ausencia de los pagos de Kinsky y Lobkowicz llevaron a Beethoven a una desesperada situación económica que le afectó también a la salud. En esa fecha su médico, el italiano Malfatti, le ordenó tomar baños termales y descansar de su trabajo. Lo primero lo hizo en Teplice, lo segundo no se lo podía permitir: necesitaba dinero y su única fuente económica en ese momento eran los encargos, de modo que siguió componiendo. Aprovechó la visita a Teplice para entrevistarse con Kinsky, quien también se encontraba allí, y reclamarle los pagos, así como una actualización de las cantidades de forma que se ajustaran a la nueva situación de inflación. La negociación no fue sencilla, pero sí resultó bastante exitosa. Kinsky pagó las anualidades atrasadas, actualizó la cantidad para adecuarse a la inflación y además le adelantó 600 florines de la anualidad siguiente. En agradecimiento, Beethoven le dedicó su *Misa en do mayor*, que había terminado hacía poco tiempo.

Lamentablemente, un año después, en noviembre de 1812 el príncipe Kinsky, que había sobrevivido a innumerables batallas en el frente, sufrió un desafortunado accidente al caer de su caballo y murió a consecuencia de las heridas, lo que nuevamente dejó a Beethoven sin su parte de la paga. El compositor, que ya llevaba varios años viviendo duras penurias económicas, no tardó ni dos meses en escribir a su viuda para conseguir que los pagos no se interrumpieran de nuevo. Sin embargo, como ya le había ocurrido con el propio príncipe, los herederos de Kinsky se resistieron a pagar y Beethoven no volvió a recibir dinero de esa familia hasta enero de 1814.

Otro de los mecenas firmantes del contrato era el príncipe Joseph Franz von Lobkowicz, uno de los nobles de mayor afición musical de toda Viena, cuyo palacio estaba a disposición de compositores y músicos. De hecho, fue uno de los últimos príncipes vieneses con una orquesta fija a su servicio que se llevaba de viaje a sus distintas residencias.[26] Al príncipe Lobkowicz Beethoven le dedicó algunas de sus obras más emblemáticas, como *el Triple concierto* Op. 56, los seis Cuartetos de cuerda Op. 18, el ciclo de canciones *An die ferne Geliebte* Op. 98 (*A la amada lejana*) y tres de sus sinfonías más importantes: la *Tercera*, llamada *Heroica* e inicialmente escrita para Napoleón; la célebre *Quinta*, y la *Sexta Sinfonía*, titulada por el propio Beethoven *Pastoral*. Estas dos últimas se las dedicó tanto a Lobkowicz como a Razumovski. De hecho, fue en el palacio del príncipe Lobkowicz donde se estrenaron buena parte de las obras de Beethoven.

Durante algún tiempo, los tres mecenas pagaron a Beethoven su pensión anual, pero la devaluación de la moneda encontró al príncipe Lobkowicz al borde de la bancarrota, en gran parte por las enormes cantidades de dinero que había destinado a su afición favorita, la música. Por ese motivo, Lobkowicz fue el primero en dejar de pagar su parte de la pensión en 1810 y no retomó los pagos hasta 1814. Por suerte para Beethoven, cuando el príncipe falleció en 1816, sus herederos mantuvieron los pagos al compositor.

La *Quinta Sinfonía* es sin duda alguna la obra más famosa de la historia. No hay prácticamente un solo ser humano en la sociedad occidental que no haya oído al menos su inicio, con esa melodía formada por cuatro notas (tres de ellas repetidas: sol-sol-sol-mi) y que, como ya se ha explicado en el capítulo 5, según una de las leyendas romantizadas de Beethoven, era el destino llamando a la puerta. Lo cierto es que a lo largo de su sólida estructura el ritmo del principio subyace como un motor repetitivo que le aporta unidad a toda la obra. En ese ritmo reside su fortaleza y probablemente sea responsable del extraordinario éxito del que sigue gozando en la actualidad.

María Teresa de Borbón y Vallabriga, condesa de Chinchón, y la condesa Anne Marie Erdödy

La condesa de Chinchón tuvo una desgraciada vida marcada por las decisiones que sobre ella tomaron todos los hombres poderosos que tuvo a su alrededor. Era hija del infante don Luis de Borbón y

Farnesio, conde de Chinchón. Por lo tanto, era nieta de Felipe V, sobrina de Carlos III y prima hermana de Carlos IV. Su madre, María Teresa de Vallabriga y Rozas Español y Drummond, pertenecía a la nobleza pero no a la realeza, lo que convertiría al matrimonio con su padre en desigual.

Cuando el padre de la que sería la condesa de Chinchón, el infante don Luis, colgó los hábitos para poder llevar una vida más relajada —ya que había sido obligado a tomar la carrera eclesiástica—, Carlos III se asustó ante la posibilidad de que la descendencia de su hermano pudiera truncar la sucesión al trono de sus propios hijos. Por eso, un par de meses antes de que el infante se casara con Teresa de Vallabriga y Rozas, Carlos III promulgó la Pragmática Sanción que básicamente significaba que los herederos debían contraer matrimonio con iguales y que, de lo contrario, perderían todos sus derechos dinásticos. Así ocurrió con los tres hijos del infante don Luis, quienes no pudieron llevar el apellido Borbón ni hacer uso de sus títulos y distinciones hasta que Carlos IV revirtió la situación en 1797.

María Teresa nació el 26 de noviembre de 1780 en Velada, provincia de Toledo. Cuando tenía solo cuatro años, falleció su padre. En ese momento, Carlos III decidió asegurarse todavía mejor la sucesión al trono del futuro Carlos IV enviando a los tres hijos del infante a cargo del arzobispo de Toledo, quien se ocupó de su educación en el convento cisterciense de San Clemente. En el caso de María Teresa, recibió en dicho convento la educación apropiada para niñas aristocráticas a lo largo de los siguientes catorce años. Esto incluyó aprendizaje musical, de idiomas y muchos actos piadosos, con poca diversión y ningún contacto con varones, excepto su propio hermano, a quien sí veía con frecuencia.[27] A la edad de dieciséis años, Carlos IV decidió que debía casarse con Godoy para acercar a su valido a la familia real.

A pesar de que la pareja tuvo algunos momentos de felicidad, siempre fue pasajera y en pocos años la relación estuvo completamente rota. De esta unión sin amor y sin pasión nació una única hija, Carlota Luisa, a quien Godoy siempre trató con cariño e ilusión y a quien se llevó a su exilio en 1808.

Goya pintó a la condesa de Chinchón en dos ocasiones. La primera de ellas, en 1783 en su palacio de Arenas de San Pedro, cuando tenía tres años. El segundo retrato que Goya realizó de ella fue en 1800, en un momento de absoluta felicidad, ya que, tras sufrir dos abortos, estaba embarazada de tres meses. Este lienzo se conserva en el Museo del Prado y se conoce como *La condesa de Chinchón*, aunque en el momento de pintarlo María Teresa todavía no había recibido ese título de manos de su hermano. El lienzo sobre el que está pintada fue reaprovechado por Goya en, al menos, dos ocasiones. Una radiografía reciente realizada por el Museo del Prado ha mostrado que bajo el retrato de la condesa hay uno de cuerpo entero del propio Godoy y que incluso debajo del de Godoy se identifica el retrato de otro hombre.

Cuando, tras el motín de Aranjuez, Godoy se exilió en Francia y luego en Italia, la condesa de Chinchón se marchó con su hermano, el arzobispo de Toledo, con quien permaneció hasta que este falleció en 1824. En ese momento, la condesa de Chinchón se fue a París, donde sufrió la constante vigilancia policial a la que se sometía a todos los exiliados españoles con algún tipo de relevancia social, como era su caso. Finalmente, la condesa murió en París en 1828, sufriendo las penurias económicas derivadas del secuestro de los bienes del que seguía siendo su marido, Manuel Godoy, lo que la obligó a vender buena parte de sus colecciones de arte.

Las tristes historias de los matrimonios concertados, que frecuentemente derivaban en vidas extremadamente infelices de sus protagonistas, solían afectar de una forma más significativa a las mujeres que a los hombres. No es solo el caso de la condesa de Chinchón, sino también el de la condesa húngara Anne Marie Erdödy, una de las múltiples mecenas que Beethoven encontró en la nobleza afincada en Viena.

Pianista de gran talento, Anne Marie Erdödy se había separado de su marido tras un infeliz matrimonio del que habían nacido tres hijos. De extraordinaria belleza y una situación económica completamente desahogada, la condesa Erdödy padecía una enfermedad que había inflamado uno de sus pies, lo que la obligaba a guardar cama con frecuencia y le impedía caminar con facilidad. En su casa se celebraban frecuentes veladas musicales en las que ella misma interpretaba composiciones de Beethoven. La información que existe sobre la condesa es un tanto confusa: mientras que algunas fuentes afirman que tenía un carácter animado y alegre, los informes policiales la describen como una «depravada», lo cual podía significar casi cualquier cosa, desde que hubiera criticado al gobierno a que consumiera opio, que era un calmante muy frecuente en la época.[28]

Fue en su apartamento de la Krügerstrasse donde Beethoven se instaló en el otoño de 1808 y donde terminó los dos Tríos para violín, violonchelo y piano Op. 70 que dedicó a la condesa. Y también fue durante su estancia en esa casa cuando Beethoven recibió la oferta de trabajar como maestro de capilla en la corte de Westfalia. Probablemente, por la cercanía que vivían Beethoven y la condesa Erdödy en ese momento, ella colaboró activamente en que se alcanzara un acuerdo con los tres nobles para retener a Beethoven en Viena. A pesar de esta proximidad, parece que entre ambos nunca hubo nada más que una íntima amistad. De hecho, Beethoven se refería a la condesa Erdödy como su «padre confesor».

Vivir cerca de Beethoven suponía estar en permanente riesgo de discusión con él y la condesa Erdödy no fue una excepción. En 1809 los dos amigos discutieron acaloradamente, por lo que el compositor abandonó la casa de la condesa para instalarse en el primer lugar que encontró, que resultó ser un piso encima de un escandaloso burdel. El motivo exacto de la disputa se desconoce, aunque está claro que tuvo que ver con el mal comportamiento de un criado de la condesa que trabajaba al servicio de Beethoven, pero cuyo salario la condesa complementaba sin que el compositor lo supiera. Cuando Beethoven se enteró de esta secreta ayuda económica, se sintió herido en lo más profundo de su orgullo y entró en cólera. Solomon, uno de los múltiples biógrafos de Beethoven, va mucho más allá y sugiere que el compositor en realidad sospechaba que la condesa no estaba pagando al sirviente para complementar su sueldo, sino por proporcionarle servicios sexuales.[29] Lo que queda en evidencia es que, tal y como era habitual en Beethoven, tras la tormenta de su mal carácter venía la calma bañada en disculpas y en chantajes emocionales. Por eso, le envió una carta dando largas explicaciones y justificando su comportamiento, a la vez que cerraba la misiva diciendo que sin contar con su perdón su dolor sería infinito.[30] A pesar de que recuperaron la amistad, no volvió a ser tan íntima como antes y Beethoven no volvió a vivir de nuevo con la condesa, pese a que ella lo invitó varias veces a pasar temporadas en su casa de campo.

Unos años después de la disputa y la reconciliación, el hermano de Beethoven escribió a la condesa Erdödy para pedirle que tuviera alguna muestra de cariño y cercanía con el compositor, quien estaba atravesando un periodo muy complicado porque la mayoría de sus amigos se estaban marchando de Viena o habían fallecido. En ese momento, la condesa le envió treinta y cuatro botellas de vino,[31] lo que probablemente animó a su viejo amigo.

El primero de los dos tríos que Beethoven le dedicó a la condesa es conocido como *Trío de los fantasmas* porque el tema principal del movimiento lento fue una melodía que Beethoven pensó utilizar para la escena de brujas del *Macbeth* sobre el que estaba trabajando en ese momento.

ARISTÓCRATAS COMUNES A GOYA Y BEETHOVEN

Aunque muchas monarquías europeas pertenecieron a linajes distintos, incluso rivales, lo cierto es que todas ellas favorecieron siempre las conexiones familiares con las cortes de otros países. ¿Cuál era el objetivo de conectarse con sus enemigos? ¿Por qué un rey buscaba casar a su hija con el hijo de un enemigo? La respuesta es muy sencilla: así se lograba fortalecer ambas dinastías, reducir la probabilidad de una guerra entre ambos países al tiempo que se aumentaba el ámbito de influencia y territorio. Por ese motivo, aunque en Austria y España había dinastías monárquicas distintas (los Habsburgo y los Borbones), los matrimonios las unían a pesar de su aparente rivalidad.

Además de las uniones de la realeza, también se daban lazos entre familias de la nobleza de naciones extranjeras, los matrimonios se consideraban una estrategia y en ningún caso se contemplaba el amor como motivo de un enlace. El objetivo de estas uniones era el de acumular poder y patrimonio, sin importar en absoluto las circunstancias en las que se encontraran los miembros de la pareja. Los matrimonios concertados eran una frecuente realidad que también afectó a la vida amorosa de nuestros protagonistas, especialmente a la de Beethoven.

Lo más curioso de estos vínculos entre familias aristocráticas españolas y austriacas es que propiciaron que Beethoven y Goya tuvieran un contacto muy estrecho con miembros de dos familias sin siquiera salir de sus ciudades de residencia: la del rey Carlos III y la de la poderosa estirpe Waldstein.

Conexión Waldstein

Los Waldstein eran una influyente familia austriaca, encabezada por Emanuel Philibert von Waldstein Wartenberg, consejero privado de los emperadores María Teresa y José II, y por la princesa de Lichtenstein, Mariana Teresa. Tuvieron once hijos, de los cuales uno tuvo contacto con Beethoven y otra, con Goya. En el caso de Beethoven, se trató del sexto de los hijos, el conde Ferdinand, nacido en 1762, mientras que en el de Goya, con la séptima hija, Mariana Fernanda, nacida en 1763.

El padre de la familia Waldstein falleció en 1775, cuando su hija Mariana tenía solo doce años. Tal vez por ese motivo, su madre la animó a casarse en 1780, con solo diecisiete años, con el aristócrata español José Joaquín de Silva y Bazán, IX marqués de la Santa Cruz de Mudela, quien era veintinueve años mayor que ella. Este marqués era una figura muy importante de la corte española, gentilhombre de Carlos III, mayordomo de la Casa Real y director perpetuo de la Real Academia Española.[32] Había enviudado dieciocho años antes, pero no se había vuelto a casar y de su matrimonio tenía un único hijo, su heredero. Sin embargo, en 1779 este hijo falleció a la edad de veintidós años, lo que obligó al marqués a buscar nueva descendencia. Por ello, emprendió un viaje europeo con el fin de encontrar a una joven casadera con quien poder satisfacer su deseo de tener un sucesor. El marqués y sus acompañantes llegaron a Viena en noviembre de 1780 y permanecieron en la ciudad imperial cinco meses, tiempo suficiente para conocer y casarse con Mariana Fernanda von Waldstein.

Como era de esperar para un enlace entre personas de este elevado nivel social, la boda fue un evento deslumbrante que tuvo lugar el 6 de abril de 1781 a las cinco de la tarde en el oratorio del palacio del nuncio apostólico en Viena. Antes del gran día, se habían leído las capitulaciones matrimoniales en el palacio del príncipe Francisco de Lichtenstein y la novia había recibido lujosos regalos y joyas por parte de su futuro esposo. Tras la ceremonia de enlace se celebró un gran banquete para treinta y cuatro selectos invitados en la residencia del embajador de España en Viena.[33]

Días después de la boda el matrimonio inició su viaje de regreso a España, durante el cual pasaron un mes en París, donde pudieron reunirse y celebrar banquetes en los palacios de diferentes aristócratas españoles, además de tener una audiencia privada con la reina María Antonieta, compatriota de Mariana. Comenzaba así la vida en la corte de la nueva marquesa de la Santa Cruz; una vida en la que no solo combinó su desarrollo artístico como pintora con su actividad como mecenas, sino que también estuvo jalonada de escándalos amorosos al mantener sonados romances extramatrimoniales.

Cumpliendo los deseos de tener descendencia de su marido, el marqués de la Santa Cruz, en los ocho primeros años de matrimonio, Mariana le dio tres hijos y una hija: José Gabriel, Juan Manuel, Mariana y Pedro de Alcántara. La marquesa de la Santa Cruz vivió rodeada de lujos y se movía en los círculos de las damas más distinguidas. Tal vez por eso y tal vez también por su gusto y desarrollo artístico se hizo retratar por el pintor más solicitado de la corte: Goya. De hecho, el pintor aragonés realizó varios retratos de la familia de los marqueses de la Santa Cruz.

El retrato que Goya le hizo a la marquesa entre 1797 y 1799 se conserva en el Museo del Louvre de París y en él aparece de cuerpo entero, vestida con una falda negra con encajes y una mantilla que le cubre los hombros. Porta un abanico en la mano izquierda y calza unos zapatos blancos con adornos dorados. Además, como decoración final de su peinado lleva un lazo rosa.

Ya hemos hablado de este cuadro en el capítulo 5 por guardar asombroso parecido con dos retratos de los que también hemos tratado en esas mismas páginas: *La reina María Luisa de Parma con mantilla* y *La duquesa de Alba*, sobrina del marqués de la Santa Cruz y también amiga de Mariana.

Lo cierto es que, a su llegada a España, la corte madrileña quedó impresionada con la joven Mariana e incluso la entonces princesa de Asturias, María Luisa de Parma, escribió al emperador de Austria alabándola.[34] Años después, esta impresión se deterioró a la luz de la intensa vida amorosa de la marquesa. El pueblo español, tan aficionado a hacer coplas y burlas sobre los personajes públicos, dijo de ella: «La marquesa de la Santa Cruz, su cruz, que no era santa». Y se comprende a la luz de los diversos amantes de la marquesa, que incluyen a uno de los hermanos de Napoleón, Lucien Bonaparte, quien llegó a Madrid como embajador francés. La marquesa llegó a emprender un desafiante viaje a París para reunirse con él, para lo que abandonó a su marido en España y no regresó ni siquiera ante las noticias de su inminente fallecimiento. Sin embargo, este no fue su único amante. Tuvo otras muchas relaciones extramatrimoniales que vivió sin ninguna discreción.

Al margen de su vida personal, Mariana no solo fue coleccionista de arte aficionada, sino que también alcanzó un gran nivel en la pintura de miniaturas, óleo, dibujo y pastel. Gozó de un gran reconocimiento cultural y recibió varias distinciones honoríficas en el ámbito artístico y académico, llegando a convertirse en miembro de la Real Academia de Bellas Artes de San Fernando, institución en la que expuso sus obras en varias ocasiones.

Goya tuvo una intensa relación profesional con la familia de los marqueses de la Santa Cruz, porque pintó a varios de sus miembros; por ejemplo, a su única hija, Mariana de Silva y Waldstein, condesa de Haro, que murió con tan solo dieciocho años.

Sin embargo, lo cierto es que cuando hablamos de la marquesa de la Santa Cruz representada por Goya, a todos nos viene a la cabeza la imagen del retrato conservado en el Museo del Prado. La dama en él representada es Joaquina Téllez-Girón y Alfonso Pimentel (1784-1851), una de las hijas de los IX duques de Osuna, que se casó con José Gabriel de Silva Bazán y Waldstein (1782-1839), el mayor de los hijos del matrimonio y X marqués de la Santa Cruz. Esta marquesa de la Santa Cruz, nuera de la apellidada Waldstein, fue una de las damas más distinguidas de la sociedad española de su tiempo al encarnar —como ya había hecho su madre, la duquesa de Osuna— la idea de aristócrata cultivada, fruto del espíritu de la Ilustración. Ostentó diversos cargos de confianza en la familia real española, como su pertenencia a la orden de las Damas Nobles de la Reina o camarera mayor de Palacio.[35]

De hecho, Goya la retrató varias veces a lo largo de su vida, ya que esta marquesa de la Santa Cruz no es otra que la niña que aparece con un abanico en la mano y apoyada en el regazo de su madre, en el retrato de la familia de los duques de Osuna que Goya realizó en 1787. Dieciocho años después, en 1805, Goya volvió a pintar a la hija de los duques de Osuna, ya convertida en X marquesa de la Santa Cruz, con un delicado vestido de gasa y una corona de hojas de roble, como símbolo de la virtud, la constancia y la fortaleza. Tiene en sus manos una lira-guitarra (un instrumento con forma de lira pero con mástil y trastes de guitarra). Además, la pose en la que aparece responde probablemente a la voluntad de la propia retratada, quien querría demostrar su gusto por las modas neoclásicas. Tanto por la actitud como por los elementos del cuadro (la corona vegetal, la lira-guitarra, el vestido), queda claro que Goya quiso reflejar las diferentes aficiones y aptitudes de la marquesa, como eran la danza, la poesía o la música.

El hermano mayor de Mariana Fernanda von Waldstein, IX marquesa de la Santa Cruz, llegó a Bonn en 1788 como parte del séquito del príncipe elector. Allí conoció a un jovencísimo Beethoven, con quien tuvo ocasión de coincidir y colaborar durante cuatro años. Fue gracias al conde Von Waldstein por lo que Beethoven logró hacer en 1792 un segundo viaje de estudios a Viena y también fue gracias a él por lo que no se obstaculizó «el primer avance de su genio» al evitar que el compositor viera «su genio ahogado en sus comienzos», como explicaba el amigo y biógrafo Wegeler.[36]

Así, el conde Waldstein abrió las puertas de su palacio en Bonn al joven Beethoven. Le encargó algunas obras musicales, como el *Ballet de los caballeros*, al que nos hemos referido en el capítulo 5. También le proporcionó melodías sobre las que Beethoven compuso variaciones para piano. Cuando el compositor Haydn pasó por Bonn, fue el conde Von Waldstein quien realizó los movimientos necesarios para presentárselo a Beethoven. A continuación, con la invitación del maestro para que Beethoven fuera a Viena a estudiar bajo su dirección, convenció al príncipe elector de Colonia para que diera permiso al compositor para viajar a Viena, le financiara el viaje y le mantuviera el sueldo. Además, por si toda esta ayuda había sido poca, le dio a Beethoven una carpeta de cartas de recomendación con todos sus contactos vieneses. Beethoven le debía mucho al conde Von Waldstein y era consciente de ello. Por eso, en agradecimiento a tanta ayuda, le dedicó la grandiosa *Sonata para piano* Op. 53 que compuso en 1804, justo un año antes de que Goya pintara el famoso retrato de Joaquina Téllez-Girón y Alfonso Pimentel, X marquesa de la Santa Cruz, nuera de la hermana del conde, a la que ya nos hemos referido. Curiosamente, en el tercer movimiento de esta sonata aparece una melodía acompañada con arpegios, es decir, acordes desplegados, tocados casi como en una lira, aunque se trate de un piano.

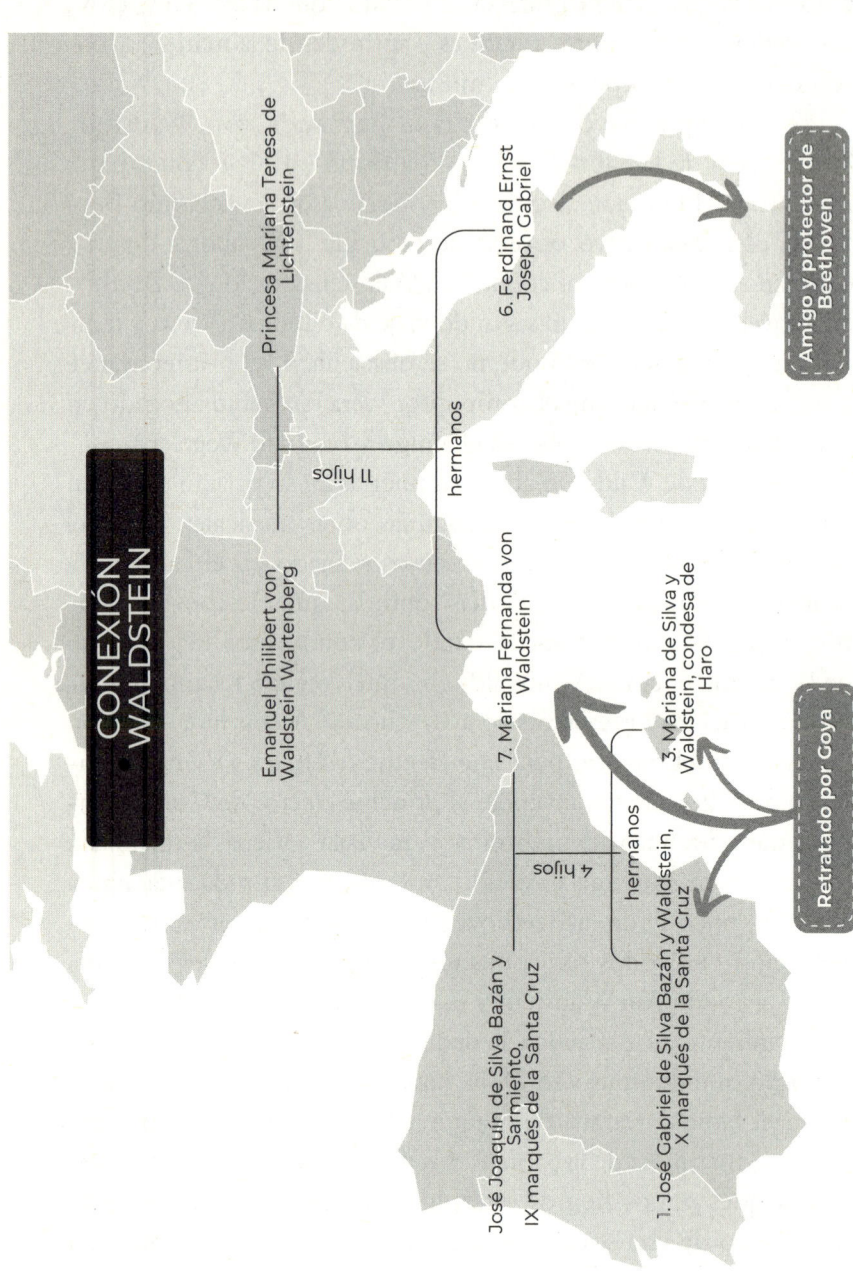

Árbol genealógico de la conexión Waldstein.

Conexión eclesiástica en los Borbones

Además de la de los Waldstein, hubo otra familia, de casa distinta, con la que Goya y Beethoven mantuvieron un contacto estrecho: la extensa familia de Carlos III, cuyos tentáculos se extendían incluso hasta el Imperio austrohúngaro.

En España, Goya tuvo cierto contacto con Carlos III, bastante relación con su hermano, el infante don Luis, y recibió un apoyo incondicional de uno de sus hijos, el futuro rey Carlos IV. Sin duda, este último fue el que marcó una mayor influencia en la vida de Goya al escogerlo como pintor para los tapices que decorarían sus habitaciones cuando todavía era príncipe de Asturias. Paso a paso, el rey no solo apostó por el pintor cuando era un recién llegado a Madrid, sino que a lo largo de su vida de forma continuada fue apoyándolo en su carrera en la corte.

Puesto que era pintor de cámara, los retratos que Goya realiza de la familia real son numerosos, aunque por encima de todos ellos destaca el imponente lienzo *La familia real de Carlos IV* que Goya pintó en 1800 y que hoy preside una de las alas del Museo del Prado. Al contemplarlo, resulta inevitable relacionarlo con *Las Meninas* de Velázquez, pero lo cierto es que el cuadro es, por encima de todo, un magnífico resumen de la historia de España del siglo XIX, ya que en él aparecen todos sus protagonistas. En primer lugar, los reyes Carlos IV de Borbón y María Luisa de Parma como representantes de la monarquía ilustrada que los acontecimientos de 1808 se llevaron por delante. A su lado, el futuro Fernando VII, entonces príncipe de Asturias, quien conspiraría contra sus padres hasta derrocarlos. Detrás de él, su hermano don Carlos, cuyos partidarios protagonizaron las guerras carlistas tras la muerte su padre. También aparece Carlota Joaquina, hija de Carlos IV, que se convirtió en reina de Portugal y que huyó de la invasión napoleónica desde Lisboa a Brasil.[37]

Ocho de los hermanos de Carlos III alcanzaron la edad adulta. Uno de ellos era el infante don Luis Antonio Jaime de Borbón y Farnesio, de quien ya hemos hablado previamente en este capítulo, que tuvo tres hijos: Luis María, María Teresa y María Luisa.

El infante don Luis era un personaje muy particular con una gran cultura y afición por la caza, como Goya. En 1783 invitó al pintor a su palacio de Arenas de San Pedro (Ávila), donde pasó todo un mes. Durante su estancia, además de entablar cierta amistad con el infante y salir a cazar con él, impresionándolo por su habilidad con la escopeta, Goya retrató a toda la familia: al propio infante, a su esposa doña Teresa de Vallabriga, a los hijos de ambos, Luis María y María Teresa, con quienes Goya tendría mucha relación a lo largo de su vida, e incluso hizo un gran cuadro de familia con el servicio y en el que el propio pintor sale autorretratado.

El hijo del infante don Luis, Luis María Borbón y Vallabriga, recibió una esmerada educación que abarcó campos muy diversos. Desde muy temprana edad mostró interés por los asuntos eclesiásticos y, al igual que le había ocurrido a su padre, su carrera en el seno de la Iglesia avanzó a gran velocidad. En 1799 ya había alcanzado la posición de arzobispo de Sevilla y apenas un año después fue nombrado cardenal. Además, heredó el condado de Chinchón, un título que más tarde, en 1814, cedió a su hermana María Teresa.

Colección de Stradivarius

Carlos IV era un gran aficionado a las artes y gracias a esa afición se conserva una extraordinaria colección de instrumentos Stradivarius. El lutier italiano había fabricado estos instrumentos con la intención de regalárselos a Felipe V para uno de sus hijos. Sin embargo, la entrega no fue posible por la guerra de Sucesión.

Setenta años después de su fabricación, Carlos III encargó su compra para regalárselos a su hijo Carlos IV.

A lo largo de su vida, Goya retrató en tres ocasiones al infante don Luis María. Además del retrato que realizó en 1783 en Arenas de San Pedro, en esa primera visita, cuando el joven infante tenía solo seis años, Goya lo pintó en otras dos ocasiones: en un retrato conmemorativo realizado en 1802 y en su réplica. En estas obras, el infante don Luis María de Borbón y Vallabriga se presenta elegantemente vestido con el hábito cardenalicio, sosteniendo un misal en una mano y luciendo todas sus condecoraciones, que no eran pocas: la Gran Cruz de la Orden de Carlos III, la prestigiosa Banda Roja de la Orden Napolitana de San Jenaro y la cruz de la Orden Francesa de Saint-Esprit.

Por otra parte, Carlos III tuvo trece hijos, la quinta de los cuales, María Luisa de Borbón Dos Sicilias, se casó con el emperador austriaco Leopoldo II, y el matrimonio imperial tuvo dieciséis hijos, de los que catorce superaron la infancia. El más joven de todos ellos era Rudolf Johannes Joseph Rainer von Habsburg-Lothringen y era, como sus hermanos, nieto de Carlos III. Al igual que el infante Luis María de Borbón y Vallabriga, el archiduque Rodolfo, como se le conoce, también fue ordenado sacerdote y también tuvo una fulgurante carrera en la Iglesia. Al igual que Luis María de Borbón, recibió todo tipo de títulos y honores: arzobispo y cardenal de Olomuc, archiduque, príncipe imperial de Austria y príncipe de Hungría y Bohemia. Pero lo que lo trae a estas páginas fue que a partir de 1803, un año después del retrato que Goya realizó del infante don Luis María, el archiduque Rodolfo comenzó a ser alumno de Ludwig van Beethoven. De hecho, este archiduque fue mucho más que un simple alumno del maestro: fue uno de los firmantes del contrato, el único que no interrumpió sus pagos en ningún momento y el primero en aumentar la asignación para compensar tanto la devaluación de la moneda como la morosidad de los otros dos nobles. Por todo ello, por el contrato y por el respeto que Beethoven le profesaba, el archiduque fue la persona a quien más obras dedicó Beethoven, incluyendo varias sonatas para piano; su segunda Misa, llamada *Missa Solemnis*, y el famoso trío Op. 97, conocido como *Trío del archiduque* precisamente por su dedicatario.

De las sonatas para piano destaca la Op. 81a, *Los adioses*, que Beethoven compuso cuando la familia imperial tuvo que abandonar Viena ante el avance de Napoleón en 1809. Beethoven escribió sobre el primer fragmento: «Viena, 4 de mayo de 1809, día de la partida de S. A. I. mi venerado archiduque». El primer movimiento lo tituló *Das Lebewohl* (*La despedida*); el segundo movimiento,

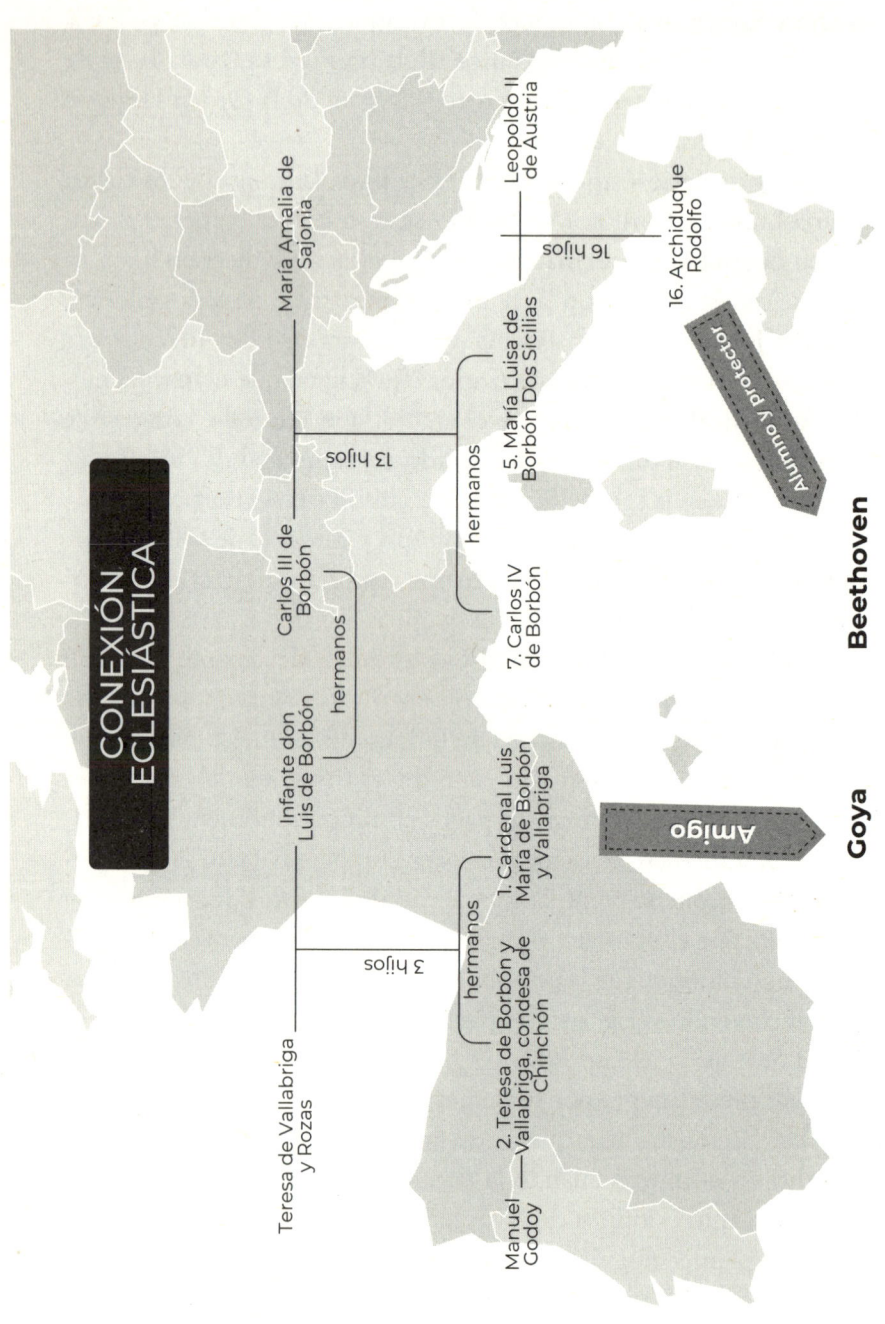

CONEXIÓN ECLESIÁSTICA

Teresa de Vallabriga y Rozas — Infante don Luis de Borbón

hermanos

3 hijos

Manuel Godoy — 2. Teresa de Borbón y Vallabriga, condesa de Chinchón

1. Cardenal Luis María de Borbón y Vallabriga

Carlos III de Borbón — María Amalia de Sajonia

hermanos

13 hijos

hermanos

7. Carlos IV de Borbón

5. María Luisa de Borbón Dos Sicilias

Leopoldo II de Austria

16 hijos

16. Archiduque Rodolfo

Amigo

Alumno y protector

Goya   Beethoven

Árbol genealógico de la conexión eclesiástica en los Borbones.

Die Abwesenheit (*La ausencia*), y el tercer y último movimiento, *Das Wiedersehen* (*La vuelta*). También le dedicó las imponentes sonatas para piano solo Op. 106 *Hammerklavier* (*Piano de martillos*) y la última de sus treinta y dos sonatas, la Op. 111.

En definitiva, como hemos podido ver, la nobleza desempeñó un papel muy importante en las vidas y obras de Goya y de Beethoven, aunque cada uno se relacionó con este orden social de formas muy distintas y con resultados diferentes. El pintor supo moverse con soltura y aprovecharse de la posición alcanzada. El compositor se dedicó a discutir con la práctica totalidad de sus mecenas. Todos los nobles que han ocupado las últimas páginas fueron personas muy influyentes en su momento, pero lo cierto es que, si en el siglo XXI seguimos hablando de ellos, se debe a que ambos artistas les dedicaron en algún momento parte de su obra, haciendo así que pasaran a la inmortalidad y a la historia.

Goya, *¿No hay quién nos desate?*,
1797-1799. Capricho 75. Museo del Prado.

La música
de Beethoven
seleccionada.

8

Amores posibles y amores inmortales

El amor es la más fuerte de las pasiones,
porque ataca al mismo tiempo a la cabeza, al cuerpo y al corazón.
VOLTAIRE

El amor es uno de los sentimientos más intensos que los seres
humanos podemos experimentar. Ya sea por las historias de
amor personales o por la propia idea del amor, es una de las dimensiones de la vida humana que con mayor intensidad y frecuencia ha inspirado a los artistas a lo largo de la historia.

Goya y Beethoven vivieron historias de amor muy diferentes, que
no solo dejaron huella en sus corazones, sino que además les estimu-
laron para la creación de algunas obras artísticas de temática amorosa.

A lo largo de los casi dos siglos que nos separan de la muerte
de Goya y Beethoven, se han tejido innumerables teorías acerca de

sus vidas amorosas. En el caso de Goya, se ha afirmado que mantuvo relaciones con diversas mujeres casadas, algunas influyentes y otras sin posición en la alta sociedad. Por otro lado, Beethoven, quien fue tremendamente desdichado en el amor, no se queda atrás en cuanto a teorías sobre sus romances. Se sabe que, a pesar de no tener pareja conocida, en 1812 vivió una intensa historia de amor con una mujer cuya identidad continúa siendo un enigma, probablemente por ser también una mujer casada. La existencia de este amor se conoce a través de una carta que Beethoven escribió y guardó en un compartimento secreto de su armario y que fue descubierta tras su muerte. En este capítulo desgranaremos qué es esa carta, conocida como la «carta a la amada inmortal», las circunstancias en las que la escribió, quién pudo ser la destinataria y por qué se ha especulado tanto sobre la vida amorosa de Beethoven. Profundizaremos en el intrigante mundo de las teorías amorosas que rodean a nuestros dos protagonistas, descubriendo secretos y pasiones que influyeron en sus vidas y obras. Además, exploraremos cuáles de estas teorías tienen alguna base y cuáles son mera invención sensacionalista.

Así mismo, en los últimos años se ha especulado sobre una posible relación homosexual que cada uno de ellos habría tenido con alguno de sus amigos más íntimos. Estas insinuaciones no solo han encontrado bastante difusión en la opinión pública, sino que también han servido para rodear de un halo de misterio la vida amorosa de uno y de otro.

Matrimonios y otras desgracias

A diferencia de la concepción contemporánea del matrimonio, que tiende a vincular intrínsecamente al amor con el casamiento, lo cierto es que hasta principios del siglo xix (e incluso en algunos lugares hasta bien entrado el siglo xx) las uniones matrimoniales se percibían más como un juego económico, una estrategia familiar o incluso un movimiento dinástico que como el resultado del afecto entre dos personas. Por eso, los matrimonios concertados, tan comunes en la era de Goya y Beethoven, eran la norma no solo entre las monarquías y la alta nobleza, sino también entre las clases populares.

Estos matrimonios, donde una familia era capaz de sacrificar la libertad y la felicidad de una hija en aras de mejorar su posición económica o social, eran una práctica muy extendida no solo en Europa, sino en todo el mundo. No obstante, en un momento clave de la historia europea, tras el triunfo de la Revolución francesa y el florecimiento de la Ilustración, se desató un intenso debate entre los intelectuales y legisladores en España sobre los matrimonios de conveniencia y también sobre el divorcio, que en 1792 había sido aprobado en Francia.

En medio de este acalorado debate, Goya criticó duramente los matrimonios concertados a través de sus pinturas, mientras que su íntimo amigo, el dramaturgo Leandro Fernández de Moratín lo hizo con palabras en tres obras de teatro: *El barón*, en 1787; *El viejo y la niña*, en 1790, y *El sí de las niñas*, en 1805. Se trata de obras moralizantes que buscan remover la conciencia social y propiciar un cambio en las costumbres imperantes.

Entre las imágenes con las que Goya denuncia este tipo de matrimonios por interés, quizás la más icónica sea el cartón para tapiz titulado *La boda* (1791-1792). En esta obra vemos a una joven ricamente vestida, con la mirada perdida; al novio con rasgos simiescos, vestido con unos ropajes ya pasados de moda y un rojo deslumbrante, mirando con deseo a la novia, y al que probablemente sea el padrino de la boda, ataviado con una casaca verde y una sonrisa de satisfacción que revela que ha cerrado «un buen negocio». Pero este cartón no es la única incursión de Goya en este tema. Unos años más tarde, en 1797, creó dos grabados para sus *Caprichos* en los que vuelve a arremeter contra los matrimonios de conveniencia. En el Capricho 75, *¿No hay quién nos desate?*, nos presenta a una pareja atada por la cintura, luchando desesperadamente por liberarse. El rostro del hombre permanece oculto, pero el de la mujer transmite una profunda angustia y sobre ellos se apoya un enorme búho con quevedos y las alas extendidas. Esto puede verse como un símbolo de todas las fuerzas que dificultaban la resolución de los problemas conyugales, o bien como una unión imposible de deshacer, por ejemplo, a través de un divorcio, prohibido en España en aquella época.

El Capricho 14, *¡Qué sacrificio!*, es otra contundente crítica a los matrimonios concertados. Resulta imposible permanecer impasible ante la cara de disgusto de la joven a quien van a casar con ese ser del que nada se salva: su aspecto es grosero, tiene las piernas arqueadas, una joroba en la espalda y viste extraños ropajes. Aun así, lo que más llama la atención no es la cara de la pobre novia ni el contrahecho prometido, sino la satisfacción de los demás personajes que los rodean. ¿Acaso no ven que ese matrimonio será una cárcel para la mujer? La figura que hay detrás de la novia tapándose los ojos parece la madre fingiendo su emoción y los dos hombres situados detrás de la escena podrían ser el padre de la novia y el sacerdote que oficiará la ceremonia. Al igual que en *La boda*, Goya no se limita a criticar la concertación de estos matrimonios, sino que señala a los responsables de los mismos: si los padres no lo aceptaran ni los sacerdotes los oficiaran, este tipo de uniones jamás se llevarían a cabo.

A diferencia de Goya, Beethoven no criticó los matrimonios concertados en su obra, pero vivió en carne propia las consecuencias de esta práctica, ya que todas las mujeres de las que se enamoró terminaron casadas con hombres mejor posicionados económica y socialmente que él. En algunos casos, parece que el amor de Beethoven llegó a ser correspondido y que alguna de esas mujeres sí habría accedido a casarse con él. Sin embargo, sus familias priorizaron lo que consideraron un futuro más prometedor para ellas, es decir, una posición social más elevada y una mayor estabilidad económica. En otras ocasiones, el amor de Beethoven directamente no fue correspondido por su aspecto físico o por su mal carácter. Este fue el caso de Magdalena Willmann, una amiga de la infancia de Beethoven a quien el compositor pidió en matrimonio en 1799 y que ella rechazó por encontrarlo «demasiado feo y un poco loco».[1]

Sea como fuere, son varios los historiadores que coinciden en que Beethoven era tan ardiente como inconstante en sus sentimientos y que «la historia de sus amores es más complicada que una novela para jovencitas».[2] A pesar de nunca haberse casado ni haber mantenido ninguna relación duradera, siempre llevaba algún amor en su corazón, sobre todo de mujeres de una elevada posición social. Aun así, aunque sería fácil imaginarnos a Beethoven destrozado de dolor y llorando de rabia cada vez que alguna de esas mujeres de las que él se había enamorado se casaba con otro hombre, lo cierto es que en casi todos los casos parecía haber olvidado ese amor y con frecuencia mantenía durante años amistad con el matrimonio resultante.

Este Beethoven tan enamoradizo de quien no debía demostraba ser también bastante torpe a la hora percibir si alguna mujer se interesaba por él. Así ocurrió con Fanny Giannattasio del Rio, la hija del director del colegio donde inscribió durante algún tiempo a su sobrino Karl. En su diario personal, la muchacha muestra la alegría que sentía cada vez que Beethoven aceptaba alguna de las invitaciones que le hacían para comer, mientras el compositor prestaba muchísima más atención a su hermana, quien ya estaba comprometida.[3]

Correspondencias en el amor

El desfile de mujeres de la alta sociedad de Bonn y de Viena con las que Beethoven desarrolló una amistad cercana y de las que pudo enamorarse es extenso. En muchos de los casos, estos amores se conocen porque les dedicó obras, mientras que en otros se sabe de ellos gracias a que se conserva parte de su correspondencia. Sin embargo, como ya se ha apuntado, en ningún caso se llega a conocer con certeza el alcance de su intimidad.

En primer lugar, todavía en Bonn, encontramos a Lorchen von Breuning, una amiga de juventud que unos años después contrajo matrimonio con un amigo cercano de Beethoven, Franz Wegeler. Beethoven hablaba de su cariño hacia Lorchen con total naturalidad y mantuvo una amistad continua con el matrimonio a lo largo de toda su vida. Además, Wegeler se convirtió en uno de sus médicos de confianza, a quien consultó frecuentemente para tratar sus diversas dolencias.

Cuando Beethoven tenía veintisiete años, en 1797, una mujer cautivó su corazón: Cristina Gerardi, de origen italiano e hija de un funcionario toscano. Cristina era una talentosa cantante aficionada y poetisa que, según el tono de sus cartas, no parece rechazar a Beethoven, aunque se casa poco después —el 20 de agosto de 1798— con el hijo de otro de los médicos del compositor. Al igual que ocurrió con el matrimonio Wegeler, Beethoven se convirtió en amigo de la familia y continuó manteniendo contacto con Cristina.[4]

Un par de años después, en 1801, Beethoven escribió una carta a Wegeler en la que no solo mencionaba haber encontrado algunos instantes de felicidad, sino que por primera vez creía que el matrimonio podría hacerle feliz. Se refiere en esa misiva a «un hada, una joven muy querida; me ama y yo la amo»,[5] pero, lamentablemente para Beethoven, una vez más había depositado sus esperanzas amorosas en una posibilidad que resultaría inalcanzable debido a la diferencia de clase social. La joven que lo tenía fascinado era Giulietta Guicciardi, una condesa italiana que finalmente se casó con otro pretendiente, el conde Robert von Gallenberg. A Giulietta, Beethoven le dedicó su Sonata para piano Op. 27 n.º 2, conocida como Claro de luna.

Curiosamente, Beethoven llegó a Giulietta Guicciardi a través de la familia Von Brunsvik, a la que había conocido dos años antes, en mayo de 1799, y que tuvo un papel crucial en la vida del compositor, como descubriremos un poco más adelante.

Otra joven que capturó la atención de Beethoven y a quien el compositor cortejó con mayor o menor sutileza en 1807 fue Marie Bigot, una talentosa pianista casada con Paul Bigot de Morogues, el bibliotecario del conde Razumovski. El matrimonio formado por Marie y Paul era modesto y compuesto por personas sencillas con quienes Beethoven se sentía muy cómodo. Sin embargo, los coque-

Marie Bigot (1786-1820)

Pianista nacida en Alsacia, tras su matrimonio con Paul Bigot se trasladó en 1804 a Viena. Allí conoció también a Salieri y a Haydn.

En 1809 marchó a París y en 1816 le dio clases de piano a los hermanos Fanny y Felix Mendelssohn.

teos por parte de Beethoven hacia la joven no fueron correspondidos, llegando incluso a ser malinterpretados por el matrimonio, lo que terminó provocando una acalorada discusión que finalmente puso fin a su amistad.[6]

A principios del mes de mayo de 1810, Beethoven solicitó a varios de sus amigos algunos objetos y documentos: a su fiel amigo, el dandi Zmeskall, le pidió un espejo; al barón de Gleichenstein le solicitó que escogiera para él nuevos pañuelos y camisas, para lo cual le envió 300 florines; por último, a su amigo Wegeler en Bonn le pidió urgentemente una copia de su partida bautismal. Estas peticiones parecen la inequívoca señal de que Beethoven estaba nuevamente enamorado y deseaba conquistar a alguna mujer a quien quería proponer matrimonio. ¿Quién podía ser en esta ocasión? Todas las teorías apuntan a Therese Malfatti, una bella y cultivada joven de diecisiete años y pelo rizado.[7] A pesar de la diferencia de edad, de más de veinte años, Beethoven no perdió la esperanza de conseguir que la muchacha se interesara por él. Probablemente albergaba la secreta esperanza de que su talento y fama pudieran compensar la enorme diferencia de edad, así como su mal aspecto y rudos modales. Sin embargo, la familia Malfatti no consintió que dicho romance llegara a tener lugar, ni tampoco parece que la preciosa joven se hubiera fijado en el compositor más allá de expresar un cordial agradecimiento a sus visitas y muchas atenciones dispensadas. Una vez más, Beethoven no quiso darse cuenta de que aspiraba al amor de una mujer totalmente fuera de su alcance. Parece ser que la petición de mano no la hizo Beethoven en persona, sino que encargó al barón Gleichenstein que tanteara a la familia para saber si eran mínimamente favorables a dicha relación. La respuesta que recibió fue nuevamente devastadora para Beethoven, quien a pesar de todo envió a Therese una pieza para piano titulada *Für Elise* (*Para Elisa*), que probablemente era el apodo cariñoso con el que Beethoven había bautizado a la encantadora joven.[8] Es imposible que Beethoven ni nadie a su alrededor pudieran llegar a imaginar que esta irrelevante pieza estuviera destinada a convertirse en una de las melodías más famosas de las que escribió.

Continuando con la lista de mujeres con quienes Beethoven tuvo un trato más o menos íntimo, llegamos a dos que estaban emparentadas entre sí y que han sido objeto de distintas especulaciones a lo largo de la historia: Antonie y Bettina Brentano.

La primera de ellas, Antonie Birkenstock de soltera, a quien cariñosamente todos en su círculo de confianza llamaban «Toni», había nacido en Viena. Sin embargo, como les ocurrió a tantas mujeres de su época, su destino fue diseñado por su familia. Su padre, un acaudalado coleccionista de arte austriaco, concertó una boda con un próspero hombre de negocios afincado en Frankfurt quince años mayor que ella: Franz Brentano. La vida de Antonie Brentano se iba marchitando poco a poco en Frankfurt. Como tantos otros matrimonios concertados, este también fue una unión sin amor, aunque al menos parece que sí hubo respeto mutuo.

Cuando el matrimonio regresó a Viena para asistir a su agonizante padre e inventariar sus bienes, la familia se instaló en la casa de infancia de Antonie, donde dieron fiestas y conciertos. Beethoven visitaba esa casa con mucha alegría y era uno de los pocos sitios donde accedía a tocar el piano o a improvisar para sus anfitriones.

Beethoven y Antonie Brentano establecieron una amistad tan próxima que algunos historiadores han especulado sobre si ella pudo haber sido la destinataria de la carta a la amada inmortal. Aunque es cierto que la cercana relación entre Beethoven y Antonie Brentano les permitía consolarse mutuamente de sus respectivos dolores de corazón, no parece que la intimidad entre el compositor y Antonie Brentano llegara a pisar el terreno del amor en ningún momento. Aun así, el afecto y respeto de Beethoven por

Antonie fue muy sincero y lo mostró dedicándole algunas obras y regalándole manuscritos.[9]

La cuñada de Antonie Brentano era una joven llamada Bettina Brentano, hermanastra de Clemens Brentano y futura esposa del poeta Achim von Arnim, ambos famosos escritores alemanes del siglo XIX. Por su parte, Bettina también se dedicó a la literatura y llegó a ser una destacada escritora y poetisa. Sin embargo, tal vez su don más destacado fue su cautivadora capacidad de seducción, un talento que supo aprovechar a lo largo de toda su vida. Bettina mantuvo una prolífica correspondencia con destacados escritores y artistas de la época, entre los que se encontraban los hermanos Grimm; el novelista, poeta y dramaturgo Goethe y el compositor Beethoven. Como hemos explicado en el capítulo dedicado a la amistad, su relación con Goethe era particularmente cercana y ella fue una pieza clave en la conexión entre el dramaturgo y el compositor.

Lo cierto es que Bettina estaba decidida a pasar a la posteridad ya fuera por sus méritos o por sus relaciones personales. Su capacidad de seducción y su profunda admiración por la música de Beethoven propiciaron que el compositor y ella alcanzaran tal nivel de intimidad y cercanía que muchos historiadores también han querido ver en ella a una legítima candidata a ser la misteriosa destinataria de la famosa carta a la amada inmortal.

Amor inmortal

Pero ¿qué es esa carta a la amada inmortal que tan importante parece en la vida sentimental de Beethoven y cuya destinataria sigue sin conocerse más de doscientos años después de que el compositor la escribiera?

El misterio comenzó al día siguiente de la muerte de Beethoven, cuando en un compartimento secreto de su armario se encontraron varios documentos y un retrato. Los documentos eran el testamento de Heiligenstadt, un conmovedor testimonio de lucha y superación del que hablaremos en el capítulo 10, y una apasionada carta de amor que los historiadores han bautizado como carta a la amada inmortal y que se ha convertido en el mayor enigma de la vida de Beethoven. Además de estos dos reveladores documentos, se encontraron también los retratos de dos jóvenes mujeres, una de las cuales se ha identificado como Therese von Brunsvik. A partir de ese momento, comenzaron las especulaciones sobre la vida privada de Beethoven: ¿fue Therese von Brunsvik la amada inmortal? Y si no fue ella, ¿entonces quién? Dar respuesta a esta pregunta continúa siendo un desafío a la curiosidad y la imaginación de todos aquellos que se aventuran a explorar la vida privada del compositor sin que nadie haya logrado hasta el momento descifrar el enigma dos siglos después de su muerte.

¿Qué dice la carta? Se trata de un breve texto escrito rápidamente entre la noche del 6 de julio y la mañana del día siguiente y en ella Beethoven expresa un intenso amor por alguien de quien, no obstante, debe permanecer alejado al menos por el momento. La carta también planea un reencuentro que nunca llegó a producirse:

> Mi ángel, mi todo, mi yo […] lloro cuando pienso que seguramente no recibirás hasta el sábado la primera noticia mía –cualquiera que sea tu amor por mí, yo te amo, sin embargo, mucho más –pero no te escondas nunca de mí– buenas noches. Ah, Dios –¡tan cerca!, ¡tan lejos! Nuestro amor no es un verdadero edificio celestial, pero es tan sólido como la bóveda del cielo. […]
>
> Muy de mañana –en la cama, los pensamientos se dirigen hacia ti, mi Amada inmortal; a veces alegres, a continuación tristes, preguntando al Destino si nos concederá lo que le pedimos. –Vivir solo puedo hacerlo completamente contigo o con nadie; hasta he decidido errar por los caminos hasta el día en que pueda volar a tus brazos y pueda sentirme del todo en mi patria cerca de ti, puesto que, rodeado por ti, podré sumergir mi alma en el reino de los espíritus. –Sí, ¡ay de mí!, es necesario – tú te resignarás mejor porque conoces mi fidelidad hacia ti, jamás ninguna otra podrá poseer mi corazón, jamás

– jamás – Oh, Dios, por qué hay que alejarse de lo que se ama tanto
y sin embargo, mi vida en W. [ien:Viena] ahora es una vida miserable
– tu amor ha hecho de mí a la vez el más feliz de los mortales y el
más desgraciado.

Y cierra la carta diciendo:

Ámame, –hoy, –ayer– que aspiración bañada en lágrimas hacia ti
– tú–tú–tú– mi vida, mi todo, adiós, –¡oh! Sigue amándome– no des-
conozcas nunca el corazón muy fiel
          de tu amado L.
          eternamente tuyo,
          eternamente mío,
          eternamente nuestro.[10]

Al analizar el texto de la carta se extrae una valiosa información que puede servir para elaborar un listado de candidatas, pero
que no es suficiente para identificar a su receptora de forma definitiva. Así, la identidad de la amada inmortal continúa siendo un misterio y sigue provocando ríos de tinta.

A través de esa apasionada carta, sabemos que Beethoven vivió una tórrida historia de amor en 1812. Sin embargo, las preguntas en torno a la misiva no solo afectan a la identidad de su
destinataria. El hecho de que se haya encontrado en poder de
Beethoven sugiere que o bien nunca se envió, o bien fue devuelta. Si nunca se envió, pudo deberse a que Beethoven cambiara de
idea, le diera miedo que pudiera caer en manos equivocadas y poner a su amada en una difícil situación, o también que diera ese
amor por imposible. Si ese fue el caso, entonces la amada inmortal
nunca leyó los sentimientos que despertó en el pecho de Beethoven. Pero si la carta se envió y fue devuelta, ¿por qué solo hay
una? ¿Acaso solo mandó una encendida misiva y ninguna más
después? ¿Se devolvió esa única nota y las demás fueron destrui-
das? Y si solo escribió esa carta, que le fue devuelta, ¿no hay tam-

poco ninguna respuesta de la mujer dándole alguna explicación? ¿Tal vez Beethoven la destruyó por el dolor, pero quiso guardar sus propias palabras? Son muchas las preguntas y para ninguna tenemos todavía respuesta.

¿Qué información podemos encontrar en esa única carta? Del contenido de la misiva se extrae que Beethoven y la misteriosa joven se encontraron en Praga entre el 2 y el 3 de julio de 1812. Desde Praga, Beethoven parte hacia la ciudad balneario de Teplice, donde escribe la carta entre el 6 y el 7 de julio de 1812. El escrito deja claro que al mismo tiempo que Beethoven iba a Teplice, ella viajaba a Karlsbad. Además, parece indicar que la amada inmortal vivía de forma habitual en Viena y también que ella es una mujer a la que Beethoven conoce y ama desde hace tiempo. ¿Por qué se trata de un amor tan imposible y prohibido como para que no haya trascendido el nombre de la protagonista en ningún otro documento encontrado hasta la actualidad? ¿De quién se trataba? ¿Cuál fue la razón por la que se escondió tanto este amor?

La teoría general apunta a que se trata de una mujer de la alta sociedad, probablemente casada, y que eso sea el principal impedimento para que la unión entre el compositor y la dama se pueda producir. El divorcio no era legal en Austria en esa época, aunque sí había algunos matrimonios tan mal avenidos que en la práctica vivían separados. ¿Podría tal vez tratarse de una mujer casada que vivía separada de su marido? ¿O acaso la convivencia del matrimonio continuaba, lo que dificultaba incluso la comunicación con ella?

De la larga lista de mujeres a las que Beethoven ha amado hasta ese momento, ¿cuáles podían cumplir todas las características descritas? Es decir, ¿quién podía tener su residencia habitual en Viena, haber viajado a Karlsbad en julio de 1812, conocer a Beethoven desde hace años y tener una situación que impidiera no solo la unión con el compositor, sino que dicha intimidad pudiera ser pública? Con todos estos condicionantes, la lista se reduce drásticamente a un máximo de tres candidatas: Antonie Brentano, Bettina

Brentano y, la que cobra más fuerza, Josephine Deym-Stackelberg, de soltera Josephine von Brunsvik.

La hipótesis de Antonie Brentano se sustenta casi exclusivamente en el hecho de que estaba en el lugar adecuado y en el momento correcto para encajar en la teoría: Karlsbad, principios de julio de 1812, aunque su residencia habitual era Viena. Además, Antonie estaba atrapada en un matrimonio sin amor y tenía una amistad íntima con Beethoven. No obstante, aunque el matrimonio no era bien avenido, sí existía un respeto mutuo entre sus dos miembros. Antonie estaba embarazada de su quinto hijo cuando Beethoven escribió su carta. La amistad que unía al compositor con ambos era muy sincera y no parece lógico que se planteara deshacer ese matrimonio. Además, unas pocas semanas después de escribir la carta y, probablemente, de entender que ese amor no iba a tener ni futuro ni continuidad, Beethoven se instaló en la casa del matrimonio Brentano en Karlsbad. Tampoco parece tener mucho sentido que ambos se expusieran a soportar el dolor de la presencia constante de su amor imposible. Estos motivos parecen suficientes como para descartarla como amada inmortal.

En el momento en el que Beethoven escribió la carta, la segunda candidata, Bettina Brentano, la única mujer a la que Beethoven alguna vez llamó «ángel», se estaba recuperando en Berlín de un primer parto casi mortal. Además, su matrimonio con el poeta Achim von Arnim era un matrimonio feliz, y cuando llegó a Teplice a finales de julio de 1812 tuvo una serie de encuentros con Beethoven absolutamente abiertos y alejados de cualquier misterio.

Por lo tanto, descartadas estas dos mujeres, solamente nos queda por analizar la hipótesis de que la amada inmortal fuera Josephine von Brunsvik. Veamos cómo pudo ser la historia. El conde Von Brunsvik, de origen húngaro, había fallecido dejando a su mujer y a sus cuatro hijos grandes posesiones. Probablemente, el objetivo que movió a la viuda condesa Von Brunsvik de mudarse a Viena no fuera otro que el de casar a sus dos hijas: Therese y Josephine. Solo lo logró con la pequeña de las dos hermanas, Josephine. La mayor, que estaba un poco contrahecha y llevaba corsé, permaneció soltera. Beethoven fue el profesor de piano de ambas y mantuvo una estrecha amistad con las dos durante toda su vida.

Josephine era una muchacha encantadora que parece haber correspondido al amor de Beethoven. Sin embargo, poco tiempo después de que ambos se conocieran, tuvo que ceder a las presiones de su madre para casarse, muy a regañadientes, con el conde Joseph Deym, veintisiete años mayor que ella. Una vez más, vemos el uso del matrimonio como un medio para lograr una posición social: la intención de la madre era que su hija se casara con un hombre de su misma clase social y que tuviera buenas perspectivas económicas. No sabían que el conde Von Deym estaba pasando serios apuros financieros y deseaba la dote de Josephine para tratar de esquivar la ruina.

Tras celebrarse el enlace, Beethoven continuó siendo el profesor de piano de la joven y acudía al domicilio familiar asiduamente. Poco a poco, fueron fraguando una íntima amistad cuyo alcance se desconoce. Sí se sabe que es Josephine a quien llama cariñosamente «Pepi», la persona a la que confía sus obras antes de que vean la luz. De repente, en enero de 1804 el conde fallece inesperadamente dejando a Josephine a cargo de tres hijos y embarazada del cuarto.

Entre 1804 y 1808 el nivel de intimidad entre Beethoven y Josephine aumentó hasta tal punto que hizo saltar las alarmas de la madre de la joven. Ese mismo verano de 1808, la madre dispuso que las dos hermanas Brunsvik viajaran a Suiza, donde conocieron al gran pedagogo Pestalozzi, lo cual determinaría la vocación de educadora de Therese. Sin embargo, el encuentro decisivo en ese viaje fue precisamente con un discípulo de Pestalozzi: el barón Christoph von Stackelberg. Este joven acompañó a las dos hermanas durante su viaje por Italia y fue nombrado preceptor de los hijos que Josephine había tenido durante su primer matrimonio. Algún tiempo más tarde, Stackelberg consiguió convencer a Josephine para que le concediera su mano y que así no solo fuera el encargado de la educación de sus hijos, sino que se convirtiera también en su padre.[11] Para la pobre Josephine, que tampoco se casó con él de buen grado, este matrimonio fue también muy desgraciado. Rápidamente su joven marido dilapidó lo que quedaba de herencia del conde Von Deym y, después de mantener múltiples discusiones con su esposa, desapareció del hogar desde finales de mayo hasta el 4 de diciembre de 1812.

Las fechas en las que el barón Stackelberg abandonó el hogar tienen mucha importancia. Recordemos que el romance con la amada inmortal se encuadra en el verano de 1812, un periodo en el que el marido de Josephine estaba en paradero desconocido, lo cual les habría proporcionado la ventana de oportunidad a ambos para tener su encuentro romántico en julio de 1812. Otro dato importante es que se sabe que pocas semanas después Josephine le confesó a su hermana que estaba embarazada. Además, le pidió que fuera la madrina y que se hiciera cargo del niño (que sería una niña) que iba a nacer. En abril de 1813, aproximadamente nueve meses después de la fecha de la carta a la amada inmortal, Josephine dio a luz a una niña a la que llama Minona. Leído al revés, el nombre de Minona se escribe *Anonim* ('anónimo' en alemán), lo que ha acrecentado también las teorías de que el padre no era conocido.

Beethoven no reconoció a Minona como hija y Josephine no expresó que su padre pudiera ser el compositor; al contrario, Minona fue apellidada Stackelberg, quien tras una dura discusión con la madre se llevó a la pequeña con él. Tampoco se sabe siquiera si Beethoven llegó a conocer a la niña. Entonces, ¿por qué se cree que podría ser hija de Beethoven? Porque los datos encajan tan bien como las fechas: el matrimonio de Josephine y Stackelberg era tremendamente desgraciado, el marido estaba en paradero desconocido desde hacía semanas, Beethoven y Josephine eran íntimos amigos y se habían expresado un gran afecto a lo largo de varios años, y precisamente nueve meses antes del nacimiento de la pequeña Minona, Beethoven escribe una encendida carta de amor que conserva durante años… ¿Cómo no pensar que la historia de amor tuvo lugar y que dio como fruto a una hija?

Minona fue la última de las hijas que tuvo Josephine en su vida. La madre falleció en 1821, pero su hija Minona vivió hasta la edad de ochenta y tres años, en 1897. Tras la muerte de su tía Therese, Minona pidió toda la documentación que esta pudiera tener en busca de información acerca de su madre, que había fallecido cuando ella tenía apenas ocho años. Lamentablemente, la mujer de confianza de Minona huyó a América con un amante y se llevó consigo toda la correspondencia entre Therese y Beethoven, la cual jamás ha vuelto a aparecer.[12]

De lo que sí hay testimonios es del mal aspecto que Beethoven tenía en su vida en general y en el verano de 1813 en particular, llegando a parecer sucio. Se desconoce el motivo de la depresión de ese verano y los partidarios de la teoría de la paternidad negada se abrazan a esta imagen desaliñada como prueba de su dolor por no poder ver ni a la madre ni a la hija, así como por la imposibilidad de poder educarla en un contexto familiar. No obstante, las desgracias de Beethoven nunca vinieron solas, y en esa época también tenía que lidiar con la demanda a los dos nobles que debían pagarle una pensión y habían dejado de hacerlo. Así las cosas, realmente nunca sabremos si el motivo de su depresión fue uno, otro o ambos.

Unos años después de esta historia de amor, en 1816, Beethoven escribió un ciclo de seis canciones tituladas *An die ferne Geliebte* Op. 98 (*A la amada lejana*). Parece que esta amada lejana sería la misma persona que la amada inmortal. Además de la profunda belleza de la música y del significado personal que este ciclo de canciones pueda tener, se trata de un hito en la historia de la música al tratarse del primer ciclo de canciones concebido para ser interpretadas de forma secuencial, como una unidad, como un todo, y no como canciones sueltas.

También se conserva el testimonio del padre de Fanny Giannattasio del Rio, a quien el compositor cinco años después confesó que había vivido una intensa historia de amor que no era capaz de superar.

Tras leer las vicisitudes amorosas de Beethoven, es fácil caer en la tentación de desearle al menos una historia de amor con un final feliz. Sin embargo, cabría plantearse si esa historia de amor le habría servido para equilibrar su mal carácter o si, precisamente por su fuerte personalidad, el matrimonio no hubiera sido un castigo tanto para la mujer como para el propio compositor.

Amor sin correspondencia

Vemos que los amores no correspondidos fueron la especialidad de Beethoven y los retrató en uno de los números de la ópera *Fidelio* que escribió entre 1804 y 1805 y que revisó diez años después. Amores como el de Fanny Giannattasio del Rio, enamorada de un Beethoven más interesado en la hermana, quien a su vez estaba comprometida. La ópera se basó en una obra de teatro titulada *Leonora o el amor conyugal*, que no deja de ser un título irónico en la producción de Beethoven, cuya vida estuvo rodeada de matrimonios concertados y muchas veces sin amor. En el tercer número del primer acto, titulado *Mir ist so wunderbar* (*Me siento de maravilla*), cuatro personajes expresan con una misma melodía, aunque con textos y énfasis diferentes, distintos pensamientos sobre el amor: Marzellina se ha enamorado de quien piensa que es un chico llamado Fidelio, pero que en realidad es una mujer llamada Leonora, disfrazada de hombre, que está intentando salvar a su marido. En la escena están también Jaquino, el pretendiente de Marzellina, y Rocco, el padre de Marzellina, a quien Fidelio le parece mucha mejor opción para su hija que Jaquino.

La producción de Beethoven dedicada al amor no se limita a esta aria de su ópera *Fidelio* ni al ciclo de seis canciones a la amada lejana, sino que tiene también otras canciones para voz y piano con temática amorosa. Es el caso de las canciones *Ich liebe dich* WoO 123 (*Te quiero*) y también de *Die Liebe* Op. 52 n.º 6 (*El amor*).

Amores posibles

La vida amorosa de Goya no fue tan ajetreada como la de Beethoven, pero no por ello fue menos interesante. Si de Beethoven conocemos algunos de los muchos nombres que cautivaron su corazón, en el caso de Goya la lista se reduce básicamente a dos mujeres: su mujer, Josefa Bayeu, y la mujer con quien pasó los últimos años de su vida, Leocadia Zorrilla.

¿Quiénes fueron Josefa Bayeu y Leocadia Zorrilla? ¿Qué papel tuvieron en la vida de Goya?

No es una tarea sencilla encontrar información de estas dos mujeres que tan cercanas fueron a Goya y de quienes tan pocos documentos se conservan. Entre ellos, partidas bautismales, expedientes matrimoniales, algunas cartas entre Goya y Martín Zapater o entre Leocadia y Moratín, y dos poderes que firma el marido de Leocadia para que investigaran la conducta de su mujer. Estos documentos, que no son ni numerosos ni suficientes, son los únicos que arrojan algo de luz sobre lo que fueron sus vidas.

Josefa Bayeu y Subías nació el día de san José de 1747 en Zaragoza y era la hermana pequeña de Francisco Bayeu, el maestro y mentor de Goya. No se sabe prácticamente nada sobre el noviazgo de la pareja, pero debió de existir con anterioridad a su viaje a Italia porque en el momento de regresar a España en 1771 Goya les pidió a sus compañeros de piso en Roma que firmaran una declaración corroborando que en el tiempo que habían compartido con él no se había casado ni tampoco se había comprometido a hacerlo con ninguna mujer.[13] Parece claro que, si no hubiera tenido en la cabeza la posibilidad de casarse, no habría pedido un documento semejante.

Si del noviazgo no hay noticias, pocas más tenemos de los treinta y nueve años que duró su matrimonio. En todo ese tiempo, Goya solo menciona a su mujer brevemente en sus cartas a su amigo Martín Zapater, cuando Josefa ha dado a luz, ha abortado o se está recuperando de lo uno o lo otro. De nuevo la menciona cuando escribe al pintor Mengs para pedirle una pensión y poder marcharse con él a Italia tras su jubilación.[14]

Por no tener noticias de Josefa no tenemos casi ni una imagen suya: Goya solo le pintó un retrato a lápiz en 1805, cuando tenía cincuenta y ocho años. Es cuando menos sorprendente que el pintor no inmortalizara a su mujer más que en una ocasión y que este retrato sea de tan pequeñas dimensiones. ¿Pudo tratarse de un matrimonio sin amor? ¿Acaso la unión entre Josefa y Goya fue un matrimonio de conveniencia? ¿Pudo ser por el interés de Goya de unirse a la familia de Francisco Bayeu, pintor de reconocido prestigio? ¿Acaso pintó algún otro retrato que se haya perdido? De momento, son también preguntas sin respuesta.

Goya y Josefa tuvieron siete hijos, aunque solo uno de ellos llegó a la edad adulta: Javier, quien se casó con Gumersinda Goicoechea Galarza. Memoricemos el segundo apellido de la nuera de Goya —Galarza— porque tiene cierto interés y se tratará de ello un poco más adelante. El matrimonio entre Javier y Gumersinda tuvo un único hijo, Mariano, el único nieto de Goya y una de sus mayores alegrías durante su vejez.

Aproximadamente un año antes de morir, el 20 de junio de 1811, Josefa había hecho su testamento mancomunado con Goya. En este documento, el matrimonio se nombra mutuamente testamentario y designan como único heredero universal de todos sus bienes a su hijo Javier.[15]

Es a partir de este documento y de todo lo que ocurrió desde el fallecimiento de Josefa cuando podemos darnos cuenta de cómo era la relación de Goya con su hijo y cómo cambió en los años siguientes.

En 1812 Josefa fallece y unos cuatro meses después, en octubre de ese año, Goya y Javier inician los trámites de la testamentaría. Para poder hacer un reparto equitativo de los bienes, padre e hijo deciden llevar a cabo un inventario, tasación, partición y adjudicación de todos los bienes. Hasta aquí todo parece indicar que los pasos son los adecuados y que la transparencia del proceso es máxima. Sin embargo, el inventario que realizan no es ni completo ni correcto. Los peritos contratados por Goya y su hijo no son expertos en sus campos, lo que produce una tasación errónea y muy desajustada. Además, uno de los peritos es alumno de Goya, con lo que la imparcialidad de su tasación está también en entredicho: ¿acaso iba un alumno de Goya a llevarle la contraria a su maestro o a hacer algo que pudiera perjudicarlo?

Tras finalizar este inventario tan erróneo como parcial, padre e hijo se repartieron solo parte de los bienes de forma extremadamente amistosa. De todos ellos, al hijo le correspondieron la casa en la que vivía el pintor, los libros, todos los cuadros y estampas, parte de la vajilla, ropa de cama y algunos muebles. Pero muchos de estos objetos permanecieron en la casa, que Goya no abandonó. ¿Por qué hicieron un inventario y un reparto de bienes si prácticamente todo se iba a quedar igual? Las teorías son muchas y todas tienen posibilidades de ser ciertas.

La primera teoría es la del amor y preocupación de Goya por el bienestar de su hijo. Al adjudicarle la mayoría de los bienes lo beneficiaba ante el previsible aumento de valor de los cuadros y estampas en el futuro. Por otra parte, si Goya deseaba quedarse con el dinero en efectivo, la única forma de equilibrar la balanza era poniendo la casa a nombre de Javier. En 1814, Javier solicitó que los cuadros que le habían sido adjudicados en la partición de bienes fueran marcados con una equis. Como bien explica Cruz Valdovinos, «si quiso que constara que las pinturas eran suyas, tuvo que deberse al miedo a perderlas».[16]

La segunda posibilidad es la del proceso de purificación de Goya en 1814. Al igual que les ocurrió a muchos empleados de la Casa Real, estos procesos se llevaron a cabo con la intención de aclarar si se habían depurado responsabilidades políticas durante la guerra contra los franceses.

Por último, encontramos la teoría de la relación amorosa entre Goya y Leocadia Zorrilla. Según esta hipótesis, Javier estaría preocupado por la relación que su padre mantenía con Leocadia Zorrilla y los dispendios que su padre estaba haciendo para favorecerla.

¿Quién era Leocadia y cuál era su vínculo con Goya? La historia de Leocadia Zorrilla y Galarza es una maraña de relaciones familiares que la emparentan con la nuera de Goya. Leocadia nació en Madrid el 9 de diciembre de 1788, cuando Goya tenía casi cuarenta y tres años. Su padre, Francisco Zorrilla, contrajo matrimonio en primeras nupcias con Josefa Gómez, quien a su vez tenía una hi-

ja de su primer matrimonio: Juana Galarza. Tras el fallecimiento de
su primera esposa, Francisco Zorrilla se casó con Sebastiana Galarza, cuyo parentesco con Juana no está documentado, pero es más
que probable. De ese segundo matrimonio, nació Leocadia, que era,
por lo tanto, hermanastra política de Juana Galarza, a su vez la madre de Gumersinda Goicoechea y Galarza, la nuera de Goya. En
otras palabras, Leocadia Zorrilla era la hermanastra de la consuegra
de Goya.

El 10 de octubre de 1807, Leocadia se casa con Isidoro Weiss,
un joyero madrileño de ascendencia bávara. No se puede decir que
el matrimonio entre Leocadia e Isidoro fuera desigual, como aquellos criticados por Goya: la edad de los novios era similar —veintiún
años él, dieciocho ella— y ambas familias pertenecían a una misma
clase social. Donde sí podía haber cierto interés era en el terreno
económico. En el momento de contraer matrimonio, la familia
Zorrilla no estaba al tanto del delicado estado de los negocios de
joyería del padre de Isidoro y es más que probable que el viejo Isidoro Weiss viera en la dote aportada por Leocadia la salvación de su
ruina. Esta es la misma situación que había vivido unos años antes
Josephine von Brunsvik al casarse con el conde Von Deym, quien
anhelaba que la dote de la joven lo salvara de la bancarrota.

Tal vez el matrimonio entre Leocadia e Isidoro no fue de conveniencia, pero sí estuvo muy mal avenido. Es posible también que
las desavenencias pudieran haber venido por parte de Leocadia,
quien vio cómo la familia Weiss dilapidaba su dote intentando salvar la bancarrota de los negocios de su suegro. El matrimonio duró
apenas cuatro años.

Leocadia tuvo tres hijos: Joaquín, Guillermo y Rosario. Lo
cierto es que, a pesar de que los tres hijos de Leocadia están inscri-
tos como hijos de Isidoro, el hijo mediano y la pequeña no parece
que realmente lo fueran. Las dudas sobre su paternidad se funda-
mentan en que, entre el 1 de septiembre de 1811 y el 25 de abril
de 1812, el propio Isidoro inició investigaciones sobre la conducta
de su mujer, llegando a acusarla de «infidencia, trato ilícito y mala

conducta que observa, agregándose su genio altanero y amenaza-
dor».[17] Ahí es nada. No era frecuente que acusaciones tan graves se
pusieran de manifiesto públicamente.

No se conoce en qué fecha pudieron Goya y Leocadia comenzar su convivencia. Pudo ser poco después de la muerte de Josefa
Bayeu. También hay quien ubica el inicio de la relación un par de
años después. Durante más de un siglo los historiadores se refirieron a Leocadia como «ama de llaves» y a Rosario como «ahijada»
de Goya, eufemismos habituales para referirse a parejas que convi-
vían sin estar casadas. Lo que está claro es que Leocadia y Goya ya
vivían juntos en la Quinta del Sordo, esa casa a las afueras de Madrid que el pintor compró en 1820. En 1824, cuando Goya por fin
pudo marcharse a Burdeos, lo hizo solo, pero Leocadia, Guillermo
y Rosario se reunieron con él en cuanto tuvieron ocasión unos pocos meses después.

Goya crio a Rosario como si fuera su hija adoptiva o biológica.
Se ocupó de su formación y se encargó de que aprendiera su mismo oficio, de buscarle profesores de dibujo e incluso de que aprendiera a tocar el piano.

Estando ya en Burdeos, Goya manifestó su preocupación por la
situación en la que Leocadia y Rosario quedarían una vez que él
falleciera, por lo que llegó a escribir un documento a modo de testamento que Leocadia rompió, según cuenta Moratín.[18]

Después de su marcha a Francia, Goya regresa a España en al
menos dos ocasiones para garantizar los pagos de su sueldo y arreglar su pensión de jubilación. Sin embargo, en ninguno de esos dos
viajes modificó su testamento en favor de Leocadia ni de Rosario.
¿Por qué no lo hizo? Tras su fallecimiento, se supo que Goya murió
teniendo un gran capital. Podría haberlo repartido mínimamente
entre su hijo, su nieto y Leocadia y Rosario. Parece ser que, al estar
Leocadia todavía casada con Isidoro, si hubiera recibido cualquier
bien, el marido podría haberlo reclamado para sí.

Cuando Goya murió, el único testamento válido fue aquel en
el que nombraba a su hijo Javier heredero universal, y Leocadia y

sus dos hijos menores quedaron en una situación económica muy comprometida. Los detalles del testamento y de la situación de Leocadia y sus hijos se explicarán con detalle en el capítulo 12.

Como hemos podido comprobar, la vida amorosa del pintor fue menos agitada que la de Beethoven, pero nos deja también algunas incógnitas: ¿fue su matrimonio con Josefa una unión por amor o por la conveniencia de ganar el favor del reconocido pintor Francisco Bayeu? ¿Fue Leocadia Zorrilla su compañera de vida en los últimos años? ¿Pudo Goya ser el padre de la pequeña Rosario? Si fue así, ¿por qué no le procuró una pensión como sí hizo para su hijo y su nieto?

Del mismo modo que ocurre con el catálogo de obras de Beethoven, en la producción artística de Goya también hay varias pinturas dedicadas a este tema, además de las ya mencionadas obras críticas a los matrimonios concertados. Es el caso de *Lo que puede el Amor*, en el que aparece en primer plano una figura de mujer levantándose el vestido para atravesar un río y dirigirse hacia un hombre cuya figura a caballo se adivina al fondo. En la leyenda del dibujo escrita por Goya, la palabra amor está escrita con mayúscula, lo que sugiere una visión muy romántica del sentimiento. Al igual que ocurre en otros muchos dibujos de Goya, en este los protagonistas tienen sus rostros ocultos, lo que puede tener muchas lecturas: desde que se trate de un amor furtivo a que lo importante no son los personajes, sino lo que están viviendo y la universalidad del amor.

Otro ejemplo de las relaciones hombre-mujer lo encontramos en el dibujo *Despertar al aire libre*, realizado entre 1812 y 1820, en el que en un paisaje campestre vemos a tres personajes: un hombre y dos mujeres. El primero está ya de pie y parece estar arreglándose el pelo, una de las mujeres está tumbada y solo le vemos las piernas desnudas y la otra está durmiendo con las rodillas dobladas. Es un dibujo bastante confuso, pero en el que no se advierte violencia, sino calma.

A diferencia de lo que Goya hizo con su esposa Josefa, parece que de Leocadia Zorrilla sí pintó varios retratos, aunque en la mayoría de ellos la identidad de la retratada no está confirmada con total seguridad. Se conserva en el Museo del Prado un retrato de una mujer joven sobre fondo oscuro, ataviada con una mantilla blanca y con varios adornos dorados en las mangas y con un abanico entre sus manos, cubiertas elegantemente con guantes. Durante décadas se pensó que este retrato era de Josefa Bayeu, pero por la edad de la retratada, la fecha de realización y el peinado de su protagonista, que se puso de moda a partir de 1805, parece que se trata en realidad de Leocadia Zorrilla.

También se ha identificado como Leocadia Zorrilla a una de las mujeres retratadas en las *Pinturas negras*. En este retrato, la mantilla no es blanca, sino negra, y la mujer no está sentada, sino de pie. Se apoya en un monumento funerario y su mirada perdida invita a la melancolía. Hay otros dibujos, de la época de Burdeos, donde también se ha querido identificar a Leocadia leyendo cuentos a sus hijos o simplemente retratada por Goya.

Teoría homosexual

Las figuras de Goya y Beethoven han dejado una huella tan profunda en la historia social de Occidente que incluso doscientos años después de su muerte continúan surgiendo relatos románticos en torno a ellos. Por supuesto, para atraer la atención del público, estas historias deben ser jugosas. Con este fin, se ha especulado sobre un romance entre Goya y la duquesa de Alba, que no tiene fundamento alguno. También se han buscado parejas homosexuales a los dos artistas. No todas estas teorías tienen base, pero todas ellas han corrido como la pólvora por el mismo motivo por el que se siguen vendiendo revistas del corazón: las historias de amor que más cautivan al público son las imposibles o las prohibidas.

Veamos cuál ha sido la teoría de amor homosexual que han querido adjudicar a Beethoven y por qué no parece tener una base sólida. Como ya se ha explicado en el capítulo dedicado a la amistad, Beethoven conoció a Karl Amenda a finales de 1798, un talentoso violinista que había dado clase a los hijos de Mozart y que admiraba a Beethoven pero sin atreverse a acercarse a él. Cuando se conocieron en una de las muchas veladas musicales vienesas, se hicieron grandes amigos. Salían frecuentemente a pasear juntos y era raro ver a solo uno de los dos sin la compañía del otro. Esta amistad, de gran profundidad y tan sincera, fue una de las mejores que tuvo Beethoven en su vida. El joven Amenda debió regresar a Curlandia, de donde era originario, para consagrar su vida a ser pastor protestante. Pese a la distancia y a que no volvieron a verse, Beethoven atesoró su recuerdo de por vida, se mantuvieron en contacto por correspondencia y el compositor le envió manuscritos en señal de amistad. Estas cartas y testimonios de cercanía y amistad, unidos al hecho de que Beethoven nunca se casó ni tuvo ninguna pareja estable, fueron el caldo de cultivo para que la teoría de amor homosexual encontrara cierta credibilidad entre el público. El tono de las misivas que Beethoven dirige a Amenda muestra un cariño sincero y tal vez algo encendido, pero nada que se parezca, por ejemplo, a la pasión volcada en la carta a la amada inmortal. Amenda llegó a la vida de Beethoven en un momento en el que el compositor estaba disfrutando con plenitud de la vida vienesa y supo aportarle ánimos para que escribiera para todos los públicos, pero sin caer en frivolidades, haciéndole ver su grandeza compositiva. Tampoco hay datos que revelen que la amistad pudiera tener ningún tinte amoroso ni erótico, visión que parece más una invención moderna que una posibilidad real.

En el caso de Goya, recientemente también se ha querido encontrar en algunas de las cartas que escribió a su íntimo amigo Martín Zapater una relación homosexual, ya que en dos de las misivas perdidas hasta 2007 Goya pinta un corazón y un pene. El contenido de dichas cartas es, según Manuela Mena, de un nivel de intimidad que incita a pensar en que el único y tal vez mayor amor de Goya fuera su amigo Martín Zapater.[19]

El texto de puño y letra de Goya que ha suscitado esta teoría de amor homosexual pertenece a una carta de diciembre de 1790, y es el siguiente:

Con tu retrato delante me parece que tengo la dulzura de estar contigo, ay mío de mi alma no creyera que la amistad podía llegar al periodo que estoy experimentando, ni acierto con la pluma mirando tu copia siempre. Ven, ven luego que ya he compuesto el cuarto que hemos de vivir juntos y dormir (remedio que echo mano cuando me asaltan mis tristezas).[20]

Lo cierto es que las relaciones homosexuales no fueron completamente ajenas al interés de Goya. De hecho, las relaciones amorosas entre féminas le fascinaron tanto que pintó varios dibujos con imágenes de mujeres en actitud amorosa o íntima. Historiadores como Lafuente Ferrari, Gassier y Todorov han querido ver en estos dibujos claras escenas de lesbianismo. Por el contrario, no se han documentado imágenes de Goya que representen escenas homosexuales masculinas, y han quedado como única alusión a las mismas los dibujos incluidos en dos de las cartas a Martín Zapater en 1790, que son algo ambiguos.

Si buscamos una representación evidente de relaciones homosexuales entre mujeres, tal vez la más clara de todas sea el dibujo titulado *La confianza*, en el cual dos mujeres aparecen vestidas con trajes-candados que se dedican a abrir o cerrar la una a la otra. Sus rostros están ocultos por capuchas, lo que indicaría que se trata de una relación prohibida. Este simbolismo con los candados ya lo habían utilizado otros autores, pero siempre con un hombre intentando abrir las cerraduras de la mujer.[21] El dibujo, realizado en torno a 1797, no se llegó a grabar ni a incluir en la edición de los *Caprichos*, aunque probablemente ese era su destino cuando Goya lo pintó. Es muy posible que la razón por la cual no se incluyó en la colección de grabados fuera precisamente por lo delicado de su temática.

Este dibujo, que es el más claro, no es el único en el que aparecen dos mujeres con una actitud íntima o cariñosa. Existen otros ejemplos, como *Dos mujeres abrazándose*, realizado entre 1816 y 1820, en el que se abrazan por el hombro y por la cintura y da la sensación de que van a besarse; el dibujo de *Dos jóvenes desnudas so-*

bre un lecho, pintado entre 1794 y 1795 y donde nos muestra a una joven de frente y otra de espaldas; *Dos majas abrazándose*, en el cual dos mujeres vestidas de maja se saludan muy efusivamente. Para casi todos ellos se han encontrado interpretaciones más conservadoras o platónicas, aunque viéndolas con una mirada desprovista de prejuicios, lo cierto es que en todas ellas queda cierto margen para la duda.

El amor es uno de los sentimientos más poderosos que los seres humanos podemos experimentar, una emoción que ni se puede elegir, ni eliminar, ni tampoco evitar. El amor puede ser el responsable de nuestra mayor felicidad y también de la mayor de nuestras desgracias. Además, si al propio laberinto sentimental de afinidades y correspondencias le añadimos las convenciones y compromisos sociales que pueden hacer que un amor sea prohibido y por ello, imposible, encontramos el mejor caldo de cultivo para el drama o para el escándalo. Un amor no correspondido puede rompernos el corazón y hacernos sentir muy desgraciados, pero un amor deseado y sin embargo prohibido nos conducirá irremediablemente a la desesperación. Tratando de evitar el escándalo, la historia de amor de Goya con Leocadia se maquilló bajo la figura del «ama de llaves». Y la imposible historia de amor de Beethoven solo ha encontrado una solución en la infinitud de la inmortalidad.

IV

LA GUERRA DE LOS MUNDOS

Goya, *El 2 de mayo de 1808 en Madrid* o *La lucha con los mamelucos*, 1814, Museo del Prado.

La música de Beethoven seleccionada.

9

Revolución francesa y guerras napoleónicas

El miedo hizo que las naciones se defendieran,
el amor hizo que las naciones se entendieran.
STEFAN ZWEIG

Los acontecimientos que provocaron la Revolución de 1789 dieron un giro radical a la política y sociedad francesa de finales del siglo XVIII. Los hasta entonces llamado súbditos pasaron a ser ciudadanos y, por primera vez en la historia de la humanidad, el pueblo sintió que tenía capacidad de modificar su destino. Lógicamente, las monarquías europeas se echaron a temblar y los reyes temieron por sus territorios, posesiones, poder e incluso por su vida. Los monarcas, ahora más que nunca, no solo debían cuidar su política exterior y sus relaciones internacionales para mantener la paz con los países que los rodeaban, sino que también debían contener y contentar a un pueblo que llevaba siglos oprimido para evitar que se levantara en su contra, como había ocurrido en Francia.

Apenas unos meses antes del estallido de la Revolución francesa, el 14 de diciembre de 1788, Carlos IV fue coronado rey de España. No obstante, la Revolución francesa dibujó un nuevo escenario político y social muy distinto al que el monarca y sus ministros esperaban. Las prioridades del gobierno se tuvieron que adaptar a la nueva situación, en la que se impuso la necesidad de alcanzar un equilibrio de fuerzas que lograra el avance económico, social y cultural del país sin que ello le costara al rey el puesto y la vida.

Entrada de Napoleón en España

En los primeros años del siglo XIX, Europa estaba desgarrada por las guerras contra Francia. Gran Bretaña, junto a su aliada Portugal, logró impedir la invasión de Napoleón de las islas británicas. Sin embargo, a diferencia de las dificultades para ganar en el mar, las campañas bélicas en tierra firme le fueron mucho más favorables a Napoleón. Todos los intentos de los países por contener al ejército francés fueron fracasando uno tras otro y se dio un periodo de dominación francesa en toda la Europa continental. El único aliado británico que quedó en la Europa continental fue Portugal. Por eso Napoleón decidió su invasión y con ese fin firmó con España el Tratado de Fontainebleau, que estipulaba la invasión conjunta de Portugal, para lo cual era necesario permitir que las tropas francesas atravesaran el territorio español. Sin embargo, Napoleón no respetó el tratado y aprovechó la ocasión para ocupar España.

En noviembre de 1807, la ocupación francesa de Lisboa obligó a la familia real portuguesa a huir a la colonia de Brasil. Mientras tanto, el número de soldados franceses en España no solo fue en aumento, sino que sus tropas tomaron ciudades que no estaban incluidas en el mencionado tratado. El propio Godoy se alarmó y la familia real se marchó a Aranjuez como posible preparación para huir a Sevilla y de ahí a América, igual que ya había hecho Juan VI, rey de Portugal.

El 17 de marzo de 1808 se corrió la voz de que los reyes huían de España y la noche del 18 de marzo los ciudadanos partidarios del príncipe de Asturias asaltaron el palacio de Godoy en Aranjuez en protesta por sus políticas y quemaron todos sus bienes. El propio Godoy fue apaleado y llevado a la cárcel. A la vista de la situación, Carlos IV abdicó en su hijo Fernando VII. Este asalto fue llamado «el motín de Aranjuez» y, salvando todas las distancias, recordaba en cierto modo a la toma de la Bastilla, pero con un resultado bastante curioso: tras un levantamiento popular, las tropas francesas protegieron la entrada del nuevo rey en España, Fernando VII.

Aun así, Napoleón no estaba satisfecho con este resultado y se dispuso a cambiarlo. En abril de 1808 citó en Bayona a todos los protagonistas de esta revuelta situación: a la familia real al completo y a Godoy. Allí forzó a Fernando VII a devolverle la corona a su padre, Carlos IV, y a su vez obligó a este a abdicar en el propio hermano de Napoleón, José Bonaparte.

Enterado el pueblo español de la jugada, se produjo el levantamiento popular del 2 de mayo en Madrid, ya que los ciudadanos entendían que les habían quitado a su favorito, Fernando VII. El general francés al mando de las tropas en Madrid, Joachim Murat, ordenó la represión del levantamiento e hizo correr la sangre. Aun así, a diferencia de lo que muchos piensan, la guerra de la Independencia no comenzó con el levantamiento del 2 de mayo en Madrid, que no fue tan multitudinario como se ha tendido a afirmar. Realmente, el levantamiento en armas contra Napoleón en distintas ciudades en nombre de Fernando VII y representando al pueblo español[1] no ocurrió hasta unas semanas más tarde, entre el 22 de mayo y el 2 de junio de 1808.

Por lo tanto, la situación entre mayo de 1808 y junio de 1813 en España fue la siguiente: Fernando VII se había exiliado en Francia; Carlos IV y su familia, en Italia, y José Bonaparte, hermano de Napoleón, intentaba reinar en una España que se sublevaba contra su gobierno. Además, José Bonaparte no contó con la confianza de su propio hermano, quien intervino cuantas veces quiso quitándole territorios y modificando algunas de sus decisiones de gobierno.

El ejército de Napoleón sumaba victorias gracias a intervenciones rápidas, especialmente en los territorios más ricos, pero no contaba con quedarse una temporada tan larga en España, un país en el que ya había una fuerte crisis económica y carencias por malas cosechas desde 1803. Por eso sus soldados recurrieron a los saqueos, a la violencia y a los robos para poder subsistir, lo que aumentó el odio del pueblo español contra ellos.

Por otra parte, las medidas que impuso José Bonaparte en España fueron ciertamente ilustradas, en la misma línea que ya habían iniciado los gobiernos de Carlos III, Carlos IV y sus ministros Floridablanca, Aranda, Jovellanos y Godoy. Incluso se atrevió a adoptar decisiones todavía más extremas: eliminó la Inquisición y los derechos feudales; cerró conventos, modernizó la Administración y el cobro de los impuestos, e incluso se comprometió a firmar una Constitución que limitara sus poderes.[2] Con todo ello, se ganó el respeto de los ilustrados españoles, que vieron en sus políticas un verdadero impulso para la sociedad española, por lo que se pusieron a su disposición para colaborar con su gobierno. Entre ellos, muchos de los amigos de Goya: Cabarrús, Meléndez Valdés o Moratín. El propio Goya, al seguir trabajando en la corte, se vio en la obligación de jurarle lealtad e incluso, en 1809, le tuvo que pintar un retrato bajo el encargo del Ayuntamiento de Madrid.

En el momento de realizar este trabajo, Goya no tenía al modelo disponible para que posara de modo que se sirvió de una estampa y adaptó la pintura en forma de alegoría, a la que tituló *Alegoría de la Villa de Madrid* y en la que incluyó el retrato de José Bonaparte como una silueta en un óvalo casi a modo de escudo. La cuestión es que el cuadro fue víctima de innumerables repintes y modificaciones según las circunstancias políticas de cada momento. Así, donde Goya primero representó a José Bonaparte, luego se tapó el retrato y se escribió la palabra Constitución en referencia a la de Cádiz de 1812. Sin embargo, después se tuvo que volver a pintar a José Bonaparte. Tras la derrota del ejército francés y el retorno del rey Fernando VII, se sustituyó el óvalo con un retrato del nuevo monarca. Pero como no quedó bien, probablemente porque no lo realizó Goya, sino un colaborador suyo, lo tuvieron que pintar dos veces más. Tras la muerte de Fernando VII, se volvió a modificar el cuadro incluyendo la inscripción «Libro de la Constitución» y finalmente, en 1874, se dejó la última leyenda, «2 de mayo», que es la que todavía hoy se puede ver. No deja de ser curioso porque esa fue la fecha del levantamiento popular precisamente contra el primer protagonista del retrato tantas veces modificado.

Sociedad española en 1808

En el momento de la invasión napoleónica, la sociedad española se encontraba dividida en tres grandes grupos. Por una parte, los ilustrados, a quienes sus detractores llamaban «afrancesados», que no solo estaban a favor de las ideas revolucionarias, sino que también estaban de acuerdo con la presencia de tropas francesas en la península. Por otra parte, encontramos a los liberales, quienes también estaban a favor de las ideas revolucionarias, pero eran contrarios a la invasión. Por último, estaba el sector tradicionalista o conservador, llamado «oscurantista» por sus enemigos, que no estaba ni a favor de las ideas revolucionarias ni de acuerdo con la ocupación francesa. Así, en 1808 España estaba dividida no en dos, sino en tres bandos enfrentados entre sí.

El sector conservador, que apoyaba a Fernando VII, inicialmente no opuso mucha resistencia a la presencia de tropas francesas porque entendían que los franceses iban a apoyar la abdicación de Carlos IV en su hijo Fernando, el «rey deseado». Por otra parte, el grupo de ilustrados acogieron y apoyaron a José Bonaparte, llamado por sus detractores el «rey intruso», por sus políticas ilustradas.

Uno de los ejes de la oposición lo formaban los conservadores frente a los ilustrados, mientras que el otro estaba constituido por los ilustrados partidarios de la ocupación francesa y los liberales, enemigos de la invasión. Lo cierto es que los liberales eran más numerosos que los ilustrados y se reunieron en algunas de las provincias todavía libres para redactar la conocida como Constitución de Cádiz.

Entrada de Napoleón en Austria

La dominación francesa de Alemania llegó a plantear la posibilidad de que Napoleón Bonaparte o alguno de sus subordinados fuera proclamado emperador del Sacro Imperio Romano Germánico. Para evitarlo y proteger los intereses de la Casa de Habsburgo, el emperador Francisco II tomó dos decisiones. La primera estaba destinada a garantizar la sucesión de su familia con estatus imperial: creó el título hereditario de emperador de Austria. La segunda decisión fue renunciar al título de emperador del Sacro Imperio Romano Germánico para, a continuación, disolver dicho imperio y así evitar que Napoleón fuera proclamado su emperador.

La exaltación nacionalista antifrancesa que se apoderó de los Habsburgo alemanes les hizo pensar que toda Alemania compartía su pasión y que podrían derrotar a los franceses fácilmente. Sin embargo, se equivocaron y perdieron la guerra que declararon a Francia en 1809. Esta derrota fue rápida y conllevó importantes pérdidas territoriales. Ante la situación, el emperador Francisco II nombró a un nuevo ministro de Asuntos Exteriores, Klemens von Metternich, que puso toda su energía en una reconciliación con Francia proponiendo a Napoleón que se casara con la hija del emperador Francisco, María Luisa. Napoleón, que no solo ansiaba unirse con una de las dinastías más importantes de Europa, sino que llevaba casado con Josefina desde 1796 sin lograr un heredero, se separó de su mujer y se casó con María Luisa de Habsburgo en 1810. Este matrimonio supuso un fracaso todavía más duro para el emperador Francisco II al tener que ceder territorio y poder, así como a su propia hija, ante Napoleón. La novia, que lo detestaba, aceptó obedientemente el matrimonio y tuvieron un hijo en 1811, llamado Napoleón II.

En el año 1812 la buena estrella de Napoleón comenzó a apagarse. El fracaso de su invasión a Rusia y el éxito en 1813 de

Gran Bretaña en sus campañas en España provocaron que Austria rompiera su alianza con Francia y le declarase nuevamente la guerra. No obstante, las distintas acciones militares que Austria libró contra Francia entre 1814 y 1815 fueron tan costosas que, a pesar de contar con el apoyo financiero de Gran Bretaña, el país quedó en un estado económico de extrema debilidad. Por lo menos, tras tanto esfuerzo y sufrimiento, en 1815 Austria por fin salió victoriosa frente a las tropas de Napoleón.

Sociedad austriaca hasta 1814

Durante la vida de Beethoven en Viena solo gobernó un emperador, Francisco II, cuyo reinado se prolongó desde 1792 hasta 1835. Como gobernante fue menos capaz que su padre, Leopoldo II, y su tío, José II, pero su reinado fue largo y tuvo que afrontar todas las guerras napoleónicas. Su principal problema fue la gestión de los asuntos exteriores ante el avance de las ideas de la Revolución francesa.

Las distintas guerras que Austria mantuvo contra Francia minaron la moral de la población austriaca y las innumerables bajas del ejército obligaron a reclutar a militares en la reserva. Precisamente la victoria de Wellington y los españoles sobre Napoleón en 1813 terminó de animar a los austriacos para unirse contra los franceses por última vez.

Además, en 1811 la inflación austriaca llegó a un punto completamente insostenible y el Gobierno se declaró en quiebra, tras lo cual devaluó la moneda a la quinta parte de su valor.[3] El coste de la vida se había multiplicado sin precedentes y la situación de los vieneses de a pie era dramática. A la aristocracia la inflación le afectó en menor medida, ya que buena parte de su riqueza se basaba en la posesión de tierras. Pero a la inmensa mayoría de la población, incluido Beethoven, la subida de precios y la devaluación de la moneda los dejó en situación de extrema pobreza.

Finalmente, en septiembre de 1814 arrancó el Congreso de Viena, el cual, bajo la presidencia de Metternich, debía reordenar las fronteras de Europa. Sin embargo, en realidad sirvió para tratar de restaurar el Antiguo Régimen en todos los países, como ya se ha explicado en el capítulo 1.

Guerra de la Independencia en España

La hoy conocida como guerra de la Independencia en España se llamó durante décadas «guerra contra Napoleón«, «guerra contra el francés» o «revolución de España»[4] y se ha querido ver como una guerra romántica de los españoles contra Napoleón. Sin embargo, la realidad fue muy distinta. Además de la lucha contra el ejército francés, detrás de este conflicto se produjo una verdadera guerra civil que enfrentó al sector conservador de la sociedad, católico y tradicionalista, contra los españoles partidarios de las ideas de la Ilustración.

Además, tampoco se respetó a la población civil ni se hicieron prisioneros: se perseguía al enemigo hasta exterminarlo.[5] La población civil sufrió la violencia por parte de todos los bandos. Las tropas napoleónicas llevaron a cabo saqueos y las guerrillas españolas confundieron con frecuencia su objetivo militar con el bandolerismo.

A pesar de las levas masivas de jóvenes que se llevaron a cabo en todos los pueblos, el ejército regular que España fue capaz de reunir fue muy limitado, lo que desembocó en que la Junta Central autorizara la guerra de guerrillas, un tipo de ofensiva que se basaba en coger a las tropas francesas por sorpresa gracias al conocimiento del terreno por parte de los españoles. No obstante, las guerrillas estaban integradas casi siempre por personas que defendían lo propio más que los ideales del pueblo español.

La resistencia frente a las tropas napoleónicas desgastó al ejército francés, pero la escasez de comida y la prolongación de la contienda llevaron a ambos bandos al extremo de lo inhumano.

La guerra de la Independencia tuvo tantos frentes como batallas y guerrillas. Algunos de los triunfos más relevantes del ejército español alentaron al pueblo e inspiraron otros movimientos de resistencia contra el ejército imperial francés. Una de esas primeras victorias decisivas de España fue la batalla de Bailén en julio de 1808. No obstante, la ofensiva francesa era fuerte y los contraataques españoles no siempre eran capaces de soportarla. Por ello, a pesar de algunos triunfos de las tropas españolas, la Junta Provincial de Sevilla, consciente de las dificultades que tenía España en la guerra contra los franceses, solicitó ayuda a Inglaterra, que envió tropas comandadas por Arthur Wellesley, el duque de Wellington.

Tras años de batallas, a finales de 1812 la situación de los franceses no era nada sencilla ni en España ni en Europa. El fracaso de la invasión a Rusia y la unión de las naciones europeas contra Francia en la llamada guerra de la Sexta Coalición (1813-1814) habían puesto a Napoleón contra las cuerdas. El 21 de junio de 1813, las tropas de Wellington, integradas por 121.000 soldados ingleses, españoles y portugueses, se enfrentaron en Vitoria a 65.000 hombres del ejército francés bajo las órdenes del propio rey José I y del mariscal Jean-Baptiste Jourdan. Dicha batalla, que terminó siendo definitiva, dio la victoria al ejército de Wellington, que persiguió a los franceses hasta la frontera con los Pirineos, y marcó el principio del fin de la hegemonía napoleónica en Europa.

En diciembre de 1813 el rey Fernando VII fue restaurado en el poder en España, aunque hasta abril de 1814 Napoleón no abdicó.

Arte en tiempos de guerra

Cada uno en su país y con sus propias circunstancias, Goya y Beethoven también sufrieron las guerras napoleónicas y crearon algunas de las piezas más significativas de sus catálogos en tiempos de guerra, con motivo de la contienda o de sus protagonistas.

Beethoven pasó buena parte de los bombardeos de las tropas de Napoleón escondido en el sótano de la casa de su hermano, tapándose la cabeza con almohadas y tratando de proteger sus dañados oídos del estruendo. Goya permaneció en Madrid durante la guerra y juró lealtad a José Bonaparte. Por esa época, el pintor ya estaba completamente sordo y probablemente solo percibió los disparos y bombardeos por los temblores de los edificios y los escombros en las calles.

El ejemplo más importante de la representación de la guerra que hizo Goya, por su profundidad y envergadura, son los *Desastres de la guerra*. Su título completo es *Fatales consecuencias de la sangrienta guerra con Buonaparte. Y otros caprichos enfáticos en 85 estampas. Inventadas, dibuxadas, y grabadas por el pintor original D. Francisco de Goya y Lucientes*. Aunque anuncia ochenta y cinco estampas, la colección consta de ochenta y dos grabados, en los que Goya presenta la crudeza de la guerra, donde solo caben la violencia y el horror y no hay sitio para los actos heroicos. Goya creó esta impactante colección entre 1810 y 1815, pero no se publicó hasta treinta y cinco años después de su muerte. La única copia que hizo se la regaló a su amigo Ceán Bermúdez al marcharse a Francia. Hay críticos que han querido ver en esta colección a un Goya afrancesado y otros, a uno patriótico, pero lo cierto es que en los ochenta y dos grabados la violencia es general y no solo atribuible a uno de los dos bandos.

Cada grabado tiene un título, y la colección completa se divide temáticamente en tres secciones: la primera describe la crueldad de la guerra y abarca desde el grabado número 1, *Tristes presentimientos de lo que ha de acontecer*, hasta el número 47, titulado *Así sucedió*. La segunda sección, dedicada a las consecuencias y secuelas de la guerra, especialmente el hambre, comprende desde el grabado número 48, *Cruel lástima*, hasta el número 64, *Carretadas al cementerio*. La última sección abarca desde el grabado número 65, *Qué alboroto es este*, hasta el último grabado titulado *Si resucitará?* Este último bloque es el que Goya titula *Caprichos enfáticos* y en ellos critica al gobierno de Fernando VII, que reinstauró los principios del Antiguo Régimen.

Todas las escenas son muy reales e incluso en dos de los grabados Goya indica: «Yo lo vi». Sin embargo, no parece nada probable que Goya tomara apuntes del natural. Lo que sí es muy posible es que presenciara algunas de esas situaciones y después compusiera las imágenes. Aun así, ya sean un recuerdo de lo vivido o una composición posterior, todas las imágenes tienen la crudeza como denominador común y la falta de esperanza como planteamiento general.

Ahora bien, cabe hacerse una interesante pregunta: ¿qué llevó a Goya a crear esta serie de *Desastres de la guerra*? Durante buena parte de su vida, realizó casi todas sus obras con un fin económico y a partir de encargos. Es cierto que en 1797, al poco de quedarse sordo, ideó una primera colección de grabados con la intención de venderlos, los *Caprichos*. Sin embargo, en el caso de los *Desastres de la guerra* no los quiso vender ni enseñar al mundo, salvo a su amigo Ceán. ¿Cuál fue el propósito de esta colección? ¿Por qué la creó? No son dos o tres dibujos, son ochenta y dos grabados cuidadosamente diseñados y perfeccionados. Probablemente, como dice Todorov, lo hizo porque no podía hacer otra cosa.[6] Porque al vivir y presenciar los horrores de la guerra Goya sintió la necesidad de gritarle al mundo lo terrible que fue, porque quiso dejar constancia del horror, del dolor, de la violencia inhumana que la guerra trae consigo. Seguramente ni siquiera intentó publicarlos porque sabía que nadie iba a comprar semejante colección de imágenes dolorosas, de montañas de cadáveres, de actos violentos e injustos, y también porque criticaba duramente la restauración de Fernando VII. La carestía general tras la guerra y el hecho de que realizó la serie de grabados por iniciativa propia, sin contar con el apoyo económico de ningún encargo, quedan en evidencia por las características de los materiales que utilizó: dos de las planchas fueron reutilizadas y el resto son de pésima calidad. No obstante, la importancia de esta serie de grabados es mayúscula y es por ella por lo que muchos han querido ver en Goya al primer reportero de guerra de la historia del periodismo gráfico.

El tirano de Europa

Una vez finalizada la guerra, ya fuera por ensalzar a los héroes populares, por conseguir un encargo de la regencia para agasajar a Fernando VII o para sanear sus maltrechas cuentas tras seis años de conflicto en los que el número de encargos se había reducido considerablemente, Goya se puso en contacto con don Luis de Borbón y Vallabriga para expresarle «sus ardientes deseos de perpetuar por medio del pincel las más notables y heroicas acciones o escenas de nuestra gloriosa insurrección contra el tirano de Europa».[7] Como resultado de este ofrecimiento, se le encargaron las que serían *El 2* y *El 3 de mayo de 1808 en Madrid*.

Se trata de dos lienzos de grandes proporciones que han sido objeto de leyendas y muchos trasiegos. En *El 2 de mayo de 1808 en Madrid*, Goya presentó el violento levantamiento del pueblo de Madrid contra las tropas francesas en la mañana del 2 de mayo de 1808. El cuadro del *Tres de mayo de 1808 en Madrid* recoge los crueles fusilamientos que comenzaron ya en la tarde del día 2 y que fueron ordenados por el general Murat.

Hasta hace poco tiempo, se creyó que los dos cuadros habían sido pintados por Goya para decorar los arcos triunfales que el Ayuntamiento de Madrid dispuso en la ciudad para darle la bienvenida a Fernando VII. Además, se tomó como cierto que el encargo inicial incluía un total de cuatro cuadros, cuando siempre fueron solo dos, encargados a Goya para decorar las habitaciones del rey. A pesar de esta creencia tan extendida, nunca se expusieron en la calle. De hecho, tampoco consta que dichas pinturas llegaran a colgar de las paredes del Palacio Real; es más, se ha demostrado que, teniendo todavía la pintura fresca, se almacenaron uno apoyado en el otro, lo que produjo una transferencia de pintura entre los dos lienzos que todavía hoy permanece.[8] Es decir, que posiblemente fueron directamente guardados en el Palacio Real.

Sin embargo, este no fue el único accidente que sufrieron los dos cuadros. En 1936, al comenzar la Guerra Civil, las dos pinturas se enviaron junto con otras obras maestras del Museo del Prado a Valencia. Cuando en 1938 el avance del frente obligó a mover las piezas hacia Ginebra, el camión que transportaba los dos cuadros de Goya chocó contra un balcón a su paso por Benicarló, la caja que los llevaba se rompió y los lienzos quedaron dañados con el golpe.

El 2 de mayo fue el peor parado: el golpe impactó de forma directa en su lateral y se cortó la tela original, que, al parecer, quedó abandonada en la carretera. Su compañero, el *Tres de mayo*, también resultó afectado, pero sin pérdidas tan fundamentales.[9] A pesar del accidente y con las repercusiones que tuvo sobre ambos lienzos, el estado de conservación de las dos pinturas es muy bueno.

Tras la llegada de Fernando VII a Madrid, Goya pasó con éxito la depuración de los funcionarios de palacio que habían estado al servicio del gobierno francés y pudo volver a pintar para la familia real. No obstante, la pintura de Goya no parecía satisfacer plenamente los gustos artísticos del nuevo monarca, por lo que, a partir de 1815, fue paulatinamente apartado de la corte y sustituido por otro pintor, Vicente López, quien sería su sucesor en el palacio.

En distintos momentos de su vida, tanto Goya como Beethoven se refirieron a Napoleón como «el tirano de Europa». Sin embargo, al menos en el caso de Beethoven, se sabe que antes del desprecio se produjo una profunda admiración hacia el corso. Beethoven era un ferviente seguidor de los ideales de la Revolución francesa y, mientras que Napoleón los defendió, el compositor lo respetó. De hecho, tal era su admiración por él que cuando finalizó la composición de su *Tercera Sinfonía* la tituló *Sinfonía Bonaparte*. Sin embargo, unos meses después de finalizar su escritura, Napoleón se coronó emperador de los franceses, lo que provocó que Beethoven se encolerizara y gritara: «¡No es más que un hombre vulgar! Ahora va a pisotear todos los derechos humanos, no obedecerá más que a su ambición; ¡querrá elevarse por encima de los demás, y se convertirá en un tirano!».[10]

Inmediatamente después se dirigió a su mesa, rompió la hoja del título y lo cambió por el de *Heroica*. Además, cuando dos años después publicó esta *Tercera Sinfonía*, Beethoven había completado su título y la llamó *Sinfonía grande —Eroïca— per festeggiare il sovvenire di un grand'uomo* (para celebrar el recuerdo de un gran hombre). El segundo movimiento es una marcha fúnebre verdaderamente desoladora. Probablemente por eso, cuando en 1821 Beethoven se

enteró de la muerte de Napoleón en Santa Elena, dijo: «Hace diecisiete años que escribí la música que conviene a este triste acontecimiento».[11]

Esta *Tercera Sinfonía Heroica*, compuesta entre 1803 y 1804, traspasó todos los límites que hasta el momento habían tenido las sinfonías tanto en su estructura como en su duración, uso de armonías
y significado emocional. No en vano, es considerada como la primera sinfonía romántica de la historia de la música. Además, su título y carácter pone en el centro a la figura del héroe, que no solo
es recurrente en la obra de Beethoven, sino que marcará una línea
estética en la música alemana del siglo XIX que alcanzará su cumbre
con las obras de Wagner.

El duque de Wellington

Arthur Wellesley fue conocido a partir de 1814 por su título nobiliario: el duque de Wellington. Incluso en la actualidad es uno
de los héroes británicos más admirados por su destacado papel en
las guerras napoleónicas, especialmente en la defensa de Portugal
y en la guerra de la Independencia española, en la que ganó varias
de las batallas más decisivas. Fue nombrado mariscal de campo y
comandó el ejército británico en la batalla de Waterloo, tras la que
Napoleón fue enviado definitivamente a la isla de Santa Elena.

El duque de Wellington es uno de los personajes que Goya
y Beethoven tienen en común, ya que ambos le dedicaron obras.
Beethoven le compuso una en dos movimientos, que tuvo una
gran repercusión en su estreno y en los meses posteriores: *La batalla
de Vitoria* o *La victoria de Wellington* Op. 91.

Hay que reconocer que la pieza de Beethoven no tiene una
gran calidad musical, pero nuevamente es un excelente ejemplo de
la capacidad descriptiva de su música. Se trata de un homenaje al
general inglés, quien estaba consiguiendo echar a las tropas napoleónicas de España. A pesar de su escaso valor musical, esta obra
constituyó uno de los éxitos más rotundos de Beethoven, que lo
convirtió por fin en un personaje querido por el público vienés.

Esta composición fue un encargo que Johann Nepomuk le hizo a Beethoven para «panarmónica», uno de sus diversos inventos que consistía en una gran caja de música con campanas múltiples. Además, puesto que Beethoven se hallaba preparando un viaje a Inglaterra, la ocasión parecía perfecta para componer una obra que sirviera como saludo de bienvenida a los ingleses. La pieza consta de dos

> ### Johann-Nepomuk Maelzel (1772-1838)
>
> Checo establecido en Viena desde 1792, era mecánico de la corte e inventó y mejoró muchos autómatas. Su invento más célebre fue el metrónomo, en 1816, que lo plagió parcialmente a Dietrich Nikolaus Winkel.
>
> Además, fabricó varios dispositivos acústicos (trompas acústicas) para tratar de mejorar —sin éxito— la audición de Beethoven.

movimientos: la *Batalla*, en la que se enfrentan el ejército inglés y el francés en Vitoria, y la *Sinfonía de victoria*. La composición estuvo terminada a comienzos de octubre de 1813 y fue el propio Maelzel quien organizó un concierto en diciembre de ese año en el que se interpretó *La victoria de Wellington* y también se estrenó la *Séptima Sinfonía*. De aquel estreno nos ha llegado una descripción en la que se deja constancia del avance de la sordera en Beethoven ya en esta fecha. Los compositores Salieri y Hummel estaban encargados de disparar los cañonazos, mientras que el compositor Meyerbeer estaba en el bombo. Dirigía la orquesta un buen amigo de Beethoven, el violinista Ignaz Schuppanzig. Cuando le preguntaron a Beethoven que si oía bien todos los detalles, contestó: «Oigo bien el bombo».[12]

En el primer movimiento se escucha al ejército inglés acercarse (con un redoble de tambor cada vez más cercano, un toque de trompeta seguido del himno inglés *Rule Britannia*). A continuación se escucha al ejército francés realizar la misma acción, pero el himno que le escribe Beethoven no es *La Marsellesa*, que ya era el himno nacional francés, sino que le dedica una canción popular de la época anterior (la etapa borbónica): *Malbrough s'en va t'en guerre*.

El hecho de que Beethoven escogiera deliberadamente esta canción y no el himno oficial francés es una muestra más del desprecio que sentía por Francia, gobernada por Napoleón.

Esta canción pasó a España como *Mambrú se fue a la guerra* con algunas modificaciones en la melodía, aunque mantuvo el texto traducido al español. La melodía original francesa de esta canción coincide con la de otra canción popular: «Porque es un muchacho excelente». Así, cuando se escucha la pieza de Beethoven, si no se conoce esta historia, parece que, en lugar de escuchar el himno equivocado de Francia, se está celebrando el cumpleaños de alguno de sus soldados.

Finalizadas las presentaciones de ambos ejércitos, se escucha una provocación del ejército francés y la inmediata aceptación de la contienda por parte del británico. A continuación, comienza la batalla, que en la partitura de Beethoven indica con círculos en blanco los cañonazos del ejército francés y círculos en negro los del ejército inglés. Una vez termina la batalla, los cañonazos de ambos ejércitos se alejan y distancian en el tiempo.

El segundo movimiento, titulado *Sinfonía de la victoria*, comienza con otro himno inglés, el solemne *God Save the King!* En dos orquestaciones diferentes: la primera, contenida, solemne; la segunda, mucho más enérgica y heroica.

Beethoven envió la obra al rey de Inglaterra confiando, sin éxito, en recibir algún tipo de reconocimiento o de gratificación por ella. Tampoco conoció nunca en persona a Wellington.

Quien sí lo conoció fue Goya, ya que el duque fue en 1812 a posar a la Real Academia de Bellas Artes para que le realizara un retrato. De hecho, a partir del dibujo en sanguina que hoy se conserva en el Museo Británico, Goya completó dos lienzos al óleo: un retrato ecuestre conservado en la que fue la mansión del duque de Wellington en Londres y otro de medio cuerpo, que está en la National Gallery de Londres. De los tres retratos, el ecuestre fue pintado con tanta celeridad que Goya reaprovechó un lienzo en el que ya había un retrato ecuestre pintado (al que se ha identificado como Godoy o como José Bonaparte).[13] Del retrato al óleo y de medio cuerpo conservado en la National Gallery de Londres destacan especialmente el cuidado y precisión con el que Goya pintó el rostro y también todas las condecoraciones del duque, que incluyen varias españolas, como la Orden del Toisón de Oro, que cuelga de su cuello.

La llegada del siglo xix dio comienzo a una intensa época de profundos cambios políticos y sociales en toda Europa y América. Como todos los grandes cambios en la historia de la humanidad, no llegaron de manera pacífica, sino acompañados por sangrientas guerras que impactaron profundamente en toda la sociedad y que invitaron a los dos artistas a crear un gran número de obras que describieran la situación. Cada uno, desde su vivencia y sus necesidades vitales, dejaron constancia de la dura realidad vivida, tal vez como catalizador de su propia experiencia o tal vez como advertencia para el futuro. Ojalá sus avisos hubieran tenido un impacto suficiente como para prevenir nuevas contiendas. Lamentablemente, las obras de arte que los dos crearon se nos presentan en la actualidad como un terrible testimonio de lo vivido sin que hayan servido para evitar masacres posteriores.

Goya, *Saturno*, 1820-1823. Museo del Prado.

La música
de Beethoven
seleccionada.

10

Sordera, oscuridad y abismo

¡Ay de aquellos ciegos que tomaron a Beethoven por sordo!
WILHELM VON LENZ, musicólogo

¿Qué tienen en común Goya y Beethoven? Que los dos se quedaron sordos. Parecería un chiste si no fuera porque quedarse sordo no tiene ninguna gracia. Sin embargo, tras años de investigación sobre este tema, la sordera de Goya y Beethoven se impone con claridad como el paralelismo más evidente entre los dos artistas. A estas alturas de la lectura, ya sabemos que tuvieron otros muchos puntos en común, pero tanto la sordera como sus causas y consecuencias son una parada obligatoria en el viaje que recorre la vida de ambos.

Lo cierto es que la fascinación que suscitan estos dos grandes artistas es tal que doscientos años después de sus muertes se sigue

investigando sobre las posibles causas de las sorderas que los aquejaron. Tanto la sociedad en general como la comunidad científica
en particular siguen haciéndose todo tipo de preguntas en torno a
su pérdida de audición: ¿por qué se quedaron sordos? ¿Qué implicó
la sordera en sus vidas? ¿Cómo se enfrentaron a ella? Si hubieran
vivido en el presente, ¿podrían haber mejorado o incluso recupera-
do completamente la audición? Veamos punto por punto qué información se tiene en la actualidad y qué grado de paralelismo real
existe entre ellas.

En primer lugar, la pérdida de audición de cada uno de ellos
fue diferente, lo que sugiere causas distintas. En segundo lugar, los
tratamientos a los que se sometieron uno y otro fueron también diferentes. Sin embargo, ambos coincidieron en que esta discapacidad
les provocó un aislamiento social y los llevó más allá de los límites
de su propia creatividad.

Goya cayó fulminantemente enfermo en diciembre de 1792,
cuando tenía cuarenta y seis años, mientras estaba en Sevilla. Tuvo
fuertes episodios de vértigos, dolores de cabeza, ruidos en los oídos,
descoordinación motriz, ceguera y malestar general que lo obligaron a guardar cama durante varios meses. En enero de 1793 solicitó permiso a la Casa Real para trasladarse a casa de su amigo Sebas-
tián Martínez en Cádiz y proseguir allí su recuperación, que se
prolongó hasta mayo de 1793. Tras recuperarse de la mayoría de
aquellas afecciones, la única secuela definitiva que le quedó fue la
sordera, que fue total y le sobrevino de manera súbita.

Beethoven comenzó a sentir síntomas de una leve pérdida de
audición tres años después que Goya, en 1796, cuando solo tenía
veintiséis años y llevaba dos viviendo en Viena. Después de dar un
largo paseo en un caluroso día de verano, llegó a su casa empapado
en sudor y para refrescarse no solo abrió las puertas y ventanas, sino
que se desnudó hasta la cintura y se asomó a la ventana. Como consecuencia, en los días siguientes padeció una grave enfermedad que
le afectó a los oídos y que poco a poco desembocó en la sordera.[1]
Aun así, el propio Beethoven contaba una historia distinta sobre la

aparición de su sordera. Según él, durante un ensayo en su juventud, discutió fuertemente con un tenor, lo que le hizo perder el control de sí mismo y cayó redondo al suelo. Al volver en sí, había perdido el oído. Probablemente esta historia no es más que un intento de Beethoven de explicar su sordera cuando esta era ya total y así dotar a la enfermedad de un halo místico relacionado con su pasión musical. Sin embargo, los datos que se tienen no avalan esta bonita historia contada por el compositor, quien a lo largo de veinte años tuvo una pérdida de audición gradual hasta que llegó a ser total.

Causas de las sorderas

Tratar de conocer hoy las causas de las sorderas de Goya y Beethoven es intentar hacer un diagnóstico sin paciente. Solo se tienen algunos testimonios de la época que describen sus dolencias, pero poco más. Aun así, muchos han sido los especialistas que han aventurado su propio dictamen.

Además, parece que tanto a la población general como a los especialistas les cuesta aceptar que estos dos artistas, convertidos en mitos e idealizados en todos los aspectos de su vida, pudieran haber quedado sordos por una enfermedad que no fuera tan extraordinaria como su talento o, peor aún, por una enfermedad venérea. Para el público que los admira, todo en ellos debe ser fuera de lo normal y lo cotidiano, también sus padecimientos, olvidando que antes que artistas los dos fueron hombres y que sufrían enfermedades, como todos los demás.

Los síntomas que precedieron la sordera de Goya son compatibles con un catálogo muy amplio de dolencias y, en busca del diagnóstico que más se aproxime al acertado, las teorías que se han vertido en los últimos doscientos años sobre la causa de su sordera han ido desde el saturnismo (intoxicación por el plomo de la pintura que utilizaba) al síndrome de Susac,[2] la laberintitis y la sífilis.[3]

El saturnismo, que estaba ya perfectamente descrito en 1796, podría tener origen en el blanco de plomo. Era la causa aceptada para los dolores de estómago que muchísimos pintores tenían en la época. La teoría de la parálisis de los nervios auditivos ha tenido muchos defensores y sus posibles causas también son diversas: desde ingesta de mercurio para tratar alguna enfermedad venérea a la propia enfermedad venérea (probablemente sífilis). Por último, la teoría más novedosa y moderna es la lanzada en el año 2019 por la investigadora Ronna Hertzano, quien afirma que los síntomas de Goya son compatibles con el síndrome de Susac,[4] una rara dolencia del sistema inmunológico.

En el caso de Beethoven, las conjeturas sobre su sordera son tan diversas como especialistas se han pronunciado al respecto. Parece que todos los investigadores desean lanzar su propia hipótesis original. De hecho, cada vez que un estudio propone una nueva especulación acerca del origen de la sordera de Beethoven encuentra difusión inmediata en prácticamente todos los espacios informativos del mundo. Para elaborar sus teorías, los expertos han contado con los testimonios de la época y con el análisis de algunos de los supuestos restos físicos del compositor. Así, cada pocos años aparecen nuevas investigaciones y nuevos datos, aunque de momento ninguno es concluyente.

La primera teoría para explicar el origen de la sordera de Beethoven apuntaba a una laberintitis,[5] es decir, una inflamación de los nervios auditivos, probablemente de origen gástrico. De hecho, la historia que él contaba sobre la discusión con un tenor tras la que cayó fulminantemente al suelo perdiendo el oído a continuación concuerda con la descripción de un vértigo agudo, una «apoplejía laberíntica» que pudo darse por un aumento de la presión sanguínea en uno de sus ataques de furia.[6] No obstante, la laberintitis solo sería un diagnóstico posible en el caso de que la sordera de Beethoven hubiera sido súbita, como lo fue la de Goya. Por eso, esta teoría se ha descartado por la mayoría de los expertos.

Junto con la hipótesis de la laberintitis también se propuso la de la otosclerosis,[7] enfermedad que produce un endurecimiento progresivo de la unión del estribo con la entrada al oído interno. Este diagnóstico encaja mejor con la sordera paulatina que el compositor padeció.

Sin embargo, el sensacionalismo en torno a la sordera de Beethoven aumenta al contar con jugosos elementos que aparecen de vez en cuando y que animan a los investigadores a explorar nuevas teorías: desde fragmentos del cráneo del compositor conservados en secreto a mechones de su cabello custodiados a lo largo de los siglos como reliquias. Hoy en día la historia sigue despertando interés y cualquier elemento relacionado con Beethoven se cotiza al alza y alcanza asombrosas sumas de dinero en subastas, como ocurrió con el llamado «mechón de Hiller».

Con la aparición de dicho mechón de pelo, las dos teorías anteriores fueron descartadas y cobró fuerza la hipótesis del saturnismo, es decir, intoxicación por plomo. Aunque los análisis en busca de ese elemento en los restos biológicos de Beethoven son recurrentes y todos dan como resultado la presencia de este metal, los estudios más recientes lo descartan como la causa de la sordera. A pesar de ello, se ha desarrollado toda una línea teórica sobre cómo se produjo la intoxicación: en un principio se aceptó que podía ser por culpa de comer pescado de un Danubio contaminado (como si, según esa teoría, el resto de los habitantes de Viena no hubieran tenido que correr la misma suerte) o de beber grandes cantidades de vino de mala calidad y adulterado con plomo. Otra explicación a la intoxicación por plomo fue afirmar que se produjo por el empleo de utensilios fabricados con ese material.

Sin embargo, la investigación volvió a dar un vuelco a los diagnósticos del sordo más famoso de la historia de la música. Así, un reciente y amplísimo estudio genético publicado en 2023 que ha analizado ocho muestras de pelo supuestamente pertenecientes al

> ## El mechón de Hiller
>
> El compositor Ferdinand Hiller fue el dueño de un supuesto mechón de pelo de Beethoven que conservó durante el resto de su vida y que pasó de generación en generación hasta el presente. Dicho mechón se subastó en 1994 y alcanzó la cifra de 7.300 dólares.

compositor ha demostrado que el mechón de Hiller ni siquiera era de Beethoven y que, por lo tanto, la presencia de plomo en él no tiene nada que ver con su sordera. De hecho, de los ocho mechones analizados, solo cinco fueron válidos y lamentablemente no sirvieron para identificar ninguna enfermedad genética que pudiera explicar ni la sordera ni los problemas gástricos de Beethoven.[8] Sí confirmaron su predisposición genética a desarrollar enfermedades hepáticas, y parece demostrado que en los últimos meses de vida el compositor padeció hepatitis.

Aun así, Beethoven sigue aportando doscientos años después de su muerte material para avivar su leyenda porque, además de todos esos mechones de pelo, recientemente han aparecido los que podrían ser diez fragmentos del cráneo del compositor. Han llegado a la Universidad de Viena a través de la donación del empresario estadounidense Paul Kaufmann, cuyo tío bisabuelo era el médico y antropólogo Franz Romeo Seligmann, que estuvo en el equipo de médicos forenses que analizó parte de los restos de Beethoven tras su exhumación en 1863, cuando se trasladó su tumba de cementerio. Parece ser que hubo algunos huesos que no se devolvieron y que se conservaron dentro de un cofre metálico con el nombre de Beethoven grabado en él. Tan valioso recipiente estuvo custodiado en la caja fuerte de un banco francés hasta 1990 y en 2023 los huesos que contenía han sido finalmente devueltos a la Universidad de Viena. Los diez fragmentos ya han sido analizados en Estados Unidos, pero, al no tratarse ninguno de ellos de los huesos temporales, no se ha podido confirmar ni desmentir el diagnóstico de otosclerosis.[9]

Finalmente, existe la teoría de la sífilis, que tiene sus propias variantes según distintos investigadores. Hay quien afirma que Beethoven contrajo esa enfermedad por su actividad sexual en los burdeles de Viena y hay quien cree que fue una triste herencia congénita, pudiendo haber contraído la enfermedad en el útero materno.[10] No obstante, de haberse contagiado de sífilis por vía uterina, probablemente la sordera habría aparecido mucho antes, dificultando incluso el desarrollo del habla.

Al margen de las causas de sus respectivas sorderas, es evidente que a ambos artistas esta discapacidad los condujo hasta casi el abismo personal y artístico, y les provocó una profunda tristeza vital que se tradujo en una introversión social y dejó huella en sus creaciones. Por eso, ante la imposibilidad de conocer la causa de las sorderas, ¿por qué no plantearnos cuáles fueron sus efectos tanto en sus vidas como en sus obras?

Efecto de la sordera en sus vidas

Incluso hoy la sordera es una de las afecciones de salud que más aflige a la vida social de quienes la padecen. Hace doscientos años, la pérdida de audición que Goya y Beethoven padecieron tuvo un indudable efecto en sus vidas profesionales y personales. No obstante, el verdadero paralelismo entre las discapacidades de ambos habría sido que Beethoven se quedara sordo y que Goya se quedara ciego, pero que aun así siguiera pintando igual que Beethoven siguió componiendo.

Beethoven no se podía permitir reconocer en público que se estaba quedando sordo. ¿Un músico sordo? ¡Eso es impensable! Habría perdido contratos, encargos, conciertos y alumnos. Además, en la Viena de su época había una competencia musical feroz y Beethoven tenía muchos enemigos y competidores. Durante más de dos años esquivó las reuniones sociales por miedo a que se notasen los efectos de la debilidad de su oído. Así se lo confesó a su amigo y médico Wegeler en 1801: «¿Si lo oyesen mis enemigos, que son numerosos, qué dirían?».[11] Aceptar su sordera hubiera significado el final de su carrera de manera automática. Sin duda alguna, esa imagen

---

Heiligenstadt

Hasta 1892, Heiligenstadt fue un municipio independiente situado en el norte de Viena. En la época de Beethoven contaba con algo más de 60 casas y no llegaba a 500 habitantes. Era un encantador pueblecito a las afueras de la ciudad, rodeado de campos y con una fuente termal con supuestos poderes curativos.

de genio abstraído de la realidad, completamente inmerso en sus pensamientos, víctima de lo que sus allegados llamaban «raptus», es el resultado de que el propio Beethoven se escudaba en afirmar que atendía a su inspiración creativa en lugar de reconocer que no podía oír las conversaciones que se tenían a su alrededor. No obstante, a pesar de intentar esconder la sordera el máximo tiempo posible detrás de esa introspección, finalmente tuvo que ceder ante la evidencia. Con el progresivo avance de la enfermedad, le resultó imposible dar conciertos y su vida social se vio seriamente afectada.

En 1802 Beethoven se sentía tan abatido que llegó a considerar la posibilidad de suicidarse. Fue cuando escribió el famoso documento conocido como testamento de Heiligenstadt, que contiene un desgarrador testimonio de su desesperación ante el avance de su sordera:

> ¡Ah! Vosotros, hombres, que me creéis hostil, terco y misántropo, qué injustos sois conmigo. No conocéis la causa secreta de lo que vos parece así. [...] Si a veces he decidido no dar importancia a todo eso, ay, ¡con qué crueldad me ha desmentido luego la triste experiencia de mi debilidad de oído! Y aún no acertaba a decir a la gente: «Hablad más fuerte, gritad, que estoy sordo». Ay, ¿cómo podía yo confesar la debilidad de un sentido que en mí debía ser más refinado que en los demás, un sentido que antaño poseía de manera perfecta. [...] ¡Qué humillación cuando alguien, próximo a mí, oía desde lejos el sonido de una flauta y yo no oía nada, u oía el canto de un pastor y yo seguía sin oír nada! Estas experiencias me han llevado hasta el borde de la desesperación, y poco ha faltado para que yo pusiera fin a mi vida.[12]

Junto a su firma indica: «Para mis hermanos, para leerlo y ejecutarlo después de mi muerte». Este texto, todo un testamento vital, fue cuidadosamente guardado por el compositor en un cajón secreto de su mesa de trabajo, junto con la carta a la amada inmortal y dos retratos de mujeres. Estos documentos secretamente custodiados fueron una leña magnífica que se utilizó para avivar el fuego de los misterios y el mito de Beethoven.

No es que en comparación con la sordera de Beethoven la de Goya fuera algo liviana o sin importancia, pero sí es cierto que en su caso, siendo pintor, la pérdida de audición no tuvo un efecto tan dramático en su vida profesional, al menos no de una forma tan directa. Con todo, la sordera le impidió desarrollar algunas actividades con solvencia y por eso abandonó la dirección de la Real Academia de Bellas Artes de San Fernando en 1797. Había aceptado el cargo dos años antes, cuando ya estaba sordo, con «la esperanza de que le sirviera de alivio para sus males»,[13] pero en vista de que sus males no habían mejorado, él se veía en la obligación de dejar el puesto. En esta ocasión, la institución que tan duramente lo había juzgado en su juventud tuvo la generosidad de nombrarlo unánimemente director honorario.

El aislamiento en el que Goya quedó sumido hizo que centrara su mirada en el dolor existente en el mundo, en lo injusto, desigual y malvado que el ser humano podía llegar a ser. Igual que le ocurrió a Beethoven, su vida social también se vio muy afectada por esta discapacidad y, como consecuencia de ella, sus aficiones tuvieron que adaptarse a la nueva situación. Por ejemplo, antes de quedarse sordo Goya había sido un gran aficionado a la música, el baile y el teatro. Tras la enfermedad, consagró buena parte de su tiempo libre a la lectura.

Además, a Goya siempre le gustó reunirse con amigos y charlar, jugar y divertirse. Después de quedarse sordo, era frecuente que en las reuniones de amigos, al no poder participar de las conversaciones, el pintor se entretuviera realizando caricaturas de los asistentes o de personajes conocidos, para divertir a los contertulios. Un magnífico ejemplo de ello es el pliego con dieciséis cabezas que realizó mientras estaba en una tertulia en casa de los marqueses de la Santa Cruz, probablemente en 1797. Entre las caras hay todo tipo de personas y gestos, algunos son cómicos, otros grotescos, pero ninguno neutral: desde frailes gordos y viejos a hombres sonriendo, con rostro de simio y también gordos, pasando por otros cuya cara parece la de un conejo, aristócratas narigudos, hombres con gesto desconfiado o una mujer con la punta de la nariz pegada a la cara. En el reverso, hay un autorretrato de Goya cabizbajo y meditabundo, con un aire profundamente triste, probablemente reflejo del sentimiento de soledad en el que la sordera lo sumió. Por suerte para él, la pérdida de la audición no le impidió seguir disfrutando de la que era una de sus aficiones favoritas: la caza.

Tratamientos de las sorderas

Desde siempre, la persona que pierde la audición busca soluciones allá donde se las ofrezcan. Por suerte para nosotros, el número y la calidad de las soluciones a nuestro alcance han aumentado significativamente. En su momento, los dos artistas hicieron todo lo posible por recuperar total o al menos parcialmente su oído, probando literalmente todos los remedios que tuvieron a la mano.

Máquina eléctrica para tratar la sordera

La máquina eléctrica que utilizó Goya para tratar, sin éxito, la recuperación de su sordera había sido inventada en 1663 por el físico alemán Otto von Guericke y hasta la invención de la pila voltaica por Alessandro Volta en 1800 fue el único generador de electricidad. Lo cierto es que la máquina no funcionaba correctamente y no se sabe si no la arreglaron o si Goya no volvió a tener acceso a la máquina una vez reparada.

En lo que a tratamientos se refiere, a los dos les recomendaron la solución favorita para todos los males hasta bien entrado el siglo XX: baños termales. Goya estuvo en Trillo y Beethoven, tanto en Heiligenstadt como en Teplice. Además de estos baños termales, el resto de los tratamientos que se conocen de uno y otro son bastante diferentes. Goya se sometió a un tratamiento de electroterapia con una máquina eléctrica propiedad de la Casa Real.[14] Este aparato pretendía estimular eléctricamente el oído lesionado cuyo conducto se había llenado previamente de agua salada. No obstante, en aquel momento no se podía calibrar con exactitud la carga eléctrica y el invento no dio resultado alguno. Ante la imposibilidad de recuperar el oído, Goya aprendió lengua de signos para comunicarse con las personas cercanas.

Si hubieran puesto una máquina eléctrica como la que utilizó Goya al alcance de Beethoven, seguro que la habría probado porque se sometió a todos los tratamientos que le ofrecieron, aunque también sin éxito. En su caso, dado que su sordera fue progresiva, pasó varios años intentando mantener parte de su oído con trompas acústicas que le fabricó Johann Nepomuk Maelzel (el inventor del metrónomo) y que se conservan en la casa museo de Bonn. Otra de las herramientas que utilizaba para poder oír era una placa que se hizo instalar en el piano y en la que apoyaba los dientes. De esta forma, la vibración del instrumento alcanzaba por vía ósea el oído interno y lograba oír algo. No obstante, Beethoven no podía morder todo aquello que deseara escuchar, de forma que su progresiva sordera lo fue aislando de su entorno. Por su parte, en lugar de aprender lengua de signos, a partir de 1817 utilizó unos cuadernos de conversación donde sus interlocutores le escribían las preguntas y él respondía de viva voz. Estos cuadernos nos han permitido conocer al menos en parte de qué temas hablaba Beethoven con sus amigos.

Otra pregunta que muchos aficionados a la música y al arte se hacen es qué hubiera pasado si hubieran vivido en el siglo XXI: ¿habrían obtenido solución a sus respectivas sorderas? La ciencia médica ha avanzado mucho en estos dos siglos y la respuesta es que probablemente sí. Goya podría haberse puesto unos implantes cocleares,[15] dispositivos que transforman las señales acústicas en señales eléctricas, estimulando así el nervio auditivo. En el caso de Beethoven, si la causa fue una otosclerosis, podría en primer lugar haberse sometido a una operación quirúrgica o bien haberse servido de algún audífono moderno. Otra opción hubiera sido implantarse un audífono de conducción ósea,[16] que transmite la vibración del sonido a los huesos del cráneo de forma que alcanza el oído interno. Por otra parte, algunas investigaciones recientes centradas en las células ciliadas, que son clave para la capacidad auditiva, han demostrado que su regeneración es posible,[17] lo que abre la posibilidad de que en el futuro se pueda mejorar la audición de algunos pacientes con dolencias similares a las de Beethoven.

Ninguna de estas soluciones realmente recupera la audición con total calidad, pero hubieran impedido en gran medida su aislamiento social y amargura vital.

Efecto general de las enfermedades en sus vidas

Ojalá las sorderas hubieran sido las únicas enfermedades que tuvieron los dos artistas. Lamentablemente, ambos padecieron otras dolencias que los obligaron a estar en contacto con diversos médicos. Por otra parte, si bien es cierto que fue en el siglo XVIII cuando la medicina experimentó grandes adelantos, también lo es que todavía no se habían descubierto ni las causas ni los posibles tratamientos de muchas enfermedades que hoy son comunes, pero que hace doscientos años podían ser letales. Esto provocó que la mayoría de los médicos tuvieran muy pocas herramientas para atender a pacientes con dolencias algo más complejas, como fueron las de los dos artistas.

En el caso Beethoven, probablemente su mala salud fue la consecuencia de su estilo de vida, su alimentación y sus costumbres. Al compositor lo aquejaron muchas enfermedades a lo largo de su vida. Además de la desconocida afección que lo dejó sordo, la autopsia de Beethoven reveló que padecía cirrosis hepática, y durante su vida tuvo problemas gástricos constantes, hemorragias nasales y escupía sangre, posiblemente como resultado de una bronquitis.[18] Debido a todas las enfermedades por las que pasó, Beethoven se vio en la obligación de estar en permanente contacto con médicos, a quienes detestaba y cuyos consejos desoía constantemente. Ese persistente mal estado de salud, unido a las dificultades de su vida, tanto económicas como personales, le hacía estar de muy mal humor con frecuencia.

Por lo tanto, si ya era difícil tratar con él en el día a día, debía de ser el peor paciente al que un médico tuviera que atender en momentos de enfermedad. Como ya hemos visto, estar cerca de Beethoven significaba vivir en constante riesgo de discutir con él, así que no sorprende que de todos los médicos que tuvo solo respetara a uno de ellos, precisamente al que más lejos vivía de él: Franz Gerhard Wegeler, su amigo de infancia que estudió Medicina y se quedó a vivir en Bonn. A él le confesaba todas sus dolencias y el suyo fue el único criterio del que no dudó. Lástima que su amigo y sus consejos tampoco aliviaran demasiado el malestar del compositor.

Si la vida de Beethoven estuvo tristemente marcada por la enfermedad, la de Goya fue más afortunada, ya que solo se han documentado tres enfermedades graves: la que lo dejó sordo en 1793; otra, probablemente tifus, en 1820, y otra más, estando ya en Burdeos, en 1825, que le paralizó la vejiga y que casi termina con su vida. En esas tres ocasiones, Goya escapó de la muerte, aunque no siempre sin secuelas.

Aun así, aunque su salud general fue algo mejor que la de Beethoven, Goya coincide con el compositor en que tampoco tuvo una imagen muy positiva de los médicos a los que conoció, excepto de uno de ellos. En su caso, vivía cerca: se trataba del doctor Arrieta, con quien se retrató en un cuadro de 1820. Sin embargo, salvo esta excepción, la mayoría de las alusiones a los médicos en las cartas o en sus grabados dejan a los galenos en muy mala posición.

Entre las sátiras que Goya pintó sobre los médicos, destacan algunos dibujos y grabados. Es el caso del Capricho *¿De qué mal morirá?*, en el que un burro elegantemente vestido le toma el pulso con su pezuña a un moribundo en la cama. El propio Goya aporta una lectura más clara a este grabado al decir: «No hay que preguntar de qué mal ha muerto el enfermo que hace caso de médicos bestias e ignorantes».[19] Así, en este grabado, como en otros protagonizados por burros, Goya critica no solo a los médicos incompetentes, sino también a quien comete la imprudencia de ponerse en sus manos. Esa misma advertencia del riesgo de ponerse en manos de falsos doctores es la que realiza en el dibujo de la *Consulta médica*, en la que el supuesto médico y el paciente, con cuerpos deformes y expresión poco inteligente, aparecen representados casi como si fuera una caricatura.

Curiosamente, dado que los títulos que Goya les otorga a sus dibujos y grabados son con frecuencia más elocuentes y mordaces que las propias imágenes, la mayor crítica que Goya hace a los médicos es a través del dibujo *El abogado. Ese a nadie perdona, pero no es tan dañino como un médico malo*. Dos profesiones duramente criticadas con un solo dibujo.

— EFECTO DE LA SORDERA EN SUS CREACIONES —

Resulta bastante curioso que apenas se conserven obras pintadas por Goya para sí mismo antes de la sordera, pero que sí haya muchas de después. Llega a dar la sensación de que su actividad pictórica era exclusivamente su profesión, pero que no formaba parte de su vida. Fue precisamente a partir del momento en el que se quedó fulminantemente sordo cuando Goya comenzó a hacer obras para él, o al menos son las realizadas a partir de este momento las que se han conservado. Destacan la serie de grabados de los *Caprichos*, pero no fueron los únicos. También realizó los *Desastres de la guerra*, las *Tauromaquias* y, por encima de todo ello, las *Pinturas negras*. Hubo también pinturas sin encargo previo que Goya vendió a coleccionistas privados que visitaban de vez en cuando su taller, así como otras obras de pequeño formato que ofreció a la Academia de Bellas Artes. Además, debido a sus alucinaciones durante la convalecencia de la enfermedad que lo terminó dejando sordo, parece claro que Goya tuvo miedo de caer en la locura. Prueba de ello son los *Caprichos* y los *Desastres*.

La sordera de Beethoven tuvo un fuerte impacto en su vida social y también en sus creaciones. Después de escribir el testamento de Heiligenstadt, atravesó un periodo de extraordinaria creatividad, como si quisiera darle al mundo lo mejor de sí mismo. Algún tiempo después, todos los reveses de la vida y su mala salud lo empujaron al extremo opuesto y experimentó una larga temporada de dificultad para escribir.

Pinturas negras

Al margen del drama personal, imposible de cuantificar, sus respectivas sorderas llevaron a ambos artistas a sumirse en una reflexión interior profunda que los condujo hasta casi el abismo personal y artístico.

Cuando Goya tenía ya setenta y tres años, en 1819, compró una villa a las afueras de Madrid, junto a la pradera de San Isidro, donde pasaría los últimos años en España antes de partir hacia Francia en 1824. Curiosamente, esta casa se conoce como la Quinta del Sordo porque el anterior propietario también lo estaba.

Con la de técnicas de pintura que dominaba Goya, hay que reconocer que escogió una bastante curiosa para decorar las paredes de su casa. Ni pintura al fresco ni óleo sobre lienzo: óleo a secco, es decir, óleo directamente sobre la pared. Además, a diferencia de lo que hizo con los *Caprichos* o con los *Desastres*, Goya no le dio título a ninguna de estas pinturas ni dejó pistas sobre su significado. Sin duda alguna, no pensó jamás que esas obras fueran a colgar de las paredes del Museo del Prado, que abrió sus puertas el mismo año en que él compró la casa. A este conjunto de pinturas se las conoce como *Pinturas negras* porque los pigmentos utilizados son tan oscuros que dan a todas las obras una luz muy tenebrosa, tanto que parece que todas sus escenas se producen de noche. Estas obras, cuyos temas tratan sin tapujos la maldad, el terror, la ignorancia y la muerte, son estéticamente tan avanzadas a su tiempo que resulta difícil de creer que su autor sea el mismo que se encargó de realizar los luminosos y amables cartones para tapices cuarenta años antes. De hecho, el propio Goya trató en una de estas pinturas el mismo tema que en uno de los cartones: *La pradera de San Isidro* y la comparación entre una y otra resulta sobrecogedora.

Goya pintó estas obras entre 1819 y 1824. Después abandonó la casa y hay que esperar varias décadas antes de que aparezcan mencionadas en algún sitio. Primero fue en 1867, en un inventario de las obras propiedad del hijo de Goya realizado por el pintor Antonio Brugada. Unos años más tarde, en 1873, el barón Émile d'Erlanger adquirió la casa y mandó arrancar las pinturas y pasarlas a lienzo para exhibirlas en la Exposición Universal de París. En ese proceso, las pinturas sufrieron daños irreparables y fueron sensiblemente modificadas por Salvador Martínez Cubells, el restaurador encargado de tan difícil tarea. Por suerte, antes de que lo hiciera, entre 1866 y 1874 el fotógrafo Jean Laurent retrató los dos pisos, lo que nos permite conocer la ubicación de cada una de ellas. Además, contamos con las descripciones que hicieron algunas personas que las vieron en persona, como el escritor Charles Yriarte. La casa fue derruida en torno a 1909. La exhibición de las *Pinturas negras* tuvo tan poco éxito que el barón las donó al Museo del Prado en 1881.

Estas pinturas resultan fascinantes por todo cuanto las rodea: desde la técnica utilizada a su composición, los tonos empleados, la dureza representativa y las dudas que plantean al espectador. ¿Qué quería decir Goya con ellas? ¿Por qué decoró su casa con imágenes en apariencia tan duras? ¿Tienen un significado político? De nuevo el misterio se cierne sobre las obras y las circunstancias del pintor, y este misterio ha propiciado que haya casi más teorías sobre el significado de las *Pinturas negras* que sobre las causas de la sordera de Goya. Hay quien ha querido ver en ellas una forma de expulsar la locura; otros ven una muestra de la modernidad extrema del pintor, y, por supuesto, no faltan las teorías sobre el significado político de España. Sin embargo, hay que tener en cuenta un detalle muy importante. La operación de traspasar las pinturas a lienzo fue extremadamente complicada y como resultado hubo mucha pérdida de material, forzando repintes por parte del restaurador encargado de la tarea. Las modificaciones, unidas a la ausencia de títulos o de cualquier otra información del propio Goya que pudiera arrojar luz sobre estas tenebrosas imágenes, hacen casi imposible interpre-

tar correcta y completamente las pinturas. Gracias al análisis de las
fotografías conocemos al menos qué modificaciones sufrieron. Por
ejemplo, en el caso del *Duelo a garrotazos*, las piernas de los dos
hombres peleando han terminado enterradas hasta las rodillas, en
lugar de apoyarse sobre la hierba, que era la disposición original. En
la pintura de Goya, los dos hombres tienen libertad de movimiento.
Así, no serían dos hombres peleando hasta la muerte, que es como
se ha querido ver históricamente a esta pintura, llegándose a lanzar
teorías sobre la lucha entre las «dos Españas». Otra víctima de bo-
rrados y repintes es el *Perro semihundido*, en el que el restaurador
borró dos pájaros volando y también un fondo montañoso. Con
esos elementos eliminados, el perro no estaría tan angustiosamente
solo, sino que los dos pájaros volando podrían simbolizar una esperanza de libertad.

Una vez más, la búsqueda de respuestas en la vida y la obra de
Goya nos lleva a plantearnos nuevas preguntas, lo que garantiza que
durante los próximos siglos seguiremos viendo estudios sobre el
genial pintor.

Último periodo de Beethoven

Tal y como ya se ha explicado en el capítulo 4, la vida creativa de
Beethoven se ha dividido en tres grandes periodos. El primero
de ellos duró hasta que, en 1802, comenzó a sentir la sordera; el
segundo está marcado por las composiciones con un carácter heroico, y el último, a partir de 1814 y hasta su muerte, lo estuvo por
la sordera. De hecho, el inicio de este último periodo hay quien
lo sitúa en 1817, fecha de la que datan los primeros cuadernos de
conversación que evidencian que su sordera era casi total.

La sordera marcó de forma indudable el proceso creativo de
Beethoven, pero no su creatividad. Su incapacidad para oír le hacía
muy difícil mantener conversaciones, por lo que era frecuente que
se entregase a sus propios pensamientos, casi siempre musicales, en
cualquier situación y en compañía de quien fuera. Esos «raptus»
creativos bajo los que inicialmente camufló la triste realidad de su

deteriorado oído se convirtieron en su método de trabajo: Beethoven siempre llevaba un cuaderno de papel pautado (con pentagramas) para poder anotar ideas en cualquier momento y en cualquier lugar. Además, como atestiguan sus apuntes, encontramos en la misma página bocetos de obras diferentes porque solía trabajar en varias piezas a la vez.

Beethoven solo sabía manejarse con cierta garantía de éxito en el mundo del sonido, aunque este sonido solo resonara en su cabeza. El mundo real, el tangible, en el que hay que pagar facturas, negociar con teatros y editores, buscar y mantener contento al servicio y tener relaciones sociales medianamente sanas, le resultaba ajeno y hostil. Este sentimiento de hostilidad lo invitó a continuar encerrado en su propio universo sonoro y creativo, en el que, no sin esfuerzo y muchísimas horas de dedicación, compuso obras que trascendieron su tiempo y le ganaron un puesto en la eternidad.

Dado que comenzó a sentir su debilidad de oído con tan solo veintiocho años, y la pérdida de su capacidad fue gradual, algunas de las obras más importantes de su catálogo fueron escritas cuando ya no oía nada. Es el ejemplo de las obras que integran este tercer y último periodo de su vida: las Sonatas para violonchelo y piano Op. 102, las últimas ocho sonatas para piano solo (de las treinta y dos que compuso), la *Missa Solemnis*, la *Novena Sinfonía* y los últimos cinco cuartetos de cuerda.

Desde el punto de vista del carácter musical de sus piezas, tal vez el rasgo más característico de esta última etapa de Beethoven sea que al impulso vital que subyace en toda su música le incorpora dos factores extremos: el misterio y la sorpresa. Además, desde la perspectiva de las herramientas compositivas utilizadas, en este último periodo, Beethoven emplea con mucha más frecuencia las texturas contrapuntísticas, es decir, un tipo de escritura musical en el que cada instrumento o cada voz expone sus ideas musicales, que son imitadas o repetidas por los demás instrumentos o voces que se entrelazan a lo largo de toda la pieza. Este tipo de textura musical fue ampliamente desarrollado en el Barroco, pero la dimensión que adquiere en Beethoven lanza la escritura del contrapunto directamente a la modernidad, del mismo modo que las *Pinturas negras* de Goya suponen un lanzamiento a las vanguardias artísticas de principios del siglo XX.

Esta escritura contrapuntística de melodías y voces entrelazadas se puede apreciar con mucha claridad en la *Novena Sinfonía*, en la *Missa Solemnis* y, desde luego, en los últimos cinco cuartetos de cuerda.

Dado que Beethoven falleció en 1827, tendemos a ver sus últimos cuartetos de cuerda, compuestos en los últimos dos años de vida, como un testamento vital. Pero, en realidad, estas piezas no son las últimas palabras de un anciano que ve próxima su muerte, sino que su novedosa estructura y su rompedor planteamiento estético hacen presagiar que Beethoven ha comenzado un nuevo camino de expresión y, por lo tanto, más que ante un final, nos encontramos ante un nuevo comienzo. A pesar de ello, el catálogo de Beethoven es tan completo y tan avanzado que nadie se ha lamentado jamás de pensar qué obras maestras podría haber creado de haber vivido ochenta y dos años, como Goya.

Los últimos cinco cuartetos de cuerda son extraordinarios tanto en su estructura musical (número de movimientos) como en el uso del contrapunto entre los cuatro instrumentos. Su interpretación es extremadamente compleja

---

Cuartetos de cuerda

Según Goethe, «un cuarteto de cuerda es una conversación racional entre cuatro personas inteligentes».

Los cuartetos de cuerda son agrupaciones de música de cámara integradas por dos violines, una viola y un violonchelo. Por su capacidad de empastar la sonoridad de los cuatro instrumentos se convirtió en un género de composición musical propio que fue ampliamente cultivado tanto por Mozart como por Haydn y finalmente desarrollado por Beethoven. Generalmente los cuartetos de cuerda tienen cuatro movimientos, aunque Beethoven rompió esa estructura en los últimos que compuso.

y esa fue su perdición en su estreno, ya que Beethoven les hizo llegar las copias a los músicos con muy poco margen de tiempo. Eso provocó que no pudieran ensayar lo suficiente y que los estrenos fueran desastrosos.

El Cuarteto Op. 130 tenía originalmente seis movimientos, en lugar de los cuatro habituales. Con el estreno de este cuarteto, al pobre Beethoven le ocurrió lo que ya le había pasado más veces en su vida: tras trabajar duramente en una composición y convencerse de que su resultado era magnífico, se llevaba la decepción de que el público lo recibía con frialdad o incluso lo rechazaba. Fue el caso del último movimiento de este cuarteto, la *Gran Fuga*, de más de dieciséis minutos de duración y elevadísima dificultad musical, que fue muy mal recibida por el público por la dificultad de comprensión que representa. Tanto fue así que su editor le sugirió que remplazara este último movimiento por otro final alternativo, por el que cobraría una suma de dinero adicional si la publicaba como obra por separado, con el número de Opus 133.

En otro de los cuartetos de este último periodo, el Cuarteto en la menor Op. 132, Beethoven también incluyó un número de movimientos superior al habitual: cinco en lugar de cuatro. El movimiento lento, el tercero, fue titulado *Alabanza divina por la recuperación de un convaleciente*, donde está claro que el enfermo era el propio Beethoven.

El último de sus cuartetos de cuerda, el Op. 135 en fa mayor, lo escribió durante su último año de vida y le resultó especialmente difícil terminarlo. Según le confesó a su editor, recurrió a una anécdota de su vida para encontrar el material musical del último movimiento. Al parecer, un melómano llamado Ignaz Dembscher celebraba fiestas musicales en su casa y en cierta ocasión los músicos quisieron tocar el cuarteto en si bemol mayor de Beethoven, precisamente el Op. 130, cuya *Gran Fuga* había tenido que ser remplazada. En ese momento se supo que Dembscher no había pagado la entrada para asistir al estreno de dicho cuarteto y Beethoven le reclamó que pagara 150 florines si deseaba que le enviara las partituras. Al saber de esta petición, Dembscher se rio y preguntó: «¿Debe ser así?», a lo que, por lo visto, Beethoven contestó con el canon del último movimiento del último cuarteto: «¡Debe ser así! ¡Sacad la cartera!»,[20] que tituló *Der schwer gefasste Entschluss*, es decir, *La decisión difícilmente tomada*.

Tal vez por la vanguardia estilística que supusieron, los últimos cuartetos de cuerda de Beethoven no tuvieron una cálida acogida en Viena, una ciudad que estaba empezando a preferir música más ligera, como la ofrecida por las óperas bufas del compositor italiano Gioachino Rossini. Aun así, Beethoven no cedió a la presión ambiental en favor de esa música menos trascendente y mantuvo su libertad creadora en todas sus composiciones de madurez. Él sabía que no escribía para su presente, sino para tiempos venideros.

El análisis de sus cuadernos de trabajo deja claro que, para Beethoven, el proceso de composición no era ni rápido, ni ágil, ni fresco. Pasaba semanas, meses e incluso años dándole vueltas a las mismas ideas musicales hasta dar con su forma definitiva. El ejemplo más claro de ello lo encontramos en la melodía de la *Oda a la Alegría* de su *Novena Sinfonía*, que ya aparece esbozada entremezclada con otro material musical treinta años antes de que la compusiera.

Lo que convierte a estas piezas en obras maestras no es que fueron compuestas cuando Beethoven estaba sordo, sino el desarrollo musical del material sonoro y la madurez de su planteamiento. Los movimientos rápidos son virtuosos, los lentos son introspectivos y profundos. En todo caso, el hecho de que las escribiera estando sordo hace que nos parezcan todavía más extraordinarias.

En conclusión, aunque el paralelismo más evidente entre los dos artistas es precisamente que ambos se quedaron sordos, lo cierto es que sus respectivas sorderas poco tuvieron en común: ni su origen, ni su desarrollo ni tampoco los tratamientos médicos a los que se sometieron. En todo caso, ninguno recuperó la audición. La sordera de Goya, que fue fulminante, encerró al artista en su propio mundo, y se aprecia con claridad un antes y un después en su creación artística relacionada con esta discapacidad. La de Beethoven, que progresivamente lo dejó sordo y lo aisló de su entorno sin que él pudiera siquiera reconocerlo, influyó en la amargura de su carácter, pero no tanto en su capacidad creativa. En ambos casos, la sordera les supuso un desafío vital que, lejos de hundirlos, probablemente los espoleó para que se enfrentaran a las dificultades creando un legado artístico de profundo impacto en la historia del arte. Quién sabe si hoy hablaríamos de ellos si sus respectivas sorderas no los hubieran empujado a sobrepasar todos sus límites.

V

UNA HABITACIÓN PROPIA

Goya, *Divina Libertad*, 1814–1823.
Museo del Prado.

La música
de Beethoven
seleccionada.

11

Divina libertad

Ni vista ni pulso ni pluma ni tintero, todo me falta, y solo la voluntad me sobra.
FRANCISCO DE GOYA

Amar la libertad por encima de todo, nunca negar la verdad,
aunque sea delante del trono.
LUDWIG VAN BEETHOVEN

No se sabe lo que se tiene hasta que se pierde, y si lo que se pierde es la libertad, con mayor razón se luchará por recuperarla. Los ciudadanos europeos ni tuvieron libertad ni pudieron soñar con ella hasta la Revolución francesa, pero incluso en las décadas siguientes la libertad fue un derecho por el que tuvieron que pelear en repetidas ocasiones.

Divina Libertad es el título de un pequeño dibujo que Goya probablemente pintó en algún momento entre la aprobación de la

Constitución de 1812 y el Trienio Liberal (desde 1820 a 1823), ya que en este dibujo Goya representa la libertad (o el deseo de ella) que se respiraba en España en esos momentos. El artista muestra en él las ilusiones por los proyectos de los liberales, que lamentablemente no llegaron a consolidarse al terminar el Trienio Liberal con el regreso al trono de Fernando VII.

El pequeño dibujo representa a un hombre sonriente, arrodillado y que extiende sus brazos hacia el cielo de donde bajan unos rayos celestiales. No está de rodillas para rezar ni extiende sus brazos en señal de alabanza, sino que está preparado para recibir la Libertad con mayúsculas, que le llega en forma de rayos divinos. Por sus ropas, con capa y sombrero de copa, podemos deducir que se trata de un hombre de principios del siglo XIX. En el suelo, junto a él, vemos unos papeles y plumas, lo que indica que es un escritor y nos recuerda que para escribir es necesaria la libertad tanto de pensamiento como de expresión.

Pruebas de la falta de libertad que Goya y Beethoven sufrieron las encontramos, por ejemplo, en el hecho de que ninguno de los dos podía abandonar la ciudad en la que vivían sin el permiso expreso de algún miembro de la corte o de la aristocracia, o en la imposibilidad de expresar las propias opiniones políticas en público, o incluso en la limitada posibilidad de reunirse con un grupo numeroso de amigos que no fueran de la familia.

Esa Libertad, poco importa que fuera divina o terrenal, es la que buscan tanto Goya como Beethoven. La libertad es el destino de ambos, pero cada uno de ellos lo encontrará de manera distinta.

Al marcharse a Burdeos, Goya logró por fin tener «paz en su casa»,[1] como explicó Moratín. Por lo menos, previa autorización real, Goya gozó de libertad de movimientos para lograr la libertad de espíritu. Por el contrario, Beethoven solo pudo luchar por la segunda. Él, que ansiaba marcharse de la ciudad imperial, que se sentía atrapado en ella, que anhelaba darse a conocer ante otros públicos a los que imaginaba más benévolos con su música que el vienés, no tuvo más remedio que quedarse en Viena. No encontró paz ni en su casa ni fuera de ella, pero sí mantuvo su espíritu y logró la libertad a través de sus creaciones.

1824: rumbo a Burdeos

En 1824 Goya y Leocadia decidieron marcharse de España. La situación política era cada vez más tensa y todos aquellos que se habían significado políticamente del lado de los franceses apoyando la invasión o respaldando las ideas liberales contrarias a Fernando VII, como era el caso de Leocadia, corrían peligro en España. Para poder moverse de la capital sin perder su sueldo, Goya debía pedir permiso a la Casa Real. Así que, con la excusa de «tomar aguas» y aprovechando sin duda que su estilo pictórico no parecía complacer al rey Fernando VII, solicitó un permiso para marcharse de España que no tardó en llegar. En su viaje a Francia, cuyo trayecto duró algo más de cuatro días, primero se detuvo en Burdeos, donde vivían muchos emigrados españoles, especialmente su amigo Leandro Fernández de Moratín, quien describió en una carta fechada el 27 de junio de 1824 cómo llega Goya a Burdeos: «Sordo, viejo, torpe y débil, y sin saber una palabra de francés y sin traer un criado (que nadie más que él no necesita) y tan contento y tan deseoso de ver mundo».[2] Esta sorprendente vitalidad en un anciano de setenta y ocho años lo llevó a viajar enseguida a París. Allí visitó museos y a algunos amigos, pero en menos de tres meses había regresado a Burdeos para instalarse y recibir a Leocadia y a los dos hijos menores de la mujer en septiembre de ese año.[3]

Como a todos los exiliados españoles en Francia, a Goya lo siguió la policía francesa, que realizó informes en los que se describían todos sus movimientos y actividades y quedaba claro que no tenían nada de sospechosos, a diferencia de otros españoles residentes en Francia. Tal vez el ejemplo más claro de cerco policial lo encontramos en torno a la condesa de Chinchón, en cuya casa se mantenían reuniones de exiliados liberales, todos ellos seguidos muy de cerca por la policía francesa.

Sin embargo, hay dos hechos objetivos que demuestran que Goya se exilió voluntariamente y que no tuvo que huir de España. En primer lugar, después de este viaje a Francia, Goya regresó libremente a Madrid en al menos dos ocasiones para gestionar asuntos económicos. En segundo lugar, conservó su sueldo íntegro de la Casa Real hasta el momento de su muerte. Si hubiera sido un exiliado indeseable, no hubiera podido volver a España sin ser apresado ni hubiera cobrado un salario oficial.

Pero ¿por qué se marchó? Nuevamente, la incertidumbre rodea la vida y las decisiones del pintor. Parece que, a pesar de no tener problemas directos con el gobierno, Goya no se sentía seguro con los grupos descontrolados y temía que lo atacasen a él o a sus propiedades. A fin de cuentas, él había jurado lealtad al «rey intruso» José Bonaparte y lo había retratado en el cuadro *Alegoría de la Villa de Madrid*, aunque luego hubiera tapado su efigie con la palabra «Constitución». Además, aunque oficialmente no tenía problemas con el gobierno, lo cierto es que Fernando VII lo había apartado de la corte y con esa acción la aristocracia también había dejado de hacerle encargos, lo que había provocado una reducción significativa de sus ingresos. Por otra parte, sí es cierto que Goya no comulgaba con la política absolutista del rey y, aunque no lo declaró nunca públicamente, el análisis de sus obras y de sus pasos deja claro que prefería los planteamientos liberales.

Tras dos años de permisos prorrogados de seis en seis meses para supuestamente tomar baños que le hicieran mejorar de sus dolencias, finalmente Goya logra jubilarse con su sueldo completo en 1826. Esta estabilidad económica unida a su capacidad de ahorro y buenas inversiones le permitieron retirarse con total tranquilidad.

Pero ¿por qué se marchó a Burdeos y no a París o a cualquier otra ciudad? Dos razones de peso parecen haber inclinado la balanza. En primer lugar, la económica. Burdeos era una ciudad mucho más barata que París, y en segundo lugar, la social. Es a Burdeos donde se han marchado casi todos sus amigos, incluyendo a Leandro Fernández de Moratín y a su consuegro, Martín Miguel de Goicoechea. Pero no son los únicos. Moratín explica que Burdeos estaba cada vez más lleno de exiliados españoles.

Al marcharse a Francia, Goya abandonó todo: sus propiedades, su familia y los pocos amigos aún que le quedaban en España, pero ganaba la libertad de no vivir bajo los caprichos del régimen fernandino.

En su día a día en Burdeos, Goya se dedica a pasear por la ciudad con Leocadia y la niña; van a merendar chocolate; visitan la feria que se celebra cada otoño y disfrutan de una vida apacible y sin grandes complicaciones. A Rosario, a quien cuida como a su propia hija, le alquila un piano y le paga clases particulares para que aprenda a tocarlo. Goya lamenta no poder escuchar el sonido del instrumento tocado por la niña. En esta etapa de su vida creativa, Goya puede dedicarse a plasmar todos los temas que le interesan sin tener que adaptarse a los encargos de la corte ni a los caprichos de los aristócratas. Por fin pinta lo que quiere. Por eso, los retratos que hace son solo para amigos y, gracias también a no tener obligaciones de encargos, se dedica a aprender nuevas técnicas pictóricas, que se explican a continuación. Así, se podría ver en Goya la personificación de su propio dibujo *Aun aprendo*, en el que un anciano avanza apoyado sobre dos bastones. El viejo dirige al espectador una viva mirada y una sonrisa algo irónica. Se ha tomado este dibujo como un autorretrato de Goya, que siendo casi octogenario se ha marchado a vivir a Burdeos y ha empezado allí una nueva vida.

Le decía a su amigo Joaquín María Ferrer en una carta el 20 de diciembre de 1825 lo siguiente: «Ni vista ni pulso ni pluma ni tintero, todo me falta, y solo la voluntad me sobra».[4]

Litografías y miniaturas
Estos últimos cuatro años de vida en Burdeos significan una última etapa de libertad en la que las ganas de crear, aprender y vivir de Goya salen reforzadas. Así, no solo dedica buena parte de su tiempo libre a enseñar a pintar a Rosarito, quien tiene un gran ta-

lento y es el orgullo del pintor, sino que él mismo aprende nuevas técnicas, como la litografía y las miniaturas sobre marfil.

Lo cierto es que ya había tenido contacto con ambas técnicas años atrás en Madrid, pero es durante su estancia en Burdeos cuando las retoma y perfecciona. En el caso de las miniaturas sobre marfil, se conservan los siete retratos de su hijo Javier y de su familia política, que pintó con motivo de la boda de su hijo en 1805, pero la técnica de la miniatura hasta ese momento se basaba en el uso de muchos pequeños puntos. En su etapa bordelesa, Goya ideó una nueva técnica bastante ingeniosa, que consistía en preparar la superficie del marfil con clara de huevo o con goma arábiga para luego ennegrecerla con carbón. A continuación, con una gota de agua eliminaba parte del fondo y sobre la mancha blanca y los surcos que caprichosamente se creaban, ideaba el dibujo que fuera a crear, rascando el negro que quedaba o añadiendo algo de color.[5] Lo más novedoso de esta técnica es la indeterminación previa del dibujo. Él no sabía qué forma adoptaría la gota de agua que le dejaría el marfil preparado para pintar. Es la propia herramienta de trabajo la que determinará el aspecto que el pintor dará a sus dibujos. Con esta técnica, Goya le ha dado la vuelta a su proceso creativo: en lugar de pintar sobre el lienzo en blanco, entresaca sus figuras de la negrura del carbón sobre el marfil.

Se sabe que Goya pintó al menos cuarenta miniaturas en sus años de Burdeos, aunque solo se conservan diez de ellas, que son impactantes por la contradicción que suponen: su pequeño tamaño contrasta con su fuerza expresiva. Tal y como recoge Janis Tomlinson en su estudio del pintor, un coleccionista se refirió a estas miniaturas como «grandes cuadros minúsculos».[6]

En cuanto a la litografía, en 1819, unos años antes de marcharse a Burdeos, Goya ya había tenido contacto con esta técnica en Madrid. Fue en el taller de José María Cardano, que ya entonces imprimió algunos dibujos de Goya.

Cuando el pintor llegó a la ciudad francesa, observó que la técnica litográfica estaba muy extendida allí, por lo que también experimentó con ella. Creó varias litografías de pequeño tamaño que le sirvieron para dominar por completo la técnica antes de alcanzar el nivel de *Los toros de Burdeos*, una colección de cinco litografías de gran tamaño con una fuerte carga dramática tanto por los temas escogidos como por la forma de representarlos. Dotadas de un ritmo muy apasionado, en ellas Goya prima el movimiento de sus personajes y representa distintos momentos de las corridas de toros: desde una cogida hasta los banderilleros, la entrada a matar o el rejoneo de un toro por parte de un torero procedente de Argentina o Perú. Los toros, una de sus aficiones favoritas, se habían prohibido en España. Se ha querido ver en las deformidades de muchos de los protagonistas de esta colección de litografías una denuncia hacia la furia y la brutalidad que las corridas de toros entrañan. La fuerza, el vigor y la energía que transmiten son todavía más llamativas si tenemos en cuenta que las creó en 1825, cuando tenía casi ochenta años.

Técnica de la litografía

La técnica de la litografía tuvo una rápida difusión por Europa desde que en 1796 la desarrollara Alois Senefelder.

Este procedimiento se realiza en una superficie de piedra caliza sobre la que se dibuja con un lápiz graso litográfico. A continuación, se procede a humedecer la piedra, pero la grasa del lápiz repele el agua y en cambio absorbe la tinta litográfica. Se coloca una hoja de papel sobre la piedra y se presiona con una prensa litográfica, transfiriendo el reverso del dibujo al papel.

La lechera de Burdeos

Uno de los últimos cuadros atribuidos al pintor es *La lechera de Burdeos*. La luz que envuelve a su protagonista y la manera de transmitir la ligereza de los tejidos vaporosos a través de las pinceladas han hecho que se considere esta obra como una precursora del Impresionismo, lo que nos lleva a maravillarnos una vez más por la inagotable evolución creativa de su autor, quien solo cinco años antes había creado las *Pinturas negras*. Sin embargo, la autoría única de este cuadro fue puesta en entredicho hace años y, aunque en el catálogo del Museo del Prado la obra sigue atribuida en exclusiva a Goya, se ha aceptado que se trata de una obra pintada en colaboración con Rosario.

¿Por qué en colaboración, y no solo de Goya o solo de Rosario? Por muchos motivos. El primero, porque la paleta de colores empleada y el estilo de la pintura no tienen nada en común con el resto de las obras creadas por el pintor en Burdeos. El segundo, porque la jarra y la figura de la mujer no tienen el volumen y el acabado que Goya hubiera podido darles. El tercero, porque la lechera sale de perfil, lo que es mucho más fácil de representar para un principiante que si estuviera mirando de frente, y el cuarto motivo, porque la lechera se parece a algunos bocetos de dibujos que Rosario hizo en 1828.[7] Con tantas razones para atribuirle el cuadro en exclusiva a Rosario, ¿por qué se mantiene que Goya también participó en su creación? Porque la niña tenía trece años de edad y sus otras obras hasta ese momento no están tan bien terminadas como esta. Parece, por lo tanto, que la respuesta más lógica es que *La lechera de Burdeos* fue un cuadro pintado entre los dos y que era muy valorado por ambos. Tanto es así que Goya le dijo a Leocadia que no lo vendiera por menos de una onza de oro, lo que hizo más de un año después del fallecimiento del pintor con «mucho sentimiento de Rosario».[8]

Soledad en Viena

Al final de su vida, Beethoven sintió con mayor intensidad la soledad en Viena. Algunos de sus amigos y protectores, habían muerto y el resto se habían marchado de la ciudad imperial, sin una perspectiva cercana de regreso. La familia Brunsvik se había instalado en Hungría, el príncipe Lobkowicz había fallecido, por lo que Beethoven tuvo que lidiar con sus herederos para seguir cobrando la asignación; el príncipe Razumovski se había arruinado tras el incendio de su palacio y se había marchado de Viena; el violinista Schuppanzigh se había ido a Rusia con Razumovski y tardaría varios años en volver; la condesa Anne Marie Erdödy también se había ido de Viena para no volver nunca, aunque desde la distancia mostraba su cariño por el compositor, con el que mantuvo correspondencia durante todos esos años. Además, su amigo y antiguo alumno Ferdinand Ries estaba ya instalado en Londres. Así las cosas, la realidad de Beethoven no era otra que la enfermedad y la sordera acuciándole cada día, y sobre todo la soledad al quedarle muy pocas personas en Viena con las que compartir su tiempo y sus anhelos.

Con el fin de paliar esta terrible soledad, Beethoven se planteó viajar para visitar a algunos de esos amigos, pero, por una parte, el famoso contrato no le ponía las cosas fáciles y, por otra, no parece que los amigos respondieran con la hospitalidad que el compositor necesitaba. Así que Beethoven, quien deseaba marcharse de Viena y necesitaba cambiar de aires, que se sentía cada vez más solo y como si fuera un preso, tuvo que quedarse en la ciudad y seguir buscando su libertad a través de sus obras.

Por si la soledad personal no fuera suficiente, su música era cada vez menos interpretada y menos comprendida en Viena, donde, como ya hemos visto, triunfaba en ese momento Gioachino Rossini. El compositor italiano viajó en 1822 a Viena para recibir un baño de multitudes aprovechando la extraordinaria fama que había alcanzado en los últimos años en Europa. Mientras Rossini triunfaba, el reconocimiento de Beethoven caía en picado y el fracaso del estreno de sus últimos cuartetos no mejoró la situación.

Por otra parte, después del Congreso de Viena, el ré-

Gioachino Rossini (1792-1868)

Fue un compositor italiano que ganó mucha fama gracias a sus óperas cómicas, aunque cultivó otros géneros musicales, como las canciones, la música de cámara y algo de música religiosa.

Desde muy joven conoció el éxito como compositor y en 1823 se instaló en París. Con solo treinta y siete años se retiró de la composición musical prácticamente por completo.

gimen policial instaurado por Metternich propició que, del mismo modo que Goya fue estrechamente vigilado por la policía francesa, Beethoven lo fuera por la austriaca y, si no tuvo más problemas con ella fue porque su fama y prestigio lo protegían al menos hasta cierto punto. En esos tiempos, en Austria estaban prohibidas las reuniones de más de unas pocas personas que no pertenecieran a la misma familia y el mero hecho de pronunciar la palabra libertad podía conducir al arresto.[9] En un contexto tan asfixiante, la arrebatadora personalidad de Beethoven solo podía meterlo en dificultades. El compositor no tenía el más mínimo reparo en expresar de viva voz sus duras críticas al sistema político y al gobierno en las tabernas que frecuentaba. Por ello, sus amigos tuvieron que reprenderle en más de una ocasión advirtiéndole de que no hablara tan alto, porque el que él estuviera sordo no implicaba que los espías lo estuvieran también.[10]

Según el análisis de los cuadernos de conversación que han llegado hasta la actualidad, no había tema alguno que a Beethoven le interesara más en esta etapa final de su vida que la política. Él y su entorno compartían muchas ideas y en general todos estaban de acuerdo en sus convicciones contra la Santa Alianza, los Borbones, el régimen político, la censura, la policía, el clero, la aristocracia y los bancos. Además, el círculo de Beethoven también estaba a favor del sufragio universal, de la libertad de expresión y de opinión, y eran partidarios del régimen parlamentario. Normal que los vigilaran a todos: estas ideas eran consideradas peligrosísimas por el gobierno de Metternich.

Por si todo esto fuera poco, además de no quedarle casi amigos en Viena y de no poder disfrutar de los éxitos profesionales que merecía, la salud de Beethoven era cada vez más débil y la preocupación creciente por su sobrino Karl no facilitaba su vida en absoluto.

1824. *Novena Sinfonía*

En febrero de 1824 Beethoven finaliza la composición de su *Novena Sinfonía*. Esta obra, que simboliza el canto a la hermandad de los hombres y a la libertad, se estrenó el 7 de mayo de ese mismo año, solo unas semanas antes de que Goya pusiera rumbo a Burdeos.

El proceso compositivo de la *Novena Sinfonía* fue largo, complejo y le llevó a Beethoven casi treinta años de desarrollo musical. Ya en 1793 tenía en mente poner música a la oda *An die Freude* (*Oda a la Alegría*), de Schiller, y desde ese momento aparecen en sus apuntes garabatos con variaciones sobre lo que será la melodía final.

¿Cuál fue el detonante de que escribiera por fin la sinfonía más grande de las compuestas hasta ese momento? Llevaba años trabajando en algunos de sus fragmentos, pero lo que lo llevó a iniciar la composición de la sinfonía fue otro sinsabor a los que la vida le tenía acostumbrado. En el mes de noviembre de 1823 murió el maestro de capilla de la corte imperial, y el conde Moritz Lichnowsky, hermano del famoso mecenas de Beethoven, quiso garantizarle al compositor una posición segura y asentada en Viena. Por eso, prácticamente lo obligó a presentar su candidatura para este puesto. La respuesta de la corte fue suprimir la plaza bajo el siempre socorrido pretexto del ahorro económico, pero dicha excusa no engañó a nadie: resultaba imposible preferir abiertamente a otro compositor antes que a Beethoven, pero es que a este, conocidos sus malos modos, no lo querían ni en pintura.[11] Así, tras este nuevo y fallido intento de entrar al servicio de la corte imperial, el mismo conde Lichnowsky animó a Beethoven a componer una misa para el emperador, pero atendiendo a su gusto musical. Cuando el compositor comprobó la cantidad de restricciones que se le imponían a la hora de componer para la corte imperial, hizo gala una vez más de su gusto por la libertad desistiendo definitivamente de lograr un puesto como compositor en la corte y consagrándose a la composición de su nueva sinfonía, la *Novena*.

El texto de Schiller que Beethoven incluyó al final de la sinfonía es un canto a la hermandad y la libertad de todos los hombres del mundo. Aunque la *Novena Sinfonía* tardó décadas en ser valorada y entendida por el público, finalmente se ha establecido sólidamente en el lugar de la historia de la música que le corresponde:

una obra universalmente conocida por la humanidad, interpretada no solo en salas de conciertos, sino en todo tipo de ocasiones en las que se desea celebrar la unión de los hombres. Por ese motivo, el hecho de que la *Oda a la Alegría* haya sido elegida como himno de la Unión Europea es todo un acierto en lo que a visión sociológica se refiere, y con toda seguridad habría hecho sentir a Beethoven muy orgulloso de ello.

La música que Beethoven compuso en el último periodo de su vida estuvo caracterizada por un uso muy frecuente de las texturas contrapuntísticas, es decir, de diálogos e imitaciones musicales entre las voces. La *Novena Sinfonía* no solamente supuso un grandioso ejemplo de contrapunto, sino también del uso de la repetición de ideas musicales como herramienta para aportar unidad a la obra. La famosa melodía de la *Oda a la Alegría* aparece en incontables ocasiones a lo largo de toda la obra y Beethoven la somete a toda clase de modificaciones, variaciones y juegos. De hecho, aunque la *Novena* es hoy una obra sobradamente conocida, la primera vez que un oyente moderno la escucha completa tiene la sensación de que la *Oda a la Alegría* va a empezar en cualquier momento. Sin embargo, antes de entregarnos la oda completa, Beethoven nos la hace desear, ofreciéndonos solo fragmentos e imitaciones de la melodía durante la primera media hora de la obra, que dura algo más de una hora. Por eso, su efecto es tan impactante, porque la *Oda a la Alegría* es una promesa largamente esperada y por fin cumplida.

Debido a la mala acogida que la música de Beethoven llevaba años teniendo en Viena, el compositor se planteó que el estreno de esta grandiosa *Novena Sinfonía* se produjera en otra ciudad, y esa ciudad fue Berlín. Sin embargo, al igual que ya ocurrió en 1809, cuando Beethoven quiso marcharse a la corte de Jerónimo Bonaparte, Viena reaccionó ante la perspectiva de perder al maestro. El círculo de admiradores de Beethoven escribió una carta suplicándole que no negase a Viena el estreno de su magnífica sinfonía y que se publicó en dos periódicos de la ciudad. Beethoven aceptó permanecer en Viena y se dispuso a organizar el estreno. Él deseaba que se llevara a cabo en el Teatro an der Wien y que los violinistas estuvieran liderados por Schuppanzigh, su gran amigo y defensor. Además, los músicos de la orquesta querían que el director fuera Franz Clement, un amigo de Beethoven. Lamentablemente, la dirección del teatro no estuvo de acuerdo en estas imposiciones y en el último minuto Beethoven se llevó el estreno a otro teatro, el Kärntnertor, que era más pequeño y que le ofreció peores condiciones económicas. Se proyectaron tres ensayos generales, pero finalmente solo se pudieron hacer dos y todos los cantantes solistas se quejaron de lo agudas que eran las notas que debían cantar. De hecho, el bajo solista se retiró poco antes del concierto y tuvo que ser sustituido.[12] La mayoría de los cantantes del coro y de los músicos de la orquesta no eran profesionales y, a pesar de que habían hecho ensayos parciales, probablemente el resultado sonoro de una música tan difícil de comprender para la época estuvo muy lejos de ser aceptable.

En el momento del estreno de su *Novena Sinfonía*, toda Viena sabía ya que Beethoven estaba completamente sordo y muy enfermo, por lo que el acontecimiento fue tomado casi como una última oportunidad de ver al maestro en acción.[13] A pesar de todas las dificultades y del más que probable pésimo resultado sonoro de esta primera interpretación, el estreno fue un éxito de público. No se sabe si aplaudieron la obra, al compositor, a todo su legado o al mito, pero buena parte de los asistentes se entregó con pasión a los aplausos al finalizar la interpretación.

El director del estreno finalmente fue Michael Umlauf y estuvo en el podio con el compositor a su lado, quien quería controlar la velocidad de la interpretación, sin comprender que no podía hacerlo por culpa de su sordera. Como ya había hecho en anteriores ocasiones, Umlauf le dijo a la orquesta que le hicieran caso a él y no al compositor. Sea como fuere, cuando se tocó la *Novena Sinfonía* por primera vez, estuvieron los dos frente a la orquesta.

Al terminar la obra, Beethoven no se dio cuenta del clamor del público y la soprano solista tuvo que indicarle que se diera la vuelta para recibir la enorme ovación que le estaban dedicando y que él no podía oír.

No obstante, parece que las alegrías no podían llegar de forma completa a la vida de Beethoven y, a pesar del éxito del público, el estreno de la *Novena Sinfonía* fue un sonado fracaso económico. Aunque el teatro se había llenado, el compositor no había conseguido subir el precio de las entradas, y los gastos de copias de partituras, músicos y cantantes dieron un balance francamente escaso. Beethoven contaba con los beneficios de ese concierto para volver a sanear sus maltrechas cuentas, pero le quedaron poco más de 400 florines, una miseria. Para tratar de compensar las pérdidas, se organizó un segundo concierto dos semanas más tarde, el 23 de mayo en el Hofburg. El programa no solo incluyó la *Novena*, sino también otras obras, incluso un aria de Rossini. Sin embargo, con el buen tiempo, los vieneses ya habían abandonado la ciudad hacia sus residencias veraniegas y el concierto no solo no dio beneficios, sino que costó dinero. No se llegó a organizar un tercer concierto con la *Novena*. La sinfonía más grande escrita hasta el momento y que doscientos años después sigue llenando salas de conciertos en todo el mundo tuvo un estreno precario, en unas condiciones completamente desfavorables y con un resultado económico ruinoso.

Aun así, lo cierto es que con sus sinfonías Beethoven se erigió como un gigante que ha obligado a todos los compositores posteriores a medirse con él, ya fuera para continuar su trabajo o para abrir nuevas vías de creación. Pocos se atrevieron a pensar en superarlo. Por ejemplo, el compositor alemán Johannes Brahms terminó su primera sinfonía en 1876 después de trabajar en ella durante más de veinte años. A esta primera sinfonía, el director de orquesta Hans von Bülow le dio el apodo de «Décima de Beethoven».

Cuando Beethoven finalizó la composición de la sinfonía, casi nadie a su alrededor se percató del ímprobo esfuerzo que había realizado. Esa obra significaba la materialización del sueño de una vida, la cristalización de treinta años de lenta fragua musical dedicada a cantar a la alegría y a la hermandad de todos los hombres. La grandeza de su creación pasó desapercibida ante algo tan mundano y superficial como su mal aspecto y su deterioro exterior, que sí fue de lo que todos se dieron cuenta.[14]

Algunas personas ven acercarse su final y tienen la oportunidad de dejar un testamento, o al menos de intentarlo. Otras no esperan que su final llegue tan pronto. Fue el caso de Beethoven, quien, aunque se sabía enfermo, no se podía ni imaginar que le quedaban poco menos de tres años de vida. Beethoven solo alcanzó la madurez, pero, incluso sin haber llegado a ser un venerable anciano, se le podría perfectamente aplicar el mismo dibujo que a Goya, *Aun aprendo*, porque en ningún momento de su vida dejó de crear, ni tampoco el malestar físico le impidió seguir buscando la forma más completa y libre de su expresión. Lo fácil hubiera sido rendirse, tirar la toalla y dejar de escribir o dedicarse en exclusiva a crear piezas ligeras y de fácil consumo para el público. Pero caer en ello hubiera significado el final de su divina libertad creativa.

Por su parte, poco después de llegar a Burdeos, Goya fantaseó con la idea de que tal vez viviría tanto como Tiziano. No fue así, pero, aunque él sabía que su final estaba cerca y que su legado artístico estaba completo, en Burdeos sintió la libertad que necesitaba para rejuvenecer. Allí logró pasar sus últimos años en paz y sin más preocupaciones que las de seguir cuidando de los suyos. La libertad que logró en Burdeos y las ganas de vivir y de seguir aprendiendo fueron sin duda el mejor reconocimiento a una vida de esfuerzo y superación.

Goya, *La lechera de Burdeos*, h. 1827.
Museo del Prado.

La música
de Beethoven
seleccionada.

12

Muerte y más allá

Ningún hombre vivo entra en la sala de los inmortales.
FRANZ GRILLPARZER,
oración fúnebre de Beethoven

Después de todas estas páginas tratando de encontrar similitudes y diferencias entre Goya y Beethoven, llegamos al tramo final de sus vidas, en el cual se dio una casualidad bastante curiosa entre los dos en torno a una lechera.

Como ya hemos explicado en el capítulo anterior, uno de los últimos cuadros atribuidos a Goya fue *La lechera de Burdeos*, datado hacia 1827, año de la muerte de Beethoven. Esta imagen representa a una joven lechera subida a lomos de una mula, transportando leche.

Una de las últimas acciones que hizo Beethoven en su vida, y sin duda la que desembocó en la enfermedad que finalmente lo llevó a la tumba, fue precisamente subirse al carro de una lechera para ir a Viena en mitad de una gélida noche de diciembre de 1826. Unos meses antes, a finales de septiembre, su hermano Johann lo había invitado a su casa en Gneixendorf, cerca de Krems, a unos setenta y cinco kilómetros de Viena, para que fuera a pasar allí una temporada. Beethoven, quien había estado todo el verano en Viena, aceptó la invitación y acudió a la casa de su hermano acompañado por el sobrino de ambos, Karl. A pesar de que la estancia comenzó siendo agradable, con el paso de las semanas la convivencia se hizo cada vez más difícil. Finalmente, Beethoven terminó discutiendo con su hermano y abandonando la casa antes de lo previsto. Viajó ese mismo día a pesar de la lluvia, pasó la noche en una posada sin calefacción y cuando llegó a Viena al día siguiente tenía una neumonía bilateral que evolucionó a lo largo de cuatro meses, unida a las demás dolencias que Beethoven arrastraba desde hacía años, y terminó con su vida.

Causa de la muerte

Cuando Beethoven nació, Goya tenía ya veinticuatro años, pero los dos murieron con apenas trece meses de diferencia. Al finalizar sus vidas, no solo habían alcanzado la cumbre de sus respectivos ámbitos artísticos, sino que, sin ellos darse cuenta, habían abonado el terreno y sembrado todas las semillas necesarias para convertirse en mitos para la eternidad.

Tanto en lo que se refiere a las enfermedades que les causaron la sordera como a las que los llevaron finalmente a la tumba, los investigadores se han dividido históricamente en dos equipos: aquellos que defienden teorías polémicas y controvertidas —como que los dos murieron por la sífilis, una enfermedad de transmisión sexual, o que Beethoven estaba alcoholizado— y otros que buscan causas más extraordinarias y nobles, como la intoxicación por plomo de Beethoven o el síndrome de Susac de Goya.

Cuál fue la causa de la muerte de Beethoven es otra pregunta más acerca de su vida privada que, al igual que ocurre con el origen de la sordera o la identidad de su amada inmortal, ha generado ríos de tinta y un sinfín de investigaciones con defensores de hipótesis más o menos escandalosas. Y una vez más, del mismo modo que ocurrió con todas estas incógnitas ya planteadas, tampoco se sabe cuál fue la razón definitiva de su fallecimiento.

Beethoven había expresado a lo largo de su vida la voluntad de que se estudiara la causa de su sordera tras su fallecimiento. Ese deseo justificó que se le practicara una autopsia y, además, se le extrajeran los huesos temporales y los de los oídos para ser analizados. El médico encargado de realizar la autopsia fue Johann Wagner, y lo hizo acompañado por un joven estudiante de Medicina llamado Karl Rokitansky, quien años después se convertiría en el padre de la anatomía patológica moderna.[1] Lamentablemente, estas muestras óseas de sus oídos se perdieron y no han vuelto a aparecer. Aun así, no debemos descartar que lo hagan en alguna subasta, y el día que eso ocurra los huesos de Beethoven volverán a ocupar las primeras páginas informativas del mundo. Es lo que sucedió con algunos fragmentos de sus huesos que parece que se obtuvieron cuando en 1863 se exhumó su cadáver para cambiarlo de ataúd. Esos huesecillos estuvieron dando tumbos por el mundo hasta 2023 y cada movimiento fue debidamente publicitado en la prensa.

Tras la neumonía desarrollada en su viaje de vuelta a Viena, Beethoven tuvo que guardar cama, con ligeras mejorías y terribles empeoramientos. El médico que lo trató en esta última enfermedad fue distinto al habitual: Andreas Wawruch. No obstante, como era frecuente en el compositor, se peleó con él a raíz de sus tratamientos y solicitó que otro médico (Malfatti), con el que también había discutido años atrás, volviera a tratarlo. Este aceptó visitarlo, pero no llegó a sustituir de forma definitiva a Wawruch.[2]

La neumonía derivó en una hidropesía, que es una acumulación de líquido en la cavidad torácica. La hidropesía no es una enfermedad en sí misma, sino un efecto de otras dolencias variadas. Si no se halla la causa que la origina y se tratan solo los síntomas que genera a través de punciones abdominales para extraer el líquido, como fue el caso de Beethoven, no se cura.

Tras su fallecimiento, se le practicó una autopsia en la que se observó que tenía el hígado afectado por cirrosis. ¿Podía esta ser la causa de la muerte? En cualquier caso, ¿por qué Beethoven padecía cirrosis?, ¿sería por abusar del alcohol? Además, en la autopsia se comprobó que los nervios auditivos estaban arrugados y sin médula, lo que explicaba su sordera. En el informe original de su autopsia, que estuvo perdido hasta 1970, se describe que su cirrosis era macronodular, es decir, que su hígado estaba plagado de grandes nódulos del tamaño de una judía. Además, el volumen del hígado era muy pequeño y el páncreas estaba muy endurecido.

Este tipo de cirrosis macronodular es el que se encuentra tras una hepatitis, a diferencia de la cirrosis micronodular, que es la que habitualmente se asocia al alcoholismo.[3] Por lo tanto, la autopsia niega el alcoholismo de Beethoven y confirma una enfermedad hepática, lo cual concuerda con la predisposición genética de Beethoven a padecer afecciones hepáticas que se ha demostrado en la investigación más reciente, en la que se han analizado genéticamente ocho mechones de pelo supuestamente pertenecientes al compositor.

Como ya se ha explicado en el capítulo 10, en esa época era frecuente que los familiares y amigos de los fallecidos cortaran un mechón de pelo para conservarlo como recuerdo. La capilla ardiente de Beethoven estuvo abierta durante todo el día 27 de marzo de 1827 para que sus admiradores, amigos y allegados pudieran despedirse de él. Al parecer, en el momento de llevarse el ataúd, la cabeza de Beethoven estaba ya casi calva, por lo que no es de extrañar que a lo largo de los siguientes doscientos años hayan aparecido mechones de pelo de Beethoven conservados como si fueran reliquias de un santo.

La historia del análisis de los mechones de pelo y de los huesos de Beethoven es fascinante porque cada pocos años se realizan nuevos estudios aplicando la tecnología más puntera y, por supuesto, los resultados llenan las páginas de periódicos en todo el mundo. Esto ha propiciado la aparición de una tercera hipótesis sobre la causa de su muerte. A la cirrosis y la neumonía se ha sumado la teoría de la intoxicación por plomo, que ya se había planteado como posible causa de la sordera. Las distintas investigaciones han dado como resultado no solo que el exceso de plomo en el pelo y los huesos de Beethoven explicaría todas sus dolencias, sino también que la cantidad de plomo, aun siendo superior a lo normal, no es suficiente para justificar su pérdida de audición ni su fallecimiento.[4] En definitiva, seguimos igual que antes: no se sabe con certeza ni por qué se quedó sordo ni si el plomo fue la causa de la sordera o incluso de la muerte.

Justo un año después de la muerte de Beethoven, cuando Goya llevaba en Burdeos ya casi cuatro años, el pintor recibió por fin la noticia de que su hijo Javier, su nuera Gumersinda y su nieto Marianín iban a visitarlo. Durante el tiempo que el pintor había vivido en Burdeos, la familia solo se había visto en las ocasiones en las que Goya había viajado a Madrid para arreglar asuntos relacionados con su salario, jubilación, testamento y permisos para permanecer en Francia. Esta feliz noticia de la visita familiar le provocó una inmediata alegría y Goya preparó todo lo necesario para acogerlos en Burdeos. Sin embargo, la alegría le duró poco, ya que pronto supo que su hijo pretendía ir de forma casi directa a París, mientras que Goya deseaba que se quedaran una larga temporada con él en Burdeos. El 28 de marzo de 1828 llegaron solo su nuera y su nieto. Su hijo lo haría unas semanas más tarde, aunque ninguno de ellos podía imaginar que no iba a llegar a tiempo de ver al pintor con vida. El 1 de abril de 1828 Goya almorzó con Leocadia, Gumersinda y Mariano. A pesar de que el pintor disfrutó de la presencia de su nieto, al cual adoraba, parece ser que la comida le sentó mal y que a la mañana siguiente se levantó muy temprano y sin habla. Afortunadamente, unas horas más tarde recuperó la capacidad de hablar, pero se quedó con una parte del cuerpo paralizada. El pintor tuvo que guardar cama esperando una recuperación completa que nunca llegó. Durante los siguientes trece días no perdió el conocimiento y era capaz de reconocer a todos los que estaban a su alrededor, pero le resultó difícil comunicarse porque estaba aturdido. Tres horas antes de morir perdió la vista. Así, se asume que la causa de la muerte de Goya fue una apoplejía, es decir, un trastorno vascular que, tras días de parálisis parcial, le terminó provocando un coma profundo y finalmente la muerte. No existen informes médicos de autopsias, si es que se practicaron. Se sabe que tuvo asistencia médica y parece probable que se autorizara un estudio de su cráneo tras el fallecimiento, como se explica un poco más adelante.

Relatos sobre sus muertes

Beethoven estuvo en su lecho de muerte durante más de cuatro meses. Ese tiempo fue más que suficiente para que la noticia de su convalecencia recorriera buena parte de Europa y vinieran muchas personas a visitarlo, probablemente con el temor de que esa fuera la última vez que lo verían. Fue el caso del compositor Johann Nepomuk Hummel y su joven estudiante Ferdinand Hiller, quien pasó a ser el propietario de uno de los mechones de pelo más famosos y caros de la historia.

A lo largo de los cuatro meses que duró su lento declive, Beethoven se entretuvo leyendo a Walter Scott y a poetas griegos y dictando cartas a sus colaboradores más cercanos, pero no encontró muchas fuerzas para componer. Aun así, se han encontrado algunos borradores de una supuesta *Décima Sinfonía* escritos en los últimos diez o doce días antes de su muerte.[5] Informados de que su enfermedad estaba también minando su economía, la Philharmonic Society de Londres envió a Beethoven 100 libras esterlinas, equivalentes a unos 1.000 florines, para paliar la situación. Esta cantidad de dinero se consideró un adelanto para la composición de su *Décima Sinfonía*.

Beethoven recibió los santos sacramentos estando completamente consciente y tranquilo en la mañana del 24 de marzo de 1827. Esa misma tarde le llegó una caja de vino Rüdesheimer Berg de parte de la editorial musical alemana Schott, que se había enterado de su enfermedad y que hacía el envío respondiendo a una

supuesta prescripción médica. Cuando Beethoven vio el regalo, solo tuvo energía para balbucear: «¡Qué lástima!, demasiado tarde».[6]
Apenas unas horas después, cayó en un coma del que ya no se despertó. Ludwig van Beethoven falleció en Viena el 26 marzo de
1827 hacia las seis menos cuarto de la tarde.

El mito de Beethoven nació en el mismísimo instante de su
muerte. Después de meses presenciando el deterioro del compositor, su círculo de allegados contemplaba con asombro la resistencia
de Beethoven en las que parecían sus últimas horas, que, sin embargo, se prolongaron durante días primero, y luego semanas. Así, en el
momento del fallecimiento había muy pocas personas a su alrededor y quedó en manos de un solo hombre el testimonio de cómo
se produjo exactamente su muerte. Ese hombre era el compositor
Anselm Hüttenbrenner, quien muchos años después relató con detalle cómo ocurrió todo. Se trata de una descripción tan conmovedora y romántica como poco verosímil.

La historia que ha pasado a la eternidad no describe un fallecimiento común, sino la última lucha de un héroe contra los elementos. El 26 de marzo se desató una terrible tormenta en Viena. A las
seis menos cuarto de la tarde, un relámpago iluminó la estancia en
la que Beethoven yacía en su lecho de muerte y unos segundos
después el estruendo del trueno hizo que el compositor recuperase
fugazmente la consciencia, abriera sus ojos y se incorporase en la
cama alzando su puño cerrado en el aire, como si le dijera al mundo que este no era el final, que estaba dispuesto a seguir luchando.
Un gesto tan desafiante como provocadora había sido toda su vida. Un gesto con el que, a fin de cuentas, mostraba que su grandeza sería aún mayor que el destino, que la vida, que los dioses y, por
supuesto, que los hombres. Inmediatamente después, su mano y él
mismo volvieron a caer sobre la cama, inertes. Hüttenbrenner sujetó la cabeza de Beethoven con una mano y puso la otra sobre el
pecho: no encontró ni pulso ni respiración.[7]

No sabemos si la muerte de Beethoven fue así o así es solo cómo Hüttenbrenner nos la ha contado, pero lo cierto es que, ante un relato tan atractivo, resulta imposible imaginarse la escena de otro modo: Beethoven nació siendo un hombre, pero murió siendo un mito.

El declive de Goya fue mucho más rápido que el de Beethoven. Desde que cayó enfermo hasta que finalmente falleció, pasaron poco más de dos semanas. Parece que el detonante de su última enfermedad fue la visita de su familia desde España, el estrés provocado por ese encuentro y el deseo de agasajar a su familia, unidos a las desavenencias que su nuera Gumersinda tenía con Leocadia. Probablemente las dos mujeres no se llevaban bien por el tipo de relación que Leocadia tenía con Goya, la diferencia de cuarenta y dos años de edad entre ellos y el miedo de la nuera a perder en favor de Leocadia parte de la herencia que ella consideraba que le correspondía a su hijo.

La crónica de la muerte de Goya es muy distinta a la que nos ha llegado de Beethoven, mucho menos heroica, pero, sin duda, más real. El 2 de abril de 1828 Goya sufrió una hemiplejia que paralizó parte de su cuerpo. A partir de ese momento, Leocadia y los amigos del pintor se turnaron para acompañarlo. Tras catorce días de agonía, la noche del 16 de abril Goya falleció a las dos de la mañana en compañía de sus dos amigos Antonio Brugada y José Pío Molina. Lo hizo en silencio, bajo una tenue lluvia. Según su médico, no sufrió.[8] Leocadia, presa del cansancio, se había retirado a descansar unos minutos antes. Siendo como era un anticlerical convencido, a diferencia de Beethoven, a Goya ni le ofrecieron los últimos sacramentos ni tampoco hubo ningún sacerdote cerca en los últimos días de su vida. En el relato de su fallecimiento no encontramos heroísmo ni pasión, solo una vida que se apagó poco a poco, con suavidad. Goya fue amortajado con un hábito de san Francisco de Paula y un rosario entre sus manos.[9]

En cierto modo, sus muertes fueron el reflejo de sus vidas. Frente a la tormenta de Viena con sus truenos y relámpagos que acompañó la partida de Beethoven, tenemos la suave y tenue lluvia de Burdeos que envolvió la muerte de Goya. Parece que mientras

Beethoven se fue de este mundo dando un portazo, Goya lo hizo discretamente, sin querer molestar.

Funerales

Al tiempo que los médicos practicaban la autopsia y antes de abrir la capilla ardiente, los allegados de Beethoven buscaron frenéticamente por la casa todos los documentos importantes del compositor. Cuando estaban a punto de darse por vencidos, encontraron el famoso cajón secreto en su armario que contenía el testamento de Heiligenstadt, las acciones bancarias para su sobrino Karl, la carta a la amada inmortal y dos retratos de mujeres.

El cuerpo de Beethoven fue expuesto durante todo el día 27 de marzo de 1827. En ese tiempo, un pintor dibujó un retrato de Beethoven ya fallecido y otro realizó una máscara mortuoria en yeso. Sacar moldes de las manos y de la cabeza era una práctica bastante habitual, al igual que recortar mechones de pelo. De hecho, se conservan máscaras mortuorias de Haydn y también de Napoleón.

El funeral de Beethoven se celebró el 29 de marzo de 1827 y fue uno de los más multitudinarios que la ciudad de Viena le había dedicado a una persona ajena a la alta sociedad hasta ese momento. Los colegios cerraron y la gente se agolpó a la salida de su casa. Entre los porteadores

Conversaciones perdidas

Aprovechando la confusión de los días siguientes al fallecimiento de Beethoven, Schindler se llevó una gran cantidad de documentación de su casa, incluyendo cuatrocientos cuadernos de conversación. Se sabe que falsificó muchas de sus páginas y que destruyó otras con la intención de demostrar que su relación con Beethoven había sido más duradera e íntima de lo que en realidad fue. Muchos de esos cuadernos se perdieron y a la Biblioteca de Berlín solo llegaron ciento treinta y seis. En la biografía de Beethoven, que publicó unos años más tarde, Schindler ya se inventó muchas de las falsas leyendas que favorecieron la creación del mito de Beethoven.

del féretro estaba el compositor Hummel y entre los de las antorchas, muchos amigos y admiradores de Beethoven, incluyendo a Schubert, quien moriría al año siguiente. Los asistentes fueron más de diez mil y la procesión recorrió la ciudad, desde la casa de Beethoven hasta el cementerio de Währing, primer emplazamiento de la tumba del compositor. Antes de entrar en el camposanto, la multitud congregada se detuvo para escuchar la oración fúnebre escrita por el poeta Franz Grillparzer[10] y leída por el actor trágico Heinrich Anschütz. El cortejo fúnebre llegó hasta la tumba y allí el compositor Hummel lanzó tres coronas de flores sobre el ataúd de madera de Beethoven. A continuación, familiares y allegados echaron puñados de tierra sobre el féretro a modo de despedida.

La prensa austriaca se hizo eco del fallecimiento de Beethoven en varias notas necrológicas en las que llegaba a compararlo con Shakespeare, dejando así claro que, después de todo, la grandeza del compositor, quien tanto había sufrido por sentirse incomprendido durante su vida, sí había sido reconocida como la de un genio.

A la mañana siguiente del fallecimiento de Goya, el también pintor exiliado Francisco de la Torre lo retrató en su lecho de muerte con la ropa de noche, pero no se realizó un molde con su máscara mortuoria ni le cortaron mechones de pelo. Su muerte tampoco tuvo un gran eco en la prensa de Burdeos ni en la española, sino que ciertamente pasó inadvertido.

A pesar de su reconocido anticlericalismo y de que ni Goya ni su entorno solicitaron ninguna asistencia espiritual en los últimos días de su vida, se celebró al día siguiente un funeral en la cercana iglesia de Notre-Dame y también un entierro en el cementerio católico de la Chartreuse. El 17 de abril de 1828 el ataúd viajó desde el domicilio de Goya, en el número 57 de la Cours de l'Intendance, hasta la iglesia a hombros de sus amigos más incondicionales. El día del funeral no cabía un alfiler en la iglesia, pues toda la comunidad exiliada española —tanto afrancesados como liberales— acudió para darle un último adiós.

Solo se conserva un testimonio de la época acerca del funeral del maestro. Sophie Bonheur, la madre de la pintora Rosa Bonheur, escribió a su marido una carta fechada el 20 de abril de 1828 en la que le cuenta que el funeral de Goya «fue magnífico»[11] y afirma que la grandiosidad del mismo contrastaba con la pobreza con la que Goya había vivido en los últimos años de su vida.

Goya fue enterrado en el cementerio de la Chartreuse, en el panteón de la familia Goicoechea, sus consuegros. Sus restos se depositaron en la tumba número 5 de la séptima serie, compartiendo el mismo panteón que su consuegro, Martín de Goicoechea, quien había muerto en Burdeos en 1825. Leocadia, que había encabezado el cortejo fúnebre vestida de negro riguroso, dejó caer sobre el féretro un puñado de tierra en señal de despedida.[12]

¿Descansen en paz? Movimientos y exhumaciones

Los cuerpos de Goya y Beethoven han sido movidos varias veces desde que fueron enterrados. En el caso del compositor, el 13 de octubre de 1863 y el 3 de agosto de 1888. En la primera ocasión, se exhumaron tanto su cuerpo como el del compositor Schubert para realizar nuevos estudios médicos. A continuación, se volvieron a enterrar en ataúdes de zinc en lugar de en los originales de madera. La segunda y última exhumación se produjo en 1888, cuando el cementerio de Währing llevaba ya años abandonado. Los restos de Schubert y de Beethoven fueron trasladados al cementerio central de Viena (Zentralfriedhof) y emplazados juntos en sendas tumbas de honor. En 1897 se les unió el compositor alemán Johannes Brahms, por lo que hoy en día este cementerio es un lugar de peregrinación para todos los aficionados a la música. Al parecer, en cada exhumación, se extrajeron fragmentos del cráneo de Beethoven que no fueron repuestos al volver a enterrarlo. De ahí que, doscientos años después, sigan apareciendo restos mortales de Beethoven en cajas fuertes de bancos y como legados familiares que han pasado de generación en generación hasta llegar al siglo XXI.

En el caso de Goya, durante las décadas que siguieron a su entierro, ningún familiar ni allegado hizo nada por repatriar los restos del pintor a España. Ni su hijo, ni su nieto, pues ambos estaban más preocupados por gestionar las rentas del patrimonio recibido en la herencia del pintor. Tampoco sus amigos, ni Leocadia. No consta que nadie manifestara su voluntad de que los restos de Goya regresaran a España. La tumba permaneció olvidada en Burdeos, abandonada entre los arbustos y malas hierbas que fueron brotando a su alrededor.

El primer intento de repatriación surgió precisamente el mismo año en el que se exhumó el cuerpo de Beethoven por primera vez: en 1863. Tuvo su origen en la Sociedad Aragonesa de Amigos del País, encabezada por el sobrino de Martín Zapater, quien intentó que los restos de Goya reposaran en la basílica de Nuestra Señora del Pilar de Zaragoza, y para lograr la autorización de los herederos se puso en contacto con Mariano, el nieto del pintor. Sin embargo, esa tentativa fracasó por falta de medios económicos.[13]

Hubo un segundo intento institucional por repatriarlo en junio de 1869 encabezado por el cónsul de España en Burdeos, pero nuevamente fracasó porque el Ministerio de Obras Públicas español consideró que no habían transcurrido los cincuenta años reglamentarios para las repatriaciones en estos casos.[14] En 1884 las Cortes aprobaron una propuesta realizada por el embajador de España en París, Manuel Silvela, nieto del amigo de Goya, consistente en la construcción de un panteón de hombres ilustres en el cementerio de San Isidro. En ese panteón se depositarían los restos de Goya junto con los del poeta Juan Meléndez Valdés y el filósofo Donoso Cortés. Todos ellos tenían en común que habían muerto en el exilio. El monumento se terminó en 1886 e incluyó también los restos del dramaturgo Leandro Fernández de Moratín. El rey Alfonso XII propuso en un Consejo de Ministros que se repatriara al pintor, pero, una vez más, los trámites administrativos terminaron por diluir la iniciativa.

Tras años de gestiones, la primera exhumación del cuerpo de Goya tuvo lugar el 16 de octubre de 1888, apenas unos meses después de la segunda exhumación de los restos de Beethoven. Es en este momento cuando comienzan los sucesos dignos de una novela de misterio. Al abrir la cripta, los enterradores se encontraron con que los ataúdes de madera ya no existían y que esparcidos por el suelo estaban los restos de dos cuerpos: uno de corta estatura, atribuido sin duda a Goicoechea y otro mucho más imponente, el de Goya. Lo que nadie esperaba era que faltara la cabeza del pintor. La teoría más extendida y aceptada es la de que la cabeza fue extraída con la intención de estudiarla bajo los principios de la frenología, dada la genialidad de su dueño, y que esta operación seguramente se llevó a cabo por parte de un médico amigo de la familia de acuerdo con los allegados o incluso con el propio Goya. Se ha llegado a esta conclusión porque no había señales de que la tumba hubiera sido profanada, lo que invita a pensar que esta extracción se produjo antes del entierro, que se celebró el 17 de abril de 1828.

En ese momento en el que por fin se había abierto la tumba y se había encontrado semejante panorama, se inició una tramitación por parte de las autoridades españolas con el objetivo de repatriar los dos cuerpos a España. Sin embargo, se encontraron nuevamente con dificultades administrativas y los restos se devolvieron a su sepultura en sendos ataúdes, esta vez de plomo, un año y un día después de su exhumación.

Curiosamente, mientras en el momento del entierro no pareció que nadie cogiera nada de Goya (excepto el detalle de robarle la cabeza), en esta primera exhumación sí hubo sustracciones de algunos elementos que se encontraron en su tumba. Por ejemplo, parece que el cónsul se quedó con el gorro de Goya y que el pintor Ignacio Zuloaga hizo lo mismo con restos de la mortaja y el rosario que pusieron en sus manos.[15]

Hubo que esperar otros diez años más para que el cónsul español en Burdeos, Joaquín de Pereira, lograra que los trámites administrativos finalmente permitieran devolver los restos de Goya a su país natal. En junio de 1899, setenta y un años después de su fallecimiento se trasladan los restos de Goya y los de su amigo Goicoechea a Madrid.[16]

Sin embargo, el peregrinaje de Goya continuó en la capital de España. En un primer momento, sus restos se depositaron en la antigua catedral de San Isidro y unos años después, el 29 de noviembre de 1919, se trasladaron a su emplazamiento definitivo en la iglesia de San Antonio de la Florida, donde hoy por fin reposa Goya, aunque sin cabeza, junto a los restos de Goicoechea.

Cráneos y leyendas

En el propio cementerio de Währing, uno de los sepultureros se acercó a Schindler para decirle que le habían ofrecido 1.000 florines por la cabeza de Beethoven.[17] Esta decapitación *post mortem* era más habitual en esa época de lo que cabría imaginar, como hemos visto en el caso de Goya. Se avisó a la policía y el cráneo de Beethoven permaneció dentro del ataúd, si bien

La frenología fue impulsada y defendida por Franz Joseph Gall, un médico alemán. Esta pseudociencia estudiaba las dimensiones del cráneo y del cerebro en busca de características que pudieran explicar las extraordinarias cualidades de sus propietarios, incluso su predisposición para el crimen. Además de la de Goya, la cabeza del compositor Haydn también fue sustraída de su tumba, aunque en su caso muchos años más tarde apareció.

le faltan algunos fragmentos que habían sido extraídos para su estudio ya en 1863.

En el caso de Goya, desde el momento en el que se supo que faltaba la cabeza del pintor, muchas han sido las teorías que pretenden explicar esta extraña ausencia. Y esas teorías, a su vez, han dado paso a las leyendas, la mayoría bastante locas. Una de ellas afirma que la cabeza de Goya fue analizada esa misma noche en la Facultad de Medicina de Burdeos, su cerebro, disecado y el cráneo, enterrado en una fosa común del cementerio de la Chartreuse. Otra asegura que el cráneo se encuentra en la Facultad de Medicina de París. La leyenda que afirma que la cabeza de Goya estuvo deposi-

tada en el cementerio de Salamanca durante la Guerra Civil siguió
vigente al menos hasta diciembre de 1977: según un artículo publicado por *La España Cultural*, un médico de Burdeos había robado
la cabeza en el cementerio de la Chartreuse y se lo había entregado
al hijo del pintor Dionisio Fierros, un estudiante de Medicina en
Burdeos. En 1849 este pintor hizo un cuadro que supuestamente
representa el cráneo de Goya y que hoy se conserva en el Museo de
Zaragoza. Pero tal vez la teoría más alocada sobre el paradero de la
cabeza de Goya sea la que asegura que su cerebro se estudió secretamente en el asilo Saint-Jean de Burdeos, donde Goya había acu-
dido a pintar su serie sobre los locos de la ciudad. Según esta teoría,
la cabeza del pintor estaría allí, junto con la pierna amputada de Sa-
rah Bernhardt, conservada en formol.[18]

La cuestión es que la cabeza de Goya continúa hoy en paradero desconocido y nada parece indicar que esto vaya a cambiar.

En la riqueza y en la pobreza

Se ha extendido la idea de que los dos artistas murieron siendo
pobres y que necesitaban la ayuda económica de sus allegados, lo
cual es falso. De hecho, Goya murió siendo casi rico. Gracias a la
rentabilidad del sistema bancario francés en el que había inverti-
do sus ahorros, dejó en herencia una gran fortuna que ascendía a
60.000 francos, lo que en la época era una suma considerable.[19]
Es más, ni su hijo ni su nieto tuvieron oficio conocido hasta sus
muertes. El patrimonio que heredaron incluyó dinero, joyas, varios
inmuebles y todas las obras de arte que no se habían vendido hasta
el momento del fallecimiento del pintor. Esto les permitió vender
por piezas todo el legado de Goya y fueron precisamente estas
ventas dispersas las que provocaron que hoy esté desperdigado por
todo el mundo.

Por su parte, Beethoven no murió rico, pero tampoco completamente pobre. Durante casi toda su vida vivió de forma austera para ahorrar todo el dinero que pudiera y dejarle algo en herencia a
su sobrino Karl, al cual declaró heredero universal y quien consi-

guió vivir de las rentas heredadas de sus dos tíos durante el resto de su vida, después de abandonar el ejército y de que sus negocios no funcionasen.

¿Dejaron herencia?

Con la intención de favorecer a Leocadia, Goya quiso modificar su testamento en más de una ocasión. En la primera, según el escritor Moratín le reprocha en una carta a la propia Leocadia, ella misma fue quien rompió el único documento que al parecer Goya habría escrito y que habría podido hacer valer ante un notario. Leocadia no parecía conforme con lo que el pintor le dejaba y su orgullo fue su ruina, ya que, al romper dicho papel, terminó quedándose prácticamente sin nada. En sus últimos días de vida, con su nuera Gumersinda y su nieto Marianín ya en Burdeos, estando Goya en su lecho de muerte y habiendo perdido también el sentido de la vista, quiso modificar su testamento y dictar unas últimas voluntades.

Su nuera trató de calmar al pintor asegurándole que ya había arreglado todos los papeles al respecto en su último viaje a Madrid. En realidad, lo que hizo fue impedir que la herencia de Goya pudiera repartirse en más manos que las de su marido y su hijo. El hijo de Goya no llegó a tiempo de despedirse de él en Burdeos porque se había quedado en Madrid buscando todos los documentos que lo hicieran acreedor y beneficiario del testamento de su padre.

Al no haber más documentos en favor de Leocadia, tras la muerte del pintor, su hijo Javier solo aceptó darle el cuadro de *La lechera de Burdeos*, lo que ha disparado también las especulaciones sobre su autoría. Si Javier hubiera tenido la absoluta certeza de que la pintura era del maestro, probablemente no la habría cedido tan alegremente. Javier Goya visitó en tres ocasiones la casa en la que su padre y Leocadia habían vivido para recoger todo lo que consideró que le pertenecía: pinturas, miniaturas, dibujos, estampas y otros bienes, dejándole a Leocadia «una cédula de mil francos y le quedan a Ud. las ropas y los muebles».[20]

Al morir sin dejarles nada en herencia, Leocadia y Rosario quedaron en una situación muy delicada. Tuvieron que devolver el piano de alquiler que Goya tenía para la niña y mudarse de piso hasta que, cinco años después de la muerte del pintor, pudieron regresar a España, tras la amnistía concedida a los liberales en 1833.[21] Durante ese tiempo, Leocadia y sus hijos vivieron de un subsidio del gobierno francés, que reconoció su estatus de refugiados políticos, de las contribuciones de la pequeña Rosario con la venta de sus retratos y de los trabajos como ebanista de Guillermo, el hijo de Leocadia.

Por el contrario, Javier y Mariano percibieron no solo los bienes inmuebles y las obras de arte, sino también sendas pensiones anuales que les permitieron vivir toda su vida sin trabajar, despilfarrando la fortuna que con tanto esfuerzo y buena cabeza había logrado reunir Goya. Entre los dos vendieron todas las pertenencias del pintor, hasta el último dibujo.

En el caso de Beethoven, cuando falleció, comenzó el espectáculo del reparto, venta y subasta de sus bienes. Había expirado el 26 de marzo de 1827 y ya en abril de ese mismo año tuvo lugar la subasta de sus ropas y muebles, que terminó en una batalla campal, con los asistentes forcejeando por conseguir más objetos. En la pelea, muchos de sus muebles terminaron con desperfectos. El amigo de infancia de Beethoven, Stephan von Breuning, que supervisó la subasta, cayó enfermo como fruto de las tensiones vividas y murió pocas semanas después. Tras el verano, en noviembre de ese año, se vendieron todas las pertenencias musicales de Beethoven. A diferencia del siglo XX, cuando se han llegado a pagar jugosas sumas de dinero por un pequeño mechón de pelo, en aquel momento sus manuscritos apenas alcanzaron precio de saldo: el total no superó los 1.400 florines.

Sumando las ventas de sus objetos, las acciones y ahorros que Beethoven había logrado reunir a lo largo de su vida, la cantidad total de su herencia ascendió a 10.000 florines. Además de eso, Beethoven solo dejó el famoso testamento de Heiligenstadt en el que no se realizaba un reparto actualizado de sus bienes porque se había escrito en 1802. Dicho documento quedó como herencia espiritual para la posteridad, aunque inicialmente acabó en manos de la odiada cuñada de Beethoven, Johanna, quien logró venderlo años después gracias a la ayuda del compositor Franz Liszt.

Aun así, siguiendo la voluntad del compositor, su hermano Johann dejó en herencia al sobrino de ambos una suculenta cantidad de dinero: más de 42.000 florines, que equivalía a casi un millón de dólares.[22]

Un último y curioso detalle de paralelismo entre las muertes de Beethoven y Goya lo encontramos en que en los dos casos fueron seguidas en poco más de dos meses por los fallecimientos de sendos amigos suyos. Por una parte, Stephan von Breuning murió sesenta y nueve días después que el compositor, el 4 de junio de 1827, cuando tenía cincuenta y dos años. Por la otra, Leandro Fernández de Moratín, el dramaturgo y gran amigo de Goya, murió sesenta y seis días después que el pintor, el 21 de junio de 1828, cuando contaba sesenta y ocho años de edad.

Hoy por hoy, los dos artistas se han convertido en dos mitos y cualquier dato sobre su existencia provoca un inmediato interés general. Probablemente este interés se detonó en el preciso instante de su muerte, ya que, a fin de cuentas, el fallecimiento de ambos provocó a su alrededor reacciones muy similares: desde el dolor por la pérdida hasta la codicia extrema de sus herederos o la fascinación por conservar algo material de ellos, como si un mechón de pelo o el cráneo de un pintor valiera más que el arte que los hizo inmortales y gracias al cual hoy seguimos escuchando, admirando y estudiando su obra.

Anexo I

TÉRMINOS Y EXPRESIONES

Las casi dos mil obras de Goya están pintadas en soportes muy diversos: óleo sobre lienzo, tabla, cobre, a secco, dibujos, sanguinas, cartones, grabados, aguafuertes, aguatintas o litografías. A continuación se explica de manera muy simplificada en qué consisten algunas de estas técnicas.

- **Aguada**: se trata de aplicar con un pincel tinta china rebajada con agua. Es una técnica acumulativa en la que cada capa aplicada aporta intensidad.
- **Cartón para tapiz**: pintura al óleo sobre un papel resistente o cartón de las mismas dimensiones que tendrá el tapiz que se teja a partir de él.
- **Fresco**: técnica de pintura mural empleada para decorar paredes interiores y exteriores. Consiste en pintar sobre una superficie recién enlucida y todavía húmeda empleando pigmentos que se disuelven en agua y se adhieren al mortero. Así, los colores se fusionan con la pared y se convierten en parte integral de la misma. Esta técnica es compleja y laboriosa. Además, exige mucha rapidez de ejecu-

ción porque durante todo el proceso de pintura la pared debe permanecer húmeda para garantizar que los colores se adhieran correctamente.

- **Grabado**: técnica artística en la que se dibuja una imagen arañando una superficie rígida, que puede ser cobre, zinc, madera o piedra, entre otros materiales. Los surcos creados alojarán tinta que será transferida a otra superficie —generalmente papel— gracias a una prensa. Los grabados permiten obtener varias reproducciones de estas estampas. Existen muchos tipos de grabado en función de los materiales y las técnicas empleadas. En 1789 se creó en España la Calcografía Nacional para conservar las planchas de los grabados de grandes artistas.
- **Litografía**: técnica inventada en 1796 por Alois Senefelder. Sobre una piedra caliza se dibuja con un lápiz graso litográfico. A continuación, se humedece la piedra pero la grasa del lápiz repele el agua al tiempo que absorbe la tinta litográfica. Para transferir el dibujo a un papel, se coloca una hoja contra la plancha de piedra y se presiona con una prensa litográfica.
- **Miniatura**: pintura de muy pequeño formato en la que se utilizan pigmentos muy variados, como el óleo o la acuarela, sobre soportes diversos, desde papel a vidrio pasando por metal y marfil.
- **Óleo:** técnica de pintura en la que se mezclan los pigmentos con un aglutinante de aceite, generalmente de origen vegetal. También se llaman óleos a las obras ejecutadas con esta técnica en distintas superficies: lienzo, madera, cobre, marfil, entre otras.
- **Óleo a secco**: aplicación del óleo sobre una pared seca. Fue la técnica empleada por Goya para crear las *Pinturas negras*.
- **Sanguina**: técnica basada en el uso de hematita (una variedad de óxido férrico). Sus tonalidades son de la gama

del rojo —de ahí el nombre, porque recuerda a la sangre—. Se utilizó en los dibujos preparatorios del fresco y también como técnica de dibujo sobre papel, especialmente en estudios preparatorios para retratos y desnudos.

- **Tondo**: pintura con forma redonda y no rectangular. Creado en la antigüedad clásica, especialmente en la decoración de cerámica, tuvo un gran apogeo a partir del Renacimiento.

——————————— MUSICALES ———————————

Los términos musicales confunden con facilidad a quien no esté familiarizado con ellos. Por eso se ofrecen a continuación definiciones muy sencillas de los elementos musicales más importantes mencionados en este libro.

- **Acorde**: conjunto de tres o más notas tocadas a la vez. Los acordes constituyen la unidad básica de la armonía.
- **Armonía**: combinación de diferentes sonidos que se emiten de forma simultánea.
- **Concierto para solista y orquesta**: tipo de composición en la que un único instrumento solista interpreta su música acompañado por una orquesta. Desde el Clasicismo, los conciertos para instrumento y orquesta constan de tres movimientos contrastantes: rápido-lento-rápido. El primero de ellos suele tener «forma sonata».
- **Contrapunto**: técnica de composición en la que distintas líneas musicales que suenan a la vez y de forma independiente unas de otras lo hacen de forma armoniosa en su conjunto.
- **Cuarteto de cuerda**: este término tiene dos significados. Por una parte, es una agrupación musical de cuatro instrumentos de cuerda, generalmente dos violines, una viola y

un violonchelo. Por otra parte, es el nombre que recibe cualquier composición musical para ese tipo de formación. Como ocurre con las sinfonías, los cuartetos de cuerda suelen tener cuatro movimientos y es muy frecuente que el primero de ellos tenga «forma sonata».

- *Lied* (pronunciado en alemán /li:t/, en plural, *Lieder*): en alemán significa «canción» y es el término utilizado para referirse a las canciones líricas, basadas en la musicalización de un poema. Generalmente son para voz y piano, aunque puede haber más de una voz y también distintos tipos de acompañamiento. Surgió en el Clasicismo, tuvo un gran auge en el Romanticismo y se desarrolló también en el siglo xx.
- **Melodía**: secuencia lineal de notas que percibimos como una sola estructura. Está constituida por una combinación consecutiva de alturas y duraciones, es decir, de notas y ritmos.
- **Sinfonía**: desde el Clasicismo las sinfonías son un tipo de composición musical para orquesta, generalmente dividida en cuatro movimientos. Cada movimiento suele tener un carácter y una estructura diferente, teniendo casi siempre el primer movimiento una «forma sonata».
- **Sonata**: nombre tanto de una estructura musical que utiliza temas contrastantes como de un tipo de composición completa en la que alguno de sus movimientos tiene esa estructura interna. En este libro se habla fundamentalmente de «sonatas para instrumento», ya que Beethoven escribió muchas: treinta y dos sonatas para piano, diez sonatas para violín y piano, y cinco sonatas para violonchelo y piano, entre otras. Sin embargo, la estructura musical llamada «forma sonata», esa que emplea temas contrastantes, es la que Beethoven utiliza en la mayoría de los primeros movimientos de sus sinfonías, sonatas, cuartetos de cuerda y tríos con piano, son muy frecuentes en todo su catálogo.

- **Tema con variaciones**: tipo de composición musical que se basa en la modificación de un tema. Puede ser una idea musical popular, de otro autor o una idea original del propio compositor de la obra. Las variaciones que se realizan a ese tema suelen afectar a todos los parámetros musicales y suponen un reto creativo para su creador.
- **Trío con piano**: al igual que ocurre con el cuarteto de cuerda, este término se refiere tanto a la agrupación de tres instrumentos (generalmente violín, violonchelo y piano, aunque también puede haber otras combinaciones), como a una composición musical para esta formación.

Anexo II

CRONOLOGÍA

Años	Goya	Beethoven
1746	30 de marzo. Nace Francisco de Goya en Fuendetodos, Zaragoza.	
1759-1763	Se forma en el taller de pintura de José Luzán.	
1763-1764	Participa en el concurso de tercera clase de la Real Academia de Bellas Artes de San Fernando (Madrid).	
1769-1771	Estancia en Italia.	
1770		17 de diciembre. Nace Ludwig van Beethoven en Bonn, Alemania.
1771	Mención de honor en el concurso de la Real Academia de Bellas Artes de Parma y encargo de los bocetos para el coreto del Pilar.	

→

Años	Goya	Beethoven
1773	Boda con Josefa Bayeu.	
1775	Primer encargo de cartones para tapiz.	
1776	Declaración de Independencia de los Estados Unidos de América.	
1778		Primera actuación pública como pianista.
1780	Elegido académico de San Fernando.	
1781	Recibe el encargo de un cuadro para la iglesia de San Francisco el Grande (Madrid).	
	Kant publica la *Crítica de la razón pura*.	
1782	Creación del Banco Nacional de San Carlos.	Empieza a recibir clase con Christian Neefe.
	Mozart estrena la ópera *El rapto en el serrallo*.	
1783	Se traslada al palacio del infante don Luis de Borbón, en Arenas de San Pedro (Ávila).	
	Prueba exitosa del primer globo aerostático por los hermanos Montgolfier.	
1784	Nace su hijo Javier.	Es nombrado segundo organista de la corte del príncipe elector de Colonia.
1785	Elegido teniente director de pintura de la Academia de San Fernando.	
1786	Nombrado pintor del rey.	

Años	Goya	Beethoven
1787	Pinta los cartones de *Las cuatro estaciones*.	Primer viaje a Viena, donde conoce a Mozart. Debe regresar a Bonn porque fallece su madre.
1789	Nombrado pintor de cámara.	
	Sube al trono Carlos IV. 14 de julio. Toma de la Bastilla.	
1790		Primer contacto con el compositor Haydn en Bonn.
1791	Sade publica *Justina o los infortunios de la virtud*.	
	Muere Mozart.	
		Se estrena su primera obra escénica *Ritterballet*, aunque se atribuye al conde Von Waldstein.
1792	Cae gravemente enfermo durante un viaje a Andalucía y pierde el oído.	Segundo y definitivo viaje a Viena, estudia con Haydn y Albrechtsberger. Muere su padre.
	Nace Giacomo Rossini.	
1793	Reside en Cádiz, en casa de su amigo Sebastián Martínez.	
	Luis XVI es guillotinado. Francia declara la guerra a España.	
1794	Retrata por primera vez a la duquesa de Alba.	Comienza a sentir leves síntomas de una sordera progresiva.
	Jovellanos publica su *Informe sobre el expediente de reforma agraria*. Finaliza El Terror con la caída de Robespierre.	

→

Años	Goya	Beethoven
1795	Elegido director de pintura de la Real Academia de Bellas Artes de San Fernando.	
	España firma la Paz de Basilea con Francia.	
1796	Viaja de nuevo a Andalucía y visita a la duquesa de Alba en Sanlúcar de Barrameda.	
·1797	A causa de su sordera presenta su dimisión como director de pintura de la Real Academia de Bellas Artes de San Fernando.	
	Boda de la condesa de Chinchón con Manuel Godoy.	
1798	Encargos de frescos para San Antonio de la Florida y cuadros de «asuntos de brujas» para los duques de Osuna.	
1799	Pone a la venta los *Caprichos*.	Compone la Sonata para piano Op. 13 *Grande Sonata Patética*.
1800	Pinta *La familia de Carlos IV*, *La maja desnuda* y *La condesa de Chinchón*.	Estrena su *Primera Sinfonía*.
	David pinta *Napoleón cruzando los Alpes*. Ceán Bermúdez publica su *Diccionario histórico de los más ilustres profesores de las Bellas Artes en España*.	
1801	Pinta a Godoy como vencedor en la guerra de las Naranjas contra Portugal.	Compone la sonata para piano *Claro de luna*, dedicada a la condesa Giulietta Guicciardi.
	Haydn estrena el oratorio *Las Estaciones*.	

Años	Goya	Beethoven
1802	Muere la duquesa de Alba.	Su sordera se agrava y piensa en el suicidio. Escribe el testamento de Heiligenstadt.
1803	Dona a Carlos IV las planchas de los *Caprichos* a cambio de una pensión para su hijo Javier.	Comienza a trabajar en la *Tercera Sinfonía*, inicialmente dedicada a Napoleón.
1804	Coronación de Napoleón Bonaparte como emperador de Francia.	
1805	Boda de su hijo Javier con Gumersinda Goicoechea.	Estrena la *Tercera Sinfonía*.
	Derrota de la flota franco-española en Trafalgar. Napoleón gana al ejército austro-ruso en Austerlitz.	
1806	Moratín publica *El sí de las niñas*.	Nace su sobrino Karl, por cuya custodia peleará durante años.
1807	Tratado de Fontainebleau: se acuerda la invasión franco-española de Portugal.	
1808	Viaja a Zaragoza para pintar las consecuencias del primer sitio de la ciudad por el ejército francés.	Recibe la propuesta de trabajar para Jerónimo Bonaparte en Westfalia. Estrena la *Quinta* y *Sexta Sinfonías*.
	Motín de Aranjuez y caída de Godoy. El ejército francés comandado por Joachim Murat entra en Madrid. 2 de mayo, insurrección popular de Madrid contra el ejército francés. Goethe publica su drama *Fausto*.	

→

Años	Goya	Beethoven
1809	Segundo sitio de Zaragoza.	Firma el contrato con el archiduque Rodolfo y los príncipes Kinsky y Lobkowicz por una renta anual de 4.000 florines.
	Fallece Haydn.	
1810	Encargo para pintar a José I Bonaparte en la *Alegoría de la Villa de Madrid*. Comienza a grabar sus *Desastres de la guerra*.	
1811	Jura lealtad a José I Bonaparte. Hace testamento junto con su mujer.	
1812	Muere su mujer, Josefa Bayeu.	Encuentro con Goethe. Finaliza las *Séptima* y *Octava Sinfonías*. Carta a la amada inmortal
	Constitución de Cádiz («la Pepa»).	
1813	Abolición de la Inquisición por las Cortes de Cádiz. Wellington gana la batalla de Vitoria.	Éxito de la obra *La victoria de Wellington*.
	José I abandona España.	
1814	Propone al Consejo de la Regencia pintar los dos cuadros conmemorativos de la insurrección: *El 2* y *El 3 de mayo de 1808 en Madrid*.	Sordera ya total. Comunicación por escrito. Estreno de la ópera *Fidelio*.
	Napoleón abdica y es confinado en la isla de Elba. Entrada de Fernando VII en Madrid. Abolición de la Constitución de Cádiz.	

Años	Goya	Beethoven
1814-1815		Congreso de Viena. Compone la cantata *El momento glorioso.*
1815	Declara ante la Inquisición sobre las *Majas* y su propósito. Absuelto de los cargos de colaboración con el gobierno francés.	Asume la tutoría de su sobrino Karl.
1815-1820	Graba su serie de los *Disparates.*	
1816	Retrata al X duque de Osuna y pone a la venta la *Tauromaquia.*	
1817	Pinta para la catedral de Sevilla *Santas Justa y Rufina.*	
1819	Compra la Quinta del Sordo. Pinta *La última comunión de San José de Calasanz.* Cae gravemente enfermo, probablemente de tifus.	
1820	Autorretrato con su médico Arrieta.	
	Pronunciamiento de Riego que restablece la Constitución de Cádiz.	
1821	Muere Napoleón.	
1820-1823	*Pinturas negras.* Trienio constitucional.	
1823	Regala a su nieto Mariano la Quinta del Sordo.	Finaliza la composición de la *Missa Solemnis.*
	Los Cien Mil Hijos de San Luis devuelven a Fernando VII al poder. Nace Francisco Asenjo Barbieri.	

→

Años	Goya	Beethoven
1824	Solicita permiso para tomar baños en Plombières, Francia. Comienza su viaje a Francia, en junio viaja a París y desde septiembre se instala en Burdeos.	Finaliza y estrena la *Novena Sinfonía*.
1825	Comienza las litografías de *Los toros de Burdeos*.	Publica sus últimos cuartetos de cuerda.
1826	Se jubila como primer pintor de cámara y conserva el sueldo completo.	Regresando de casa de su hermano, enferma con una neumonía bilateral.
	Niépce consigue obtener la primera fotografía de la historia.	
1827	Último viaje a Madrid para visitar a su familia.	Muere el 26 de marzo en Viena.
1828	Muere el 16 de abril en Burdeos. Larra publica sus primeros artículos.	

Anexo III

PARA SABER MÁS. LISTADO DE OBRAS MENCIONADAS

Con el fin de facilitar al lector una visión general de las obras de los dos artistas que se han mencionado en este libro, se presenta a continuación un listado de todas ellas, indicando el capítulo y la relación entre los artistas o entre alguno de los temas que los unen, si es que dicha relación existe.

Se estima que Beethoven compuso más de setecientas veinte obras musicales a lo largo de su vida. Su catalogación se ha llevado a cabo por parte de musicólogos durante los últimos dos siglos. En la actualidad, la página web de su casa natal en Bonn ofrece información completa de su catálogo. Además, el Archivo Beethoven lleva años trabajando junto con la editorial alemana Henle Verlag en el ambicioso proyecto de publicar una edición crítica de la obra completa de Beethoven tras el análisis de todas las fuentes disponibles, así como las ediciones publicadas durante su vida, aclarando algunas discrepancias y ofreciendo una valiosa información para la interpretación de su música. Ya se han publicado más de dos tercios de los cincuenta y seis volúmenes de los que constará la colección.

La catalogación de obras de Goya se ha realizado a lo largo de los últimos dos siglos por parte de historiadores e instituciones. Cada nueva aparición de una obra del pintor supone una actualización. Ha habido algunos hitos de documentación, como el catálogo elaborado en 1974 por Gassier y Wilson, considerado el más completo hasta esa fecha, por lo que es frecuente ver referencias a su numeración en otras publicaciones y exposiciones posteriores. El Museo del Prado también se ha encargado de inventariar su colección de obras de Goya. El catálogo *online* más completo sobre el pintor se encuentra en la página web de la Fundación Goya en Aragón, donde se recogen todas las obras del pintor e información actualizada de exposiciones temporales de todo el mundo donde se exhiben sus pinturas.

Título de la obra de Beethoven	Relación con la obra de Goya	Capítulo del libro
Abschiedsgesang an Wiens Bürger WoO 121 (*Canto de adiós a los ciudadanos de Viena*)	*Dos de mayo de 1808 en Madrid*	Capítulos 1 y 9
Kriegslied der Österreicher WoO 122 (*Canción de guerra de los austriacos* o *Somos un gran pueblo alemán*)	*Dos de mayo de 1808 en Madrid*	Capítulos 1 y 9
Der glorreiche Augenblick Op. 136 (*El momento glorioso*)	*Fernando VII con manto real* (1814-1815)	Capítulo 3
Variaciones en la mayor WoO 71		Capítulo 2
Segunda Sinfonía		
Tercer concierto para piano y orquesta		

Título de la obra de Beethoven	Relación con la obra de Goya	Capítulo del libro
Variaciones *Ein Mädchen oder Weibchen* Op. 66 en fa mayor para violonchelo y piano	*El pintor Francisco Bayeu*	Capítulo 3
Variaciones *Bei Männern welche Liebe fühlen* Op. 46 en mi bemol mayor para violonchelo y piano		
Variaciones *See, the conqu'ring hero comes* WoO 45 en sol mayor para violonchelo y piano		
Variaciones *Se vuol ballare* WoO 40 en fa mayor para violín y piano	*Adoración del Nombre de Dios*, fresco en el coreto de la basílica de Nuestra Señora del Pilar, Zaragoza	Capítulo 4
Tres tríos para violín, violonchelo y piano Op. 1		
Quinta Sinfonía: movimientos I, III y IV	*La reina María Luisa con mantilla*, 1799	Capítulos 3 y 5
Novena Sinfonía, movimiento IV. Tema repetido y variado de la *Oda a la Alegría*	*La duquesa de Alba*, 1797	
	Mariana von Waldstein, IX marquesa de la Santa Cruz, 1799	
Sexta Sinfonía (*Pastoral*)		

→

Título de la obra de Beethoven	Relación con la obra de Goya	Capítulo del libro
I. *Despertar de sentimientos alegres al llegar al campo*	*La primavera* o *Las floreras*, 1786-1787	Capítulos 3 y 5
II. *Escena junto a un arroyo*	*Cazador junto a una fuente*, 1786-1787 *Marica en el árbol*, 1786	
III. *Reunión alegre de los campesinos*	*La cometa*, 1777-1778	
IV. *Tormenta, tempestad*	*El invierno*, 1786	
V. *Canto de los pastores. Sentimientos de alegría y gratitud después de la tormenta*	*La merienda*, 1776	
Canciones de distintos países, WoO 158a: N.º 11 *Yo no quiero embarcarme*	*Baile a orillas del Manzanares*, 1777	
N.º 20 *Como la mariposa soy*	*La gallina ciega*, 1788	
N.º 19 *Una paloma blanca*	*Tauromaquia*, 1815	
N.º 21 *La Tirana se embarca* (o *Tiranilla española*)		
Ritterballet o *Ballet de los caballeros* WoO 1.	*Caza con reclamo*, 1775	
Quinta Sinfonía Op. 67	*Partida de caza*, 1775	

Título de la obra de Beethoven	Relación con la obra de Goya	Capítulo del libro
Missa Solemnis en re mayor Op. 123	*El prendimiento*, 1798	Capítulos 3 y 5
	Cristo crucificado, 1780	
Cristo en el Monte de los Olivos Op. 85.	*Oración en el huerto*, 1819	
	La última comunión de San José de Calasanz, 1819	
Sonatina en fa mayor WoO 50	*Martín Zapater y Clavería*, tres retratos en 1780, 1790 y 1797	Capítulo 6
Cuarteto de cuerda en fa menor Op. 95	*Francisco Bayeu y Subías*, dos retratos en 1786 y 1795	
Dúo para dos pares de gafas obligadas WoO 32		
Oda al gordo WoO 100		
Egmont Op. 84, música incidental para un drama de Goethe.	*Leandro Fernández de Moratín*, dos retratos en 1799 y 1824	
Mar en calma y viaje feliz Op. 112, cantata para coro y orquesta con texto de Goethe	*Gaspar Melchor de Jovellanos*, dos retratos en 1780 y 1798	
	Juan Agustín Ceán Bermúdez, varios retratos en 1786, 1786 y 1799	

→

Título de la obra de Beethoven	Relación con la obra de Goya	Capítulo del libro
Primera Sinfonía Op. 21, en do mayor	*Conde de Floridablanca,* dos retratos en 1783	Capítulo 7
Primer concierto para piano y orquesta Op. 15 en do mayor	*La duquesa de Alba,* varios retratos entre 1795 y 1797	
Sonata para piano n.º 4 Op. 7 en mi bemol mayor		
Tres cuartetos de cuerda Op. 59, *Razumovski*	*José Álvarez de Toledo, marqués de Villafranca,* 1795	
Segunda Sinfonía Op. 36	*La familia del duque de Osuna,* 1788	
Sonata para piano n.º 8 Op. 13 (*Grande Sonate Pathétique*)	*Francisco de Borja Téllez-Girón, X duque de Osuna,* 1816	
	Manuela Girón y Pimentel, duquesa de Abrantes, 1816	
Misa en do mayor Op. 86	*Manuel Godoy,* 1801	
Seis cuartetos de cuerda Op. 18		
Tres tríos para violín, violonchelo y piano Op. 70	*Condesa de Chinchón,* 1800	

Título de la obra de Beethoven	Relación con la obra de Goya	Capítulo del libro
Sonata n.º 21 Op. 53 en do mayor (*Waldstein*)	*Mariana Fernanda von Waldstein, IX marquesa de la Santa Cruz,* 1797-1799	Capítulo 7
	Joaquina Téllez-Girón y Alfonso Pimentel, X marquesa de la Santa Cruz, 1805	
Trío con piano Op. 97 (*Trío del archiduque*) para violín, violonchelo y piano	*Cardenal Luis María de Borbón y Vallabriga,* dos retratos entre 1798 y 1800	
Missa Solemnis en re mayor Op. 123		Capítulos 5, 7 y 10
Sonata para piano n.º 26 Op. 81a (*Los adioses*)	*Infante Luis María de Borbón,* 1783	Capítulo 7
Sonata para piano n.º 29 Op. 106 (*Hammerklavier*)		
Sonata para piano n.º 32 Op. 111		
Sonata para piano n.º 14 Op. 27 n.º 2 en do sostenido menor (*Claro de luna*)	*La boda,* 1791-1792	Capítulo 8
Bagatela *Para Elisa* WoO 59 en la menor	*¿No hay quién nos desate?,* en los *Caprichos,* 1797-1799	

→

Título de la obra de Beethoven	Relación con la obra de Goya	Capítulo del libro
Ciclo de canciones *An die ferne Geliebte* Op. 98	¡Qué sacrificio!, en los *Caprichos*, 1797-1799	Capítulo 8
Ópera *Fidelio. Mir ist so wunderbar* (*Me siento de maravilla*)	*Josefa Bayeu*, 1805	
Canción para voz y piano *Die Liebe* (*El amor*)	*Leocadia Zorrilla (?)*, 1814-1815	
Canción para voz y piano *Ich liebe dich* WoO 123 (*Te quiero*) o *Zärtliche Liebe* (*Tierno amor*)		
Tercera Sinfonía Op. 55 (*Heroica*) en mi bemol mayor	*El 2 de mayo de 1808 en Madrid*, 1814	Capítulo 9
	El 3 de mayo de 1808 en Madrid, 1814	
La victoria de Wellington Op. 91	*Desastres de la guerra*, 1810-1815	
	El duque de Wellington, tres retratos en 1812	
Últimos cinco cuartetos de cuerda (Op. 127, Op. 130, Op. 131, Op. 132, Op. 135)	*Pinturas negras*, 1820-1823	Capítulo 10

Título de la obra de Beethoven	Relación con la obra de Goya	Capítulo del libro
Gran Fuga para cuarteto de cuerda Op. 133		Capítulo 10
Sonatas para violonchelo y piano Op. 102		
Novena Sinfonía	*Divina Libertad*, 1814-1823	Capítulo 11
	Aun aprendo, 1824-1828	
	Alegoría de la Villa de Madrid, 1810	Capítulos 9 y 11
Novena Sinfonía	*La lechera de Burdeos*, h. 1827	Capítulos 11 y 12
Décima Sinfonía (esbozo)		

Las letras originales de las cuatro canciones españolas de Beethoven son las siguientes:

11. *Yo no quiero embarcarme*	19. *Una paloma blanca*	20. *Como la mariposa*	21. *La Tirana se embarca* o *Tiranilla española*
Yo no quiero embarcarme,	Una paloma blanca	Como la mariposa soy,	La Tirana se embarca
Pues es muy cierto	Como la nieve	Que por verte,	De Cádiz para Marsella,
Que no cuantos navegan	Me ha picado en el pecho,	En la luz de tus ojos	En alta mar la apresó
Llegan al puerto.	¡Cómo me duele!	Busco mi muerte.	Una balandra francesa.
Amor que tiene juicio	Más allá de la vida	Yo no sé si me quieres	
Poco amor tiene,	He de quererte,	O si me olvidas,	Ay, Tirana, retírate a España
Que el amor al más cuerdo	Que amor está en el alma,	Solo sé que yo vivo,	Ay, Tirana, huye los rigores,
Loco le vuelve.	Y esa no muere.	Cuando me miras.	Ay, Tirana de la Convención!
Siempre rabio por verte	Dicen que sueño es muerte,		Sí, sí, Tiranilla
Y si te veo	Mas yo lo niego,		Sí, sí picarilla
Nunca puedo decirte	Pues cuando duermo, vivo,		Porque si te pillan,
Lo que te quiero.	Cuando no, muero.		Pondrán tu cabeza en la guillotina.
			La Tirana que de amor muere
			No llame muerte al morir,
			Que es morir por quien se adora
			El más dichoso vivir.
			Grande pena es el morir,
			Pero yo no la sintiera,
			Pues quien vive como yo
			De alegría le sirviera.

Notas

1. MUNDO DE AYER, CIUDADANOS DE HOY

1. Manuel Tuñón de Lara, *Historia de España*, Ed. Labor, Barcelona, 1980, p. 12.
2. Donald S. Johnson y Juha Nurminen, *Historia de la navegación a través de mares y océanos*, GeoPlaneta, Barcelona, 2008, p. 350.
3. Jean Massin y Brigitte Massin, *Ludwig van Beethoven*, Turner, Madrid, 2003, p. 40.
4. Daniel Aquillué Domínguez, *España con honra: una historia del siglo XIX español 1793-1923*, La Esfera de los Libros, Madrid, 2023, p. 24. Este libro actualiza la visión del siglo XIX aportando interesantes datos sobre cómo fue y qué implicaciones tuvo ese «largo siglo XIX español», por lo que se recomienda su lectura.
5. *Ibid.*, p. 22.
6. *Ibid.*, p. 32.
7. Nigel Glendinning, *Goya*, Arlanza, Madrid, 2005, p. 13.

2. SOCIEDAD Y REDES SOCIALES

1. Janis A. Tomlinson, *Goya: retrato de un artista*, Catedra, Madrid, 2022, p. 113.
2. Ignaz Seyfried, Franz Gerhard Wegeler y Ferdinand Ries, *Notas biográficas sobre Ludwig van Beethoven*, Visión Libros, Madrid, 2020, p. 164.

3. Janis A. Tomlinson, *Goya...*, *op. cit.*, p. 157.

4. Tzvetan Todorov, *Goya. A la sombra de las luces*, Galaxia Gutenberg, Barcelona, 2017, p. 89.

5. María Santos-Sainz, *El último Goya: de reportero de guerra a cronista de Burdeos*, Marcial Pons Historia, Madrid, 2022, p. 178.

6. Judith Ortega, «El mecenazgo musical de la casa de Osuna durante la segunda mitad del siglo XVIII: el entorno musical de Luigi Boccherini en Madrid», *Revista de Musicología*, vol. 27, n.º 2, 2004, p. 658. En: *https://doi.org/10.2307/20798003*

7. *Ibid.*, 651.

8. Jan Swafford, *Beethoven. Tormento y triunfo*, Acantilado, Barcelona, 2017, pp. 480-81.

9. El artículo de Guaita y Ferrer citado a continuación describe con detalle la recepción de la música de Beethoven en Valencia. Sin embargo, la situación que plantea es, con ciertas matizaciones, perfectamente extrapolable a buena parte de Europa. José Gabriel Guaita Gabaldón y Victoria Alemany Ferrer, «La recepción de la música de Beethoven en España: el caso de Valencia», *Quadrivium*, n.º 11, 2020.

10. Isabel Lozano Martínez y José María Soto de Lanuza, «La colección de música del infante don Francisco de Paula Antonio de Borbón en la Biblioteca Nacional de España», Biblioteca Nacional de España, 2012.

3.   DEL HOMBRE AL MITO

1. Manuela Mena Marqués y José Manuel Matilla, *Francisco de Goya. Dibujos. Catálogo razonado*, vol. II, Fundación Botín – Museo Nacional del Prado, Madrid, 2018, p. 221.

2. Jean Massin y Brigitte Massin, *Ludwig van Beethoven, op. cit.*, p. 197.

3. Jan Swafford, *Beethoven...*, *op. cit.*, p. 383.

4. Paula Corroto, «Vuelve la teoría de que Beethoven fue negro», *El Confidencial*, 30 de septiembre de 2020. En: *https://www.elconfi-den-cial.com/cultura/2020-09-30/beethoven-fue-negro-el-mantra-que-ha-vuelto-con-el-black-lives-matter_2767360/*

5. Regina Luis Rúa, «El círculo de amistades de Goya en Zaragoza entre 1746-1775», *Goya y su contexto: Actas del seminario internacional ce-*

lebrado en la Institución los días 27, 28 y 29 de octubre de 2011, Institución Fernando el Católico, 2013, pp. 69-79.

6.   Janis A. Tomlinson, *Goya...*, *op. cit.*, p. 464.

7.   Otto Kinkeldey, «Beginnings of Beethoven in America», *The Musical Quarterly*, 13, n.º 2, 1927, pp. 217-48.

8.   Guaita Gabaldón y Alemany Ferrer, «La recepción...», *op. cit.*, p. . 2.

9.   Louis Spohr (1784-1859) nació en Braunschweig, hoy en Alemania, pero entonces perteneciente a Prusia. Su estilo, que recogió la herencia del clasicismo de Mozart y Haydn, tuvo un fuerte impacto en compositores posteriores, como Wagner, Brahms y Liszt. Para saber más sobre este compositor, se recomienda leer el artículo de David Santacecilia Oller, «Louis Spohr visto como eslabón perdido entre el clasicismo vienés y el romanticismo germánico: el lenguaje armónico de Spohr y su relación con el acorde de Tristán», *Quodlibet*, n.º 74, 2020, pp. 7-54. En: *https://doi.org/10.37536/quolibet.2020.74.773*

10. Ignaz Pleyel (1757-1831) fue un compositor, editor musical y fabricante de pianos. Nació en Austria y murió en París. Fue alumno de Haydn y fue maestro de capilla en Estrasburgo. En 1795 se instaló en París y allí abrió una tienda de música y una editorial musical. En 1809 fundó una fábrica de pianos que tuvo un gran renombre y que continúa activa en la actualidad.

11. Martin Cooper, *Beethoven: The Last Decade, 1817-1827,* Oxford University Press, Oxford, 1990, pp. 445-46.

12. Jan Swafford, *Beethoven...*, *op. cit.*, p. 1119.

13. Jean Massin y Brigitte Massin, *Ludwig van Beethoven, op. cit.*, p. 486.

4.   PASOS PARALELOS

1.   Janis A. Tomlinson, *Goya...*, *op. cit.*, p. 33.

2.   *Ibid.*, 34.

3.   Laurent Matheron, *Goya,* Ayuntamiento de Madrid [u.a.], Madrid, 1996, p. 144.

4.   Juan Agustín Ceán Bermúdez, *Diccionario histórico de los más ilustres profesores de las Bellas Artes en España*, Akal, Madrid, 2001, tomo III, p. 56.

5.   Janis A. Tomlinson, *Goya...*, *op. cit.*, p. 38.

6. Manuela Mena Marqués y Jesús Urrea, *El «cuaderno italiano», 1770-1786: los orígenes del arte de Goya*, Museo del Prado, Madrid, 1994.

7. Jesús López Ortega, «El expediente matrimonial de Francisco de Goya», *Boletín del Museo del Prado*, 26, n.º 44, Madrid, 2008, pp. 62-68.

8. Manuela Mena Marqués y Jesús Urrea, *El «cuaderno italiano»…, op. cit.*, p. 45.

9. Roberto L. Pajares Alonso, *Leyendas y cotilleos sobre los grandes compositores: las mentiras que nos siguen contando*, Visión Libros, Madrid, 2019, p. 39.

10. O. G. Sonneck, *Beethoven contado a través de sus contemporáneos*, Alianza Editorial, Madrid, 2020, pp. 17-24.

11. Jean Massin y Brigitte Massin, *Ludwig van Beethoven, op. cit.*, p. 35.

12. Jean Massin y Brigitte Massin, *Wolfgang Amadeus Mozart*, Turner, Madrid, 2003, p. 770.

13. Ignaz Seyfried, Franz Wegeler y Ferdinand Ries, *Notas biográficas…, op. cit.*, p. 134.

14. En latín, *opus* significa «obra» y es uno de los sistemas de catalogación sistemática de composiciones musicales que más se ha utilizado.

15. Janis A. Tomlinson, *Goya…, op. cit.*, p. 62.

16. Manuela Mena, *et al.*, *Goya en tiempos de guerra*, Manuela Mena, Museo Nacional del Prado, Madrid, 2008, p. 17.

17. Véase la entrada sobre el pintor en la página web del Museo del Prado: «Goya y Lucientes, Francisco de, Colección Museo Nacional del Prado». En: *https://www.museodelprado.es/coleccion/artista/goya-y-lucientes-francisco-de/39568a17-81b5-4d6f-84fa-12db60780812*

18. Regine L. Rúa, «El círculo de amistades de Goya en Zaragoza…», *op. cit.*

19. Para una descripción pormenorizada de estos motivos de identificación musical, véase V. Kofi Agawu, *Playing With Signs: A Semiotic Interpretation of Classic Music*, Princeton University Press, Princeton, 1991.

20. Ignaz Seyfried, Franz Wegeler y Ferdinand Ries, *Notas biográficas…, op. cit.*, p. 135.

5. CATÁLOGOS PARALELOS

1. El retrato de la marquesa de la Santa Cruz conservado en el Museo Louvre mide 142 cm de alto y 97 de ancho.

2. Jean Massin y Brigitte Massin, *Ludwig van Beethoven, op. cit.*, p. 718.

3. V. Kofi, Agawu, *Playing With Signs…*, *op. cit.*, pp. 30 y ss.

4. «Fundación Goya en Aragón», Fundación Goya en Aragón, s. f. En: *https://fundaciongoyaenaragon.es/*

5. Swafford, *Beethoven…*, *op. cit.*, p. 483.

6. DIME CON QUIÉN ANDAS…

1. Robin Dunbar, *Amigos: el poder de nuestras relaciones más importantes,* Paidós, Barcelona, 2023.

2. «Casa natal de Beethoven en Bonn», Beethoven-Haus Bonn, s. f. En: *https://www.beethoven.de/en/*

3. Ángel Canellas, «Francisco de Goya: Diplomatario», Zaragoza, 1981. En: *http://goya.unizar.es/Repositorio/Diplomatario/DiplomatarioIndice.html*

4. «Cartas de Goya a Martín Zapater», Museo Nacional del Prado, s.f. En: *https://www.museodelprado.es/aprende/enciclopedia/voz/cartas-de-goya-a-martin-zapater/2ab3aedb-07a9-4031-b6e0-64d9806ac8b5*

5. Véase la información al respecto en la página web de la Fundación Goya en Aragón.

6. Gerhard von Breuning, *De la casa de los españoles negros: recuerdos de mi infancia sobre Beethoven*, ed. Roberto L. Pajares Alonso, Visión Libros, Madrid, 2020, p. 6.

7. Ludwig van Beethoven, «Carta de Ludwig van Beethoven Franz Gerhard Wegeler en Bonn», 29 de junio de 1801, Beethoven-Haus Bonn. En: *https://www.beethoven.de/en/media/view/6728307215 171584/*

8. Ludwig van Beethoven, «Carta de Ludwig van Beethoven a Franz Gerhard Wegeler en Coblenza», 29 de septiembre de 1816, Beethoven-Haus Bonn. En: *https://www.beethoven.de/en/media/view/5113843504119808/*

9. Ludwig van Beethoven, «Carta de Ludwig van Beethoven a Franz Gerhard Wegeler en Coblenza», 7 de diciembre de 1826, Beethoven-Haus Bonn. En: *https://www.beethoven.de/en/media/view/6122545732386816/*

10. Curlandia fue una región histórica que en la actualidad es la parte oeste de Letonia.

11. Jan Swafford, *Beethoven…*, *op. cit.*, p. 327; Jean Massin y Brigitte Massin, *Ludwig van Beethoven*, *op. cit.*, p. 92.

12. Jean Massin y Brigitte Massin, *Ludwig van Beethoven*, *op. cit.*, p. 53.

13. Ludwig van Beethoven, «Carta de Ludwig van Beethoven a Niko-laus Zmeskall», noviembre de 1802, Beethoven-Haus Bonn. En: *https://www.beethoven.de/en/media/view/6076153240485888/*

14. Jan Swafford, *Beethoven…*, *op. cit.*, p. 914.

15. Janis A. Tomlinson, «Amistades y tiempo en la vida de Goya», en *El tiempo y el arte: reflexiones sobre el gusto IV*, vol. 1, Institución Fernando el Católico, 2018, p. 93. En: *https://dialnet.unirioja.es/servlet/articulo?codigo= 6999445*

16. Tzvetan Todorov, *Goya. A la sombra…*, *op. cit.*, p. 83.

17. Jean Massin y Brigitte Massin, *Ludwig van Beethoven*, *op. cit.*, p. 229.

18. Romain Rolland, *Goethe y Beethoven*, Hachette, Buenos Aires, 1954, p. 59.

19. *Ibid.*, p. 52.

20. *Ibid.*, p. 58.

21. Jean Massin y Brigitte Massin, *Ludwig van Beethoven*, *op. cit.*, p. 435.

22. Jan Swafford, *Beethoven…*, *op. cit.*, p. 116.

23. Valeriano Bozal Fernández, *Goya*, A. Machado Libros, 2010, p. 50.

24. Tzvetan Todorov, *Goya. A la sombra…*, *op. cit.*, p. 91.

7.   NOBLEZA OBLIGA

1. Jan Swafford, *Beethoven…*, *op. cit.*, p. 246.

2. Janis A. Tomlinson, *Goya…*, *op. cit.*, p. 9.

3. Jan Swafford, *Beethoven…*, *op. cit.*, pp. 730-31.

4. Jean Massin y Brigitte Massin, *Ludwig van Beethoven*, *op. cit.*, p. 195.

5. William Kinderman, *Beethoven*, Oxford University Press, Oxford, 2009, p. 156.

6. Jan Swafford, *Beethoven…*, *op. cit.*, p. 786.

7. Francisco de Goya, «Carta a Martín Zapater de 2 de agosto de 1794». En: *https://www.museodelprado.es/coleccion/obra-de-arte/carta-a-martin-zapater-de-2-de-agosto-de-1794/b7237267-c5f1-41b7-bb-bf-8fd9adf94b7e*

8. Jan Swafford, *Beethoven…*, *op. cit.*, p. 251.

9. Janis A. Tomlinson, *Goya…*, *op. cit.*, p. 221.

10. Manuela Mena y Gudrun Maurer, *La duquesa de Alba, «musa» de Goya: el mito y la historia*, Ediciones El Viso, Madrid, 2006, p. 21.

11. Gudrun Maurer, «Una leyenda persistente: el viaje de Goya a Andalucía en 1793 - Museo Nacional del Prado», *Boletín del Prado*, n.° 28, Madrid, 2010, p. 74.

12. Manuela Mena y Gudron Maurer, *La duquesa de Alba...*, op. cit., p. 157.

13. Jean Massin y Brigitte Massin, *Ludwig van Beethoven*, op. cit., p. 83.

14. Véase la entrada sobre el marqués en la página web del Museo del Prado: «José Álvarez de Toledo, XI marqués de Villafranca – Colección Museo Nacional del Prado». En: *https://www.museodelprado.es/coleccion/obra-de-arte/jose-alvarez-de-toledo-xi-marques-de-villafranca/7ee3e5f0-69b9-40c8-8e08-2144766b2eaa?searchid=33a6c26f-815a-dc8e-1066-ce87bb84782c*

15. Mark Ferraguto, «Representing Russia: Luxury and Diplomacy at the Razumovsky Palace in Vienna, 1803-1815», *Music and Letters* 97, n.° 3, 2016, p. 386. En: *https://doi.org/10.1093/ml/gcw050*

16. Jan Swafford, *Beethoven...*, op. cit., p. 247.

17. Jean Massin y Brigitte Massin, *Ludwig van Beethoven*, op. cit., p. 174.

18. Jan Swafford, *Beethoven...*, op. cit., pp. 247-48.

19. Janis A. Tomlinson, *Goya...*, op. cit., p. 281.

20. *Ibid.*, p. 185.

21. Aquillué Domínguez, *España con honra...*, op. cit., p. 24.

22. *Ibid.*

23. *Ibid.*, p. 28.

24. Janis A. Tomlinson, *Goya...*, op. cit., p. 246..

25. Jan Swafford, *Beethoven...*, op. cit., p. 786.

26. *Ibid.*, p. 273.

27. Emilio La Parra López, *Manuel Godoy: la aventura del poder*, Círculo de Lectores, Barcelona, 2003, p. 285.

28. Jan Swafford, *Beethoven...*, op. cit., p. 729.

29. Maynard Solomon, *Beethoven*, Javier Vergara, Buenos Aires, 1983, p. 196.

30. Ludwig van Beethoven, «Carta de Ludwig van Beethoven a la condesa Anna Marie Erdödy», marzo de 1809, Beethoven-Haus Bonn. En: *https://brieftext.beethoven.de/henle/letters/b0363.phtml*

31. Ludwig van Beethoven, «Carta de Ludwig van Beethoven a la condesa Marie Erdödy en Jedlesee», 1 de marzo de 1815, Beetho-

ven-Haus Bonn. En: *https://www.beethoven.de/en/media/view/6194811275051008/*

32. David García Cueto, «Retratos y retratistas de Mariana Waldstein, IX marquesa consorte de Santa Cruz», *Goya, revista de arte*, n.º 355, 2016, p. 140.

33. *Ibid.*, p. 142.

34. *Ibid.*, p. 143.

35. Véase la entrada de la marquesa en la página web del Museo del Prado: «La marquesa de Santa Cruz - Colección - Museo Nacional del Prado». En: *https://www.museodelprado.es/coleccion/obra-de-arte/la-marquesa-de-santa-cruz/e1d2cbc6-8549-4ade-9383-2dde4ee6dfeb*

36. Ignaz Seyfried, Fran Wegeler y Ferdinand Ries, *Notas biográficas…*, *op. cit.*, p. 78.

37. Aquillué Domínguez, *España con honra…*, *op. cit.*, p. 13.

8.   AMORES POSIBLES Y AMORES INMORTALES

1. Jean Massin y Brigitte Massin, *Ludwig van Beethoven*, *op. cit.*, p. 93.

2. *Ibid.*, p. 153.

3. Jan Swafford, *Beethoven…*, *op. cit.*, p. 1006.

4. Jean Massin y Brigitte Massin, *Ludwig van Beethoven*, *op. cit.*, p. 84.

5. Ludwig van Beethoven, «Carta de Ludwig van Beethoven a Franz Gerhard Wegeler en Bonn», 16 de noviembre de 1801, Beethoven-Haus Bonn. En: *https://www.beethoven.de/en/media/view/4862695861911552/*

6. Jan Swafford, *Beethoven…*, *op. cit.*, p. 688.

7. Luca Chiantore, *Beethoven al piano: Improvisación, composición e investigación sonora en sus ejercicios técnicos*, Primera edición, Nortesur, Barcelona, 2010, p. 334.

8. Swafford, *Beethoven…*, *op. cit.*, p. 814.

9. *Ibid.*, p. 838.

10. Jean Massin y Brigitte Massin, *Ludwig van Beethoven*, *op. cit.*, p. 258.

11. *Ibid.*, p. 266.

12. *Ibid.*, p. 255.

13. Jesús López Ortega, «El expediente matrimonial…», *op. cit.*

14. Manuela Mena Marqués y Jesús Urrea, *El «cuaderno italiano»…*, *op. cit.*, p. 18.

15. José Manuel Cruz Valdovinos, «La partición de bienes entre Francisco y Javier Goya a la muerte de Josefa Bayeu y otras cuestiones», en *Goya, nuevas visiones. Homenaje a Enrique Lafuente Ferrari*, Amigos del Museo del Prado, Madrid 1987, p. 135.

16. *Ibid.*, p. 142.

17. *Ibid.*, p. 143.

18. Anna Reuter, «Goya no se olvidó de Leocadia: una carta inédita de Moratín», *Boletín del Museo del Prado* 26, n.º 44, Madrid, 2008, p. 71.

19. *El País*, «Manuela Mena: "Para muchos es evidente que las cartas de Goya reflejan un amor homosexual"», 11 de abril de 2018. En: *https://elpais.com/elpais/2018/04/10/opinion/1523374614_803424.html*

20. Manuela Mena Marqués y José M. Matilla, *Francisco de Goya. Dibujos…*, *op. cit.*, II, p. 223.

21. Véase la entrada de «La confianza» en la página web de la Fundación Goya en Aragón.

9. REVOLUCIÓN FRANCESA Y GUERRAS NAPOLEÓNICAS

1. Daniel Aquillué Domínguez, *España con honra…*, *op. cit.*, p. 39.

2. Tzvetan Todorov, *Goya. A la sombra…*, *op. cit.*, p. 100.

3. Christian Beer, Ernest Gnan y María Teresa Valderrama, «A (not so brief) history of inflation in Austria», *Monetary Policy and the Economy*, 2016, p. 7.

4. Manuela Mena Marqués, «El Coloso y su atribución a Goya», *Boletín del Museo del Prado*, 26, Madrid, 2008, p. 37.

5. Daniel Aquillué Domínguez, *España con honra…*, *op. cit.*, p. 22.

6. Tzvetan Todorov, *Goya. A la sombra…*, *op. cit.*, p. 129.

7. Pedro Beroqui, «Adiciones y correcciones al catálogo del Museo del Prado», *Boletín de la Sociedad Castellana de Excursiones*, 12, n.º 141, 1914, p. 503.

8. La restauración realizada en 2008 de los dos cuadros descubrió las interesantes vicisitudes por las que ambos atravesaron en estos dos siglos de historia. Se pueden leer en la siguiente publicación: Gudrun Maurer, *et al.*, «Goya: el *Dos* y el *Tres de mayo de 1808 en Madrid*. Estudio y restauración», *Boletín del Prado*, n.º 27, 2009, p. 131.

9. Gudron Maurer, *et al.*, p. 136.

10. Jean Massin y Brigitte Massin, *Ludwig van Beethoven*, op. *Cit*, pp. 145-46.

11. *Ibid.*, p. 146.

12. *Ibid.*, p. 297.

13. Manuela Mena, *et al.*, *Goya en tiempos de guerra…*, op. cit., p. 275.

10. SORDERA, OSCURIDAD Y ABISMO

1. Jean Massin y Brigitte Massin, *Ludwig van Beethoven*, op. cit., p. 78.

2. El síndrome de Susac es una enfermedad rara del sistema inmuno-lógico. Según esta investigación, los síntomas que padeció Goya de forma simultánea encajan en el cuadro clínico de dicha enfermedad: P. E. M. Smith, *et al.*, «Goya's Deafness», *Practical Neurology*, 8, n.º 6, 2008, pp. 370-77. En: *https://doi.org/10.1136/jn-np.2008.161349*

3. A. G. Gordon, «Goya Had Syphilis, Not Susac's Syndrome», *Practical Neurology* 9, n.º 4, 2009, p. 240. En: *https://doi.org/10.1136/jnnp.2009.181974*

4. Ronna Hertzano, Janis A. Tomlinson y Philip A. Mackowiak, «Goya's Lost Hearing: A Twenty-First Century Perspective on Its Cause, Effects and Possible Treatment», *The American Journal of the Medical Sciences*, 357, n.º 4, 2019, pp. 275-79. En: *https://doi.org/ 10.1016/j.amjms.2018.12.009*

5. Jean Massin y Brigitte Massin, *Ludwig van Beethoven*, op. cit., p. 118.

6. Martin Cooper, *Beethoven…*, op. cit., p. 448.

7. *Ibid.*, pp. 440-41.

8. Tristan James Alexander Begg, *et al.*, «Genomic Analyses of Hair from Ludwig van Beethoven», *Current Biology*, 33, n.º 8, 2023, pp. 1431-1447, e22. En: *https://doi.org/10.1016/j.cub. 2023.02.041*

9. Elisa Gil-Carcedo Sañudo y Luis María Gil-Carcedo García, «La sordera de dos genios: Beethoven y Goya. ¿Vidas paralelas?», *Anales de la Real Academia de Medicina y Cirugía de Valladolid*, n.º 56, 2020, pp. 319-44. En: *https://doi.org/10.24197/aramcv.56.2020.319-344*

10. Philip A. Mackowia, «Beethoven's deafness, other ailments, and death re-examined», *Alpha y Omega*, The Pharos, 85, n.º 1, 2022, pp. 12-16.

11. Ludwig van Beethoven, «Carta de Ludwig van Beethoven a Franz Gerhard Wegeler en Bonn», 29 de junio de 1801, Beethoven-Haus Bonn.

12. Ludwig van Beethoven, *Heiligenstädter Testament*, 2.ª, Beethoven-Haus Bonn, Bonn, 2005, p. 35.

13. Janis A. Tomlinson, *Goya…, op. cit.*, p. 237.

14. Gudrun Maurer, «Goya, sordo, y la "máquina eléctrica"», *Boletín del Museo del Prado*, n.º 30, Madrid, 2012, pp. 94-97.

15. Héctor Vallés Varela, «Goya, su sordera y su tiempo», *Acta Revista Otorrinolaringología*, 2005.

16. David Alonso Tapia Abrego, «Transductor acústico mecánico», Instituto Politécnico Nacional, Ciudad de México, 2019, p. 14.

17. Elizabeth L Wagner, *et al.*, «Repair of noise-induced damage to stereocilia Factin cores is facilitated by XIRP2 and its novel mechano-sensor domain», editado por Andrew J. King y Gregory M. Alushin, *eLife*, 12, e72681, 2023. En: *https://doi.org/10.7554/eLife.72681*

18. Philip A. Mackowia, «Beethoven's deafness…», *op. cit.*, p. 13.

19. Manuela Mena Marqués y José M. Matilla, *Francisco de Goya. Dibujos…, op. cit.*

20. Jan Swafford, *Beethoven…, op. cit.*, pp. 1366-67.

11. DIVINA LIBERTAD

1. Janis A. Tomlinson, *Goya…, op. cit.*, p. 451.

2. René Andioc, *Epistolario de Leandro Fernández de Moratín*, Castalia, Madrid, 1973, p. 586.

3. Carlos Sánchez Díez, *Dibujos de Rosario Weiss en la colección Lázaro*, Museo Lázaro Galdiano, 2015, p. 13.

4. Ángel Canellas, «Francisco de Goya: Diplomatario…», *op. cit.*

5. Janis A. Tomlinson, *Goya…, op. cit.*, p. 436.

6. *Ibid.*, p. 437.

7. *Ibid.*, p. 458.

8. *Ibid.*, p. 456.

9. Jan Swafford, *Beethoven…, op. cit.*, p. 1273.

10. Jean Massin y Brigitte Massin, *Ludwig van Beethoven, op. cit.*, p. 394.

11. *Ibid.*, p. 429.

12. Jan Swafford, *Beethoven…, op. cit.*, p. 1178.

13. *Ibid.*, p. 1185.

14. Jean Massin y Brigitte Massin, *Ludwig van Beethoven*, *op. cit.*, p. 451.

12. MUERTE Y MÁS ALLÁ

1. Osvaldo Llanos López, «Las enfermedades de Ludwig van Beetho-ven», *Ars Medica. Revista de Ciencias Médicas*, 36, 2016, p. 28. En: *https://doi.org/10.11565/arsmed.v36i1.163*

2. Jean Massin y Brigitte Massin, *Ludwig van Beethoven*, *op. cit.*, p. 508.

3. Martin Cooper, *Beethoven…*, *op. cit.*, p. 447.

4. Roberto L. Pajares Alonso, *Leyendas y cotilleos sobre los grandes compo-sitores…*, *op. cit.*, pp. 79-81.

5. Martin Cooper, *Beethoven…*, *op. cit.*, p. 447.

6. *Ibid.*, p. 447.

7. Jan Swafford, *Beethoven…*, *op. cit.*, p. 1383.

8. Janis A. Tomlinson, *Goya…*, *op. cit.*, p. 454.

9. Jacques Fauque y Ramón Villanueva, *Goya y Burdeos: 1824-1828*, Oroel, 1982, p. 206.

10. O. G. Sonneck, *Beethoven contado…*, *op. cit.*, p. 274.

11. Janis A. Tomlinson, *Goya…*, *op. cit.*, p. 455.

12. María Santos-Sainz, *El último Goya…*, *op. cit.*, p. 185.

13. Jacques Fauque y Ramón Villanueva, *Goya y Burdeos*, p. 228.

14. María José Rivas Capelo, «La tumba de Goya en San Antonio de la Florida», 2019, p. 5. En: *https://www.madrid.es/Unidades-Descentrali-zadas/MuseosMunicipales/ErmitaDeSanAntonioDeLaFlorida/Especia-lInformativo/CentenarioentierroGoya/La%20tumba%20de%20Go-ya%20en%20SA%20Florida.pdf*

15. *Ibid.*, p. 8.

16. María Santos-Sainz, *El último Goya…*, *op. cit.*, p. 186.

17. Jan Swafford, *Beethoven…*, *op. cit.*, p. 1387.

18. María Santos-Sainz, *El último Goya…*, *op. cit.*, p. 188.

19. *Ibid.*, p. 182.

20. Carta de Leocadia a Moratín, del 28 de abril de 1828, Canellas, «Francisco de Goya: Diplomatario…», *op. cit.*.

21. Carlos Sánchez Díez, *Dibujos de Rosario Weiss…*, *op. cit.*, p. 13.

22. Jan Swafford, *Beethoven…*, *op. cit.*, p. 1389.

Bibliografía

AGAWU, V. Kofi, *Playing With Signs: A Semiotic Interpretation of Classic Music.*, Princeton University Press, Princeton, New Jersey, 1991.

ANDIOC, René, *Epistolario de Leandro Fernández de Moratín*, Castalia, Madrid, 1973.

AQUILLUÉ, Daniel, *España con honra: una historia del siglo XIX español, 1793-1923*, La Esfera de los Libros, Madrid, 2023.

BEER, Christian; GNAN, Ernest y VALDERRAMA, María T., «A (not so brief) history of inflation in Austria», *Monetary Policy and the Economy*, 2016.

BEETHOVEN, Ludwig van, «Carta de Ludwig van Beethoven a Franz Gerhard Wegeler en Bonn», 29 de junio de 1801, Beethoven-Haus, Bonn. En: *https://www.beethoven.de/en/media/view/6728307215171584/*

—, «Carta de Ludwig van Beethoven a Franz Gerhard Wegeler en Bonn», 16 de noviembre de 1801, Beethoven-Haus, Bonn. En: *https://www.beethoven.de/en/media/view/4862695861911552/*

—, «Carta de Ludwig van Beethoven, a Franz Gerhard Wegeler en Coblenza», 29 de septiembre de 1816, Beethoven-Haus, Bonn. En: *https://www.beethoven.de/en/media/view/5113843504119808/*

—, «Carta de Ludwig van Beethoven a Franz Gerhard Wegeler en Coblenza», 7 de diciembre de 1826, Beethoven-Haus, Bonn. En: *https://www.beethoven.de/en/media/view/6122545732386816/*

—, «Carta de Ludwig van Beethoven a la condesa Anna Marie Erdödy», marzo de 1809, Beethoven-Haus, Bonn. En: *https://brieftext.beethoven.de/henle/letters/b0363.phtml*

—, «Carta de Ludwig van Beethoven a la condesa Marie Erdödy en Jed-lesee», 1 de marzo de 1815, Beethoven-Haus, Bonn. En: *https://www.beethoven.de/en/media/view/6194811275051008/*

—, «Carta de Ludwig van Beethoven a Nikolaus Zmeskall», noviembre de 1802, Beethoven-Haus, Bonn. En: *https://www.beethoven.de/en/media/view/6076153240485888/*

—, *Heiligenstädter Testament*, 2.ª, Beethoven-Haus Bonn (Casa Natal de Beethoven en Bonn), 2005, s. f. En: *https://www.beethoven.de/en/*

BEGG, Tristan J. A.; SCHMIDT, Axel; KOCHER, Arthur; LARMUSEAU, Maarten H. D.; RUNFELDT, Göran; MAIER, Paul Andrew; WILSON, John D., *et al.*, «Genomic Analyses of Hair from Ludwig van Beethoven». *Current Biology*, 33, n.º 8, 2023, pp. 1431-1447. En: *https://doi.org/10.1016/j.cub.2023.02.041*

BEROQUI, Pedro, «Adiciones y correcciones al catálogo del Museo del Prado», *Boletín de la Sociedad Castellana de Excursiones*, 12, n.º 141, 1914, pp. 495-504.

BOZAL, Valeriano, *Goya*, A. Machado Libros, Boadilla del Monte, Madrid, 2010.

BREUNING, Gerhard von, *De la casa de los españoles negros: recuerdos de mi infancia sobre Beethoven*, editado por Roberto L. Pajares Alonso, Visión Libros, Madrid, 2020.

CANELLAS, Ángel, «Francisco de Goya: Diplomatario. Zaragoza, 1981», s. f. En: *https://ifc.dpz.es/recursos/publicaciones/10/54/_ebook.pdf*

CEÁN, Juan A., *Diccionario histórico de los más ilustres profesores de las Bellas Artes en España*, Akal, Madrid, 2001.

CHIANTORE, Luca, *Beethoven al piano: improvisación, composición e investigación sonora en sus ejercicios técnicos*, Nortesur, Barcelona, 2010.

COOPER, Martin, *Beethoven: The Last Decade, 1817-1827*, Oxford University Press, Oxford, 1990.

CORROTO, Paula, «Vuelve la teoría de que Beethoven fue negro». *El Confidencial*, 30 de septiembre de 2020. En: *https://www.elconfidencial.com/cultura/2020-09-30/beethoven-fue-negro-el-mantra-que-ha-vuelto-con-el-black-lives-matter_2767360/*

CRUZ, José M., «La partición de bienes entre Francisco y Javier Goya a la muerte de Josefa Bayeu y otras cuestiones», en *Goya, nuevas visiones. Homenaje a Enrique Lafuente Ferrari*, 415, Amigos del Museo del Prado, Madrid, 1987.

DUNBAR, Robin, *Amigos: el poder de nuestras relaciones más importantes*, Paidós, Barcelona, 2023.

FAUQUE, Jacques y VILLANUEVA, Ramón. *Goya y Burdeos, 1824-1828*, Oroel, Zaragoza, 1982.

FERRAGUTO, Mark, «Representing Russia: Luxury and Diplomacy at the Razumovsky Palace in Vienna, 1803–1815», *Music and Letters*, 97, n.° 3, 2016, pp. 383-408. En: https://doi.org/10.1093/ml/gcw050

Fundación Goya en Aragón, s. f. En: *https://fundaciongoyaenaragon.es/*

GARCÍA, David, «Retratos y retratistas de Mariana Waldstein, IX marquesa consorte de Santa Cruz». *Goya, revista de arte*, n.° 355, 2016, pp. 140-59.

GIL-CARCEDO, Elisa y GIL-CARCEDO, Luis M, «La sordera de dos genios: Beethoven y Goya. ¿Vidas paralelas?», *Anales de la Real Academia de Medicina y Cirugía de Valladolid*, n.° 56, 2020, pp. 319-44. En: *https://doi. org/10.24197/aramcv.56.2020.319-344*

GLENDINNING, Nigel, *Goya*, Arlanza, Madrid, 2005.

GORDON, A. G., «Goya Had Syphilis, Not Susac's Syndrome», *Practical Neurology*, 9, n.° 4, 2009, p. 240. En: *https://doi.org/10.1136/jnnp.2009.181974*

GOYA, Francisco de, «Carta a Martín Zapater de 2 de agosto de 1794», En: *https://www.museodelprado.es/coleccion/obra-de-ar-te/carta-a-martin-zapater-de-2-de-agosto-de-1794/b7237267-c5f1-41b7-bbbf-8fd9adf-94b7e*

—, «Cartas de Goya a Martín Zapater». Museo Nacional del Prado, s. f. En: *https://www.museodelprado.es/aprende/enciclopedia/voz/cartas-de-goya-a-martin-zapater/2ab3aedb-07a9-4031-b6e0-64d9806ac8b5*

«Goya y Lucientes, Francisco de», Museo Nacional del Prado, accedido 2 de noviembre de 2023. En: *https://www.museodelprado.es/coleccion/artista/goya-y-lucientes-francisco-de/39568a17-81b5-4d6f-84fa-12db60780812*

GUAITA, José G. y ALEMANY, Victoria, «La recepción de la música de Beethoven en España: el caso de Valencia», *Quadrivium*, n° 11, 2020.

HERTZANO, Ronna; TOMLINSON, Janis A. y MACKOWIAK, Philip A., «Goya's Lost Hearing: A Twenty-First Century Perspective on Its Cause, Effects and Possible Treatment», *The American Journal of the Medical Sciences*, 357, n° 4, 2019, pp. 275-79. En: *https://doi. org/10.1016/j. amjms.2018.12.009*

JOHNSON, Donald S. y NURMINEN, Juha, *Historia de la navegación a través de mares y océanos*, GeoPlaneta, Barcelona, 2008.

«José Álvarez de Toledo, XI marqués de Villafranca», Museo Nacional del Prado, s. f. En: *https://www.museodelprado.es/coleccion/obra-de-arte/jo-se-alvarez-de-toledo-xi-marques-de-villafranca/7ee3e5f0-69b9-40c8-8e08-2144766b2eaa?searchid=33a6c26f-815a-dc8e-1066-ce-87bb84782c*

KINDERMAN, William, *Beethoven*, Oxford University Press, Oxford, 2009.

KINKELDEY, Otto, «Beginnings of Beethoven in America», *The Musical Quarterly*, 13, n.° 2, 1927, pp. 217-48.

«La marquesa de Santa Cruz», Museo Nacional del Prado», s. f. En: *https://www.museodelprado.es/coleccion/obra-de-arte/la-marquesa-de-santa-cruz/e1d2cbc6-8549-4ade-9383-2dde4ee6dfeb*

LA PARRA, Emilio, *Manuel Godoy: la aventura del poder*, Círculo de Lectores, Barcelona, 2003.

LLANOS, Osvaldo, «Las enfermedades de Ludwig van Beethoven», *Ars Medica. Revista de Ciencias Médicas*, 36, 2016, p. 28. En: *https://doi.org/10.11565/arsmed.v36i1.163*

LÓPEZ, Jesús, «El expediente matrimonial de Francisco de Goya», *Boletín del Museo del Prado*, 26, n.° 44, 2008, pp. 62-68.

LOZANO, Isabel y SOTO DE LANUZA, José María, «La colección de música del infante don Francisco de Paula Antonio de Borbón en la Biblioteca Nacional de España», Biblioteca Nacional de España, Madrid, 2012.

MACKOWIAK, Philip A, «Beethoven's deafness, other ailments, and death re-examined», *Alpha y Omega*, The Pharos, 85, n.° 1, 2022, pp. 12-16.

MASSIN, Jean y MASSIN, Brigitte, *Ludwig van Beethoven*, Turner, Madrid, 2003.

—, *Wolfgang Amadeus Mozart*, Turner, Madrid, 2003.

MATHERON, Laurent, *Goya*, Ayuntamiento de Madrid [u.a.], Madrid, 1996.

MAURER, Gudrun, «Goya, sordo, y la "máquina eléctrica"», *Boletín del Museo del Prado*, n.° 30, 2012, pp. 94-97.

—, «Una leyenda persistente: el viaje de Goya a Andalucía en 1793», *Boletín del Museo del Prado*, n.° 28, 2010, pp. 74.

MAURER, Gudrun; GARCÍA-MÁIQUEZ, Jaime; MENA, Manuela; GARRIDO, Carmen; MORA, Elisa; QUINTANILLA, Clara y QUINTALA, Enrique, «Goya: el *Dos* y el *Tres de mayo de 1808 en Madrid*. Estudio y restauración», *Boletín del Museo del Prado*, n.° 27, 2009, pp. 129-49.

MENA, Manuela, «El Coloso y su atribución a Goya», *Boletín del Museo del Prado*, n.° 26, 2008, pp. 34-61.

MENA, Manuela; DÍEZ, José Luis; LUNA, Juan J. y DE LA MANO, José Manuel, *Goya en tiempos de guerra*, editado por Manuela Mena, Museo Nacional del Prado, Madrid, 2008.

MENA, Manuela y MATILLA, José M., *Francisco de Goya. Dibujos. Catálogo razonado*, vol. II, Fundación Botín - Museo Nacional del Prado, Madrid, 2018.

MENA, Manuela y MAURER, Gudrun, *La duquesa de Alba, «musa» de Goya: el mito y la historia*, Ediciones El Viso, Madrid, 2006.

MENA, Manuela y URREA, Jesús, *El «cuaderno italiano», 1770-1786: los orígenes del arte de Goya*, Museo del Prado, Madrid, 1994.

ORTEGA, Judith, «El mecenazgo musical de la casa de Osuna durante la segunda mitad del siglo XVIII: el entorno musical de Luigi Boccherini en Madrid», *Revista de Musicología*, 27, n.° 2, 2004, pp. 643-97. En: *https://doi.org/10.2307/20798003*

País, El, «Manuela Mena: "Para muchos es evidente que las cartas de Goya reflejan un amor homosexual"», 11 de abril de 2018. En: *https://elpais.com/elpais/2018/04/10/opinion/1523374614_803424.html*

PAJARES, Roberto L., *Leyendas y cotilleos sobre los grandes compositores: las mentiras que nos siguen contando*, Visión Libros, Madrid, 2019.

REUTER, Anna, «Goya no se olvidó de Leocadia: una carta inédita de Moratín», *Boletín del Museo del Prado*, 26, n.° 44, 2008, pp. 69-72.

RIVAS, María J., «La tumba de Goya en San Antonio de la Florida», noviembre de 2019. En: *https://www.madrid.es/UnidadesDescentraliza-das/MuseosMunicipales/ErmitaDeSanAntonioDeLaFlorida/EspecialIn-formativo/CentenarioentierroGoya/La%20tumba%20de%20Goya%20en%20SA%20Florida.pdf*

ROLLAND, Romain, *Goethe y Beethoven*, Hachette, Buenos Aires, 1954.

RÚA, Regina L., «El círculo de amistades de Goya en Zaragoza entre 1746-1775», *Goya y su contexto: actas del seminario internacional celebrado en la Institución los días 27, 28 y 29 de octubre de 2011*, Institución Fernando el Católico, 2013, pp. 69-79.

SÁNCHEZ, Carlos, *Dibujos de Rosario Weiss en la colección Lázaro*, Museo Lázaro Galdiano, Madrid, 2015.

SANTACECILIA, David, «Louis Spohr visto como eslabón perdido entre el clasicismo vienés y el romanticismo germánico: el lenguaje armónico de Spohr y su relación con el acorde de Tristán», *Quodlibet*, n.º 74, 2020, pp. 7-54. En: *https://ebuah.uah.es/dspace/bitstream/handle/10017/47156/louis_santacecilia_QB_2020.pdf?sequence=1&isAllowed=y*

SANTOS-SAINZ, María, *El último Goya: de reportero de guerra a cronista de Burdeos*, Marcial Pons Historia, Madrid, 2022.

SEYFRIED, Ignaz; WEGELER, Franz G. y RIES, Ferdinand, *Notas biográficas sobre Ludwig van Beethoven*, Visión Libros, Madrid, 2020.

SMITH, P. E. M.; CHITTY, C. N.; WILLIAMS, G. y STEPHENS, D., «Goya's Deafness», *Practical Neurology*, 8, n.º 6, 2008, pp. 370-77. En: *https://doi.org/10.1136/jnnp.2008.161349*

SOLOMON, Maynard, *Beethoven*, Javier Vergara, Buenos Aires, 1983.

SONNECK, O. G., *Beethoven contado a través de sus contemporáneos*, Alianza Editorial, Madrid, 2020.

SWAFFORD, Jan, *Beethoven. Tormento y triunfo*, Acantilado, Barcelona, 2017.

TAPIA, David A., «Transductor acústico mecánico», Instituto Politécnico Nacional, 2019.

TODOROV, Tzvetan, *Goya. A la sombra de las luces*, Galaxia Gutenberg, Barcelona, 2017.

TOMLINSON, Janis A., «Amistades y tiempo en la vida de Goya», *El tiempo y el arte: reflexiones sobre el gusto IV*, Institución Fernando el Católico, 2018, pp. 87-98. En: *https://dialnet.unirioja.es/servlet/articulo?codigo=6999445*.

—, *Goya: retrato de un artista*, Cátedra, Madrid, 2022.

TUÑÓN, Manuel, *Historia de España*, Editorial Labor, Barcelona, 1980.

VALLÉS, Héctor, «Goya, su sordera y su tiempo», *Acta Revista Otorrinolaringología*, 2005.

WAGNER, Elizabeth L.; IM, Jun-Sub; SALA, Stefano; NAKAHATA, Maura I.; IMBERY, Terence E.; LI, Sihan; CHEN, Daniel, *et al*, «Repair of noise-induced damage to stereocilia F-actin cores is facilitated by XIRP2 and its novel mechanosensor domain», editado por King, Andrew J. y Alushin, Gregory M., *eLife*, 12, 2023, e72681. En: *https://doi.org/10.7554/eLife.72681*

Índice onomástico y temático